법 화 경

김 현 준 옮김

법화경을 독송하면 제불께서 지켜주어
한량없는 공덕과 복 안정된 삶 얻게 되고
원하는 바 뜻과 같이 만족스레 성취하며
마침내는 신통력과 무생법인 증득하리

효림

법 화 경

차 례

이 법화경을 읽는 분에게

화엄경과 함께 대승불교 최상의 경전으로 받들어지고 있는 법화경(묘법연화경). 석가모니불께서 모든 중생을 일불승一佛乘의 수레에 태워 부처님 되게 하고자 설하신 법화경. 복덕과 공덕이 참으로 크고 넓은 법화경.

이 법화경은 번역하기가 매우 어려운 것으로 전해지고 있습니다. 그런데 저는 번역하는 내내 환희심이 가득하였습니다. 기쁘고 즐겁고 평화롭기 그지없었습니다. 그리고 크게 향상하고 있음을 느낄 수 있었습니다.

법화경을 독송해보십시오. 법화경을 보고 읽고 마음에 새기게 되면 그 어떤 기도보다 크나큰 성취를 안겨주며, 우리의 삶을 밝고 바르고 행복한 쪽으로 나아가게 만듭니다.

더욱이 이 법화경을 7번 이상 꾸준히 독송하면 대우주 법계의 한량없는 가피가 저절로 찾아들어 밝은 지혜를 이루게 될 뿐 아니라, 경제적인 풍요 · 집안평안 · 시험합격 · 영가천도 등의 갖가지 소원을 쉽게 성취할 수 있습니다.

특히 다음과 같은 원의 성취를 바란다면 법화경을 독송하십시오.

· 불법 속에서 흔들림 없는 믿음을 얻고 크게 향상하고자 할 때

· 경제적인 풍요와 사업의 번창 등을 바랄 때

· 업장을 녹이고 소원을 성취하고자 할 때

· 구하는 바를 뜻과 같이 이루고자 할 때

· 가족의 화목과 집안의 평온과 복되고 안정된 삶을 원할 때

· 수명을 잇고 내생에 좋은 국토에 태어나고자 할 때
· 입시 등 각종 시험의 합격과 보다 높은 자리로 승진되기를 바랄 때
· 각종 병환 · 빈궁함 · 천박함 · 재난 · 근심걱정 없이 살고자 할 때
· 부모 및 일가친척의 영가를 잘 천도시키고자 할 때
· 각종 귀신 및 마구니의 장애에서 벗어나고 선신의 보호를 받고자 할 때
· 마음공부를 성취하여 마침내 성불하고자 할 때

이 밖에도 법화경 독송의 영험은 이루 다 말할 수 없습니다. 옛 법화경 영험담들을 살펴보면, 독송을 하고자 굳게 결심을 하였거나 독송을 시작하는 것과 동시에 업이 바뀌는 사례를 많이 발견할 수 있습니다.

깊은 믿음과 환희심을 품고 법화경을 독송해 보십시오 틀림없이 대우주 법계에 가득한 불보살님들의 가피를 입어, 소원을 원만하게 성취함은 물론이요 크나큰 향상과 깨달음도 함께하게 될 것이라 확신합니다.

여법하게 잘 독송하시기를 두손 모아 축원드리면서, 이 경전을 번역하고 발간한 공덕을 모든 이들의 행복과 평화와 깨달음에로 회향합니다.

불기2562년 부처님오신날
김 현 준 합장

※ 당나라 삼장법사 구마라집의 한문 번역본을 저본으로 삼았습니다.

법화경 독송 방법

1) 경문을 읽기 전에

① 먼저 3배를 올리고,

"시방세계에 가득하신 불보살님이시여, 감사합니다.
부처님 잘 모시고 법화경의 가르침을 잘 받들며 살겠습니다." (3번)

② 이렇게 기본적인 축원을 세 번 한 다음, 꼭 성취되기를 바라는 일상의 소원들을 함께 축원하십시오. 예를 들겠습니다.

"대자대비하신 영산회상 불보살님이시여. 가피를 내려 저희 가족 모두 늘 건강하옵고 뜻과 같이 이루어지이다. 또한 지금 하는 일이 잘 되어 경제적으로 풍요로워지고 가족 모두 복된 삶을 이루게 하옵소서." (3번)

이 예와 같이 구체적인 소원들을 문장으로 만들어 10페이지의 '법화경 독송 발원문'난에 써놓고, 독송을 시작하기 전과 독송을 마친 다음에 축원을 하면 좋습니다. 이때의 축원은 어떠한 것이라도 좋습니다. 꼭 이루어졌으면 하는 소원들을 불보살님께 솔직하게 바치면 됩니다.

③ 축원을 한 다음 「개경게」와 「개법장진언」 '옴 아라남 아라다'를 염송하고, 개법장진언 다음에는 '나무(南無) 일불승최상법문(一佛乘最上法門) 묘법연화경(妙法蓮華經)'을 세 번 꼭 외우십시오.

경의 제목은 그 경전 내용의 핵심을 담고 있으므로 공덕이 더욱 크다는 것을 마음에 새겨, 꼭 세 번씩 독송하시기를 당부드립니다.

2) 경문을 읽을 때

① 법화경을 읽을 때는 반드시 '나' 스스로에게, 그리고 법계의 중생들에게 들려준다는 자세로 정성껏 읽어야 합니다. 절대로 '그냥 한 편을 읽기만 하면 된다'는 자세로 번뇌 속에서 읽어서는 안 됩니다. 스스로 뜻을 새기고 이해를 하며 읽는 것이 무엇보다 중요하다는 것을 꼭 명심하시기 바랍니다.

만일 소리내어 독경할 경우에 내용이 잘 이해되지 않고 집중이 잘 되지 않으면, 소리를 내지 않고 속으로 뜻을 새기며 읽는 정독을 하는 것이 오히려 더 바람직합니다. 경우에 따라서는 정독과 소리내는 독경을 번갈아 하는 것도 좋습니다.

② 법화경을 읽다가 특별히 마음에 와닿는 구절이 있거나, 이해가 잘 되지 않는 부분이 있으면 다시 한 번 읽으며 사색에 잠기는 것이 좋습니다. 독경을 한다고 하여 처음부터 끝까지 좔좔좔 시냇물 흘러가듯 읽어내려가야 할 필요는 없습니다. 왜냐하면 독경보다는 간경看經이 훨씬 더 수승한 공덕을 나타내기 때문입니다.

간경은 경전을 눈으로 보고 입으로 읽는 것을 넘어서서, 마음으로 보고 마음으로 느끼며 읽는 것입니다. 경전의 내용이 '나'의 마음 속에 또렷이 살아 있도록 하는 것, 경전의 내용을 '나'의 것으로 만드는 것이 간경입니다.

이렇게 간경을 하면 법화경의 내용이 차츰 '나'의 것이 되고, 법화경의 가르침이 '나'의 것이 되면 보현보살과 불이不二가 되어, 기도성취는 물론이요 무량공덕이 저절로 생겨나게 됩니다. 거듭거듭 당부드리오니, 결코 형식적으로 읽지 마시기 바랍니다.

③ 법화경을 다 읽었으면 다시 축원을 해야 합니다. 곧 '법화경 독송 발원문'에 써 놓은 것을 세 번 읽으면 됩니다.

④ 마지막으로 회향축원을 세 번 하여야 합니다.

"법화경을 읽은 공덕을 온 법계와 일체 중생의 발보리심과 해탈과 행복에 회향하옵니다. 아울러 저희의 지은 업장이 모두 소멸되고 위없는 깨달음을 이루어지이다." (3번)

꼭 법화경을 읽은 공덕을 회향하여 마음밭에 새로운 씨를 심으시기 바랍니다.

3) 독송의 기간·횟수 및 자세

① 가피·고난퇴치·발심·소원성취를 이룰 목적으로 법화경을 읽을 때는 최소한 전체를 7번 독송하여야 하며, 보통의 경우에는 백일기도가 적합합니다. 옛 어른들은 발심과 위 없는 깨달음을 기원하며 천일기도를 행한 이들이 많고 평생을 독송한 이도 있습니다. 또 영가천도를 위해서는 7번 또는 49번을 읽으면 매우 좋습니다.

② 독송 횟수는 총 7권으로 구성되어 있는 법화경을 하루에 1권씩 읽는 것을 기본으로 하며, 독송량을 법화경 전체 또는 형편에 맞게 줄여서 읽어도 좋습니다. 사람에 따라 형편과 능력이 다를 것이므로 자신에게 맞게 독송 기간과 횟수를 잘 선택하여 기도하시면 됩니다. 만일 시간이 많지 않은 사람은 하루에 보통 분량의 반만을 읽어도 좋으니, 스스로가 정한 횟수를 채우기 바랍니다. 단, 한번 정하였으면 아주 특별한 일이 아닌 이상 변경하지 않는 것이 좋습니다.

③ 기한이나 횟수를 정하여 꾸준히 기도를 하다 보면 그 날짜가 다 채워지기도 전에 가피를 입는 듯한 징조를 감지하게 되는 경우가 있습니다. 그렇다고 하여 회향일 전에 기도를 그만두지 말고, 꾸준히 계속하여 날짜를 채우는 것이 좋습니다.

④ 독경을 할 때는 단정히 앉아 행하여야 합니다. 만약 가부좌를 하기가 힘이 든다면 의자에 단정히 앉아 행하여도 괜찮습니다. 그리고 바르게 앉을 수 없을 만큼 몸이 좋지 않은 경우라면 벽에 기대거나 누워서 해도 무방합니다. 물론 병상의 환자는 침대에서 편안한 자세로 독경하면 됩니다.

⑤ 특별한 사정으로 기도를 할 수 없는 경우라면 스스로가 정한 시간만큼 어디서든 하는 것이 좋고, 그것이 어려우면 단 세 번이라도 '나무 일불승최상법문 묘법연화경'의 명호를 외운 다음 사정을 고해야 합니다.

"오늘은 특별한 사정 때문에 기도를 제대로 행하지 못하게 되었습니다. 이 허물을 받아 주시옵소서. 내일은 올바로 잘하겠습니다."

그리고 스스로가 세운 축원과 발원을 염하십시오. 이렇게 하면 한 번 하지 않은 것을 핑계삼아 계속하지 않게 되는 허물을 막을 수 있습니다.

여법하게 잘 독경하시기를 축원드립니다.

※ 이 책의 말미에는 어려운 낱말들을 간략하게 설명한 '용어풀이'를 가나다 순으로 엮어 놓았습니다. 참고하시기 바랍니다.

법화경 독송 발원문

시방세계에 가득하신 불보살님이시여 감사합니다.

부처님 잘 모시고 법화경의 가르침을 잘 받들며 살겠습니다. (3번)

개경게 開經偈

가장높고 심히깊은 부처님법문 무상심심미묘법 無上甚深微妙法

백천만겁 지나간들 어찌만나리 백천만겁난조우 百千萬劫難遭遇

저희이제 보고듣고 받아지녀서 아금문견득수지 我今聞見得受持

부처님의 진실한뜻 깨치오리다 원해여래진실의 願解如來眞實意

開法藏眞言
개법장진언 옴 아라남 아라다 (3번)

南無 一佛乘最上法門 妙法蓮華經
나무 일불승최상법문 묘법연화경 (3번)

묘법연화경 제1권

제1 서품
第一 序品

이와 같이 나는 들었다.

어느 때 부처님께서는 왕사성(王舍城)의 기사굴산(耆闍崛山)(영축산)에서 큰 비구제자 1만 2천인과 함께 계시었다. 그들 모두는 아라한(阿羅漢)으로, 계(戒)를 어김이 없고 번뇌를 다 끊었으며, 자기를 이롭게 하는 법을 얻어 모든 결박을 벗어났으며, 자유자재한 마음을 얻은 이들이었다.

그 이름은 아야교진여·마하가섭·우루빈나가섭·가야가섭·나제가섭·사리불·대목건련·마하가전연·아누루타·겁빈나·교범바제·이바다·필릉가바차·박구라·마하구치라·난타·손타라난타·부루나미다라니자·수보리·아난·라후라 등으로, 세상 사람들에게 널리 알려진 대아라한들이었다.

또 아직 배울 것이 남아 있는 유학(有學)비구와 더 이상 배울 것이 없는 무학(無學)비구 2천인도 함께 있었으며, 마하파사파제 비구니와 그 권속(眷屬) 6천인도 함께 하였고, 라후라의 어머니인 야수다라 비구니와 그 권속들도 함께 있었다.

보살(菩薩)의 무리 8만인도 함께 있었으니, 모두가 물러남 없이 아뇩다라삼먁삼보리(阿耨多羅三藐三菩提)(위없는 바른 깨달음)를 얻고자 하였고, 다라니(陀羅尼)와 자유자재하게 설법하는 능력인 요설변재(樂說辯才)를 얻어 불퇴전(不退轉)의 법륜을 굴렸으며, 한량없이 많은 부처님께 공양을 올리고 온갖 선근을 심었으므로 부처님들께서는 칭찬하셨다. 또한 몸으로 자비행을 닦고 부처님의 지혜를 잘 이해하여 대반야를 통달하고 피안(彼岸)에 이르렀으며, 수많은 중생을 제도하여 그 이름이 한량없는 세계에 두루 퍼진 이들이었다.

그 이름은 문수사리보살(文殊師利菩薩)·관세음보살(觀世音菩薩)·득대세보살(得大勢菩薩)·상정진보살(常精進菩薩)·불휴식보살(不休息菩薩)·보장보살(寶掌菩薩)·약왕보살(藥王菩薩)·용시보살(勇施菩薩)·보월보살(寶月菩薩)·월광보살(月光菩薩)·만월보살(滿月菩薩)·대력보살(大力菩薩)·무량력보살(無量力菩薩)·월삼계보살(越三界菩薩)·발타바라보살(跋陀婆羅菩薩)·미륵보살(彌勒菩薩)·보적보살(寶積菩薩)·도사보살(導師菩薩) 등이며, 이러한 보살의 무리 8만인이 함께 있었다.

또한 그곳에는 도리천의 왕인 석제환인(釋提桓因)(제석천왕)은 명월천자(明月天子)·보향천자(普香天子)·보광천자(寶光天子)를 비롯한 권속 2만 천자와 함께 있었고, 사대천왕(四大天王)은 권속 1만 천자와 함께 있었으며, 자재천자(自在天子)·대자재천자(大自在天子)는 권속 3만 천자, 사바세계의 주인인 범천왕(梵天王)은 시기대범(尸棄大梵)·광명대범(光明大梵)을 비롯한 권속 1만 2천 천자와 함께 있었다.

또 여덟 용왕(龍王)인 난타용왕·발난타용왕·사가라용왕·화수길용왕·덕차가용왕·아나바달다용왕·마나사용왕·우발라용왕도 각기 백천 권속들과 함께 있었다.

또 네 긴나라왕(緊那羅王)인 법(法)긴나라왕·묘법(妙法)긴나라왕·대법(大法)긴나라왕·지법(持法)긴나라왕도 각기 백천 권속들과 함께 있었다.

또 네 건달바왕(乾闥婆王)인 낙(樂)건달바왕·낙음(樂音)건달바왕·미(美)건달바왕·미음(美音)건달바왕도 각기 백천 권속들과 함께 있었다.

또 네 아수라왕(阿修羅王)인 바치아수라왕·거라건타아수라왕·비마질다아수라왕·나후아수라왕도 각기 백천 권속들과 함께 있었다.

또 가루라왕(迦樓羅王)인 대위덕(大威德)가루라왕·대신(大身)가루라왕·대만(大滿)가루라왕·여의(如意)가루라왕도 각기 백천 권속들과 함께 있었다.

또 위제희(韋提希) 왕비의 아들인 아사세왕(阿闍世王)도 백천 권속들과 함께 와서 각기 부처님의 발에 머리 숙여 예배드리고 한쪽으로 물러나 앉았다.

그때 부처님께서는 사부대중(四部大衆)에게 둘러싸여 공양과 공경과 존중과 찬탄을 받으며 보살들을 위해 대승의 가르침인 무량의경(無量義經)을 설하셨나니, 이는 보살을 가르치는 법이요 부처님들께서 보호하고 살피시는〔護念(호념)〕 경이었다.

부처님께서는 무량의경을 설하신 뒤에 결가부좌 하고 무량의처삼매(無量義處三昧)에 들어, 몸과 마음을 움직이지 않으셨다. 이때 하늘에서 만다라화·마하만다라화·만수사화·마하만수사화 등의 꽃비를 내려 부처님과 대중들에게 뿌렸으며, 모든 불국토는 여섯 가지로 진동〔六種震動(육종진동)〕하였다.

그곳에 있던 비구·비구니·우바새·우바이 및 천자·용·야차·건달바·아수라·가루라·긴나라·마후라가·인비인(人非人)(사람과 사람이 아닌 이), 여러 작은 나라의 왕들과 전륜성왕(轉輪聖王) 등은 이 모두가 전에 없었던 일인지라 환희하며, 합장을 하고 일심으로 부처님을 우러러보았다.

그때 부처님께서 미간의 백호(白毫)에서 광명을

놓아 동방으로 1만 8천세계를 두루 비추시니, 아래로는 아비지옥(阿鼻地獄)에서 위로는 가장 높은 하늘인 색구경천(色究竟天)까지 이르렀고, 그 세계의 육도(六道) 중생과 현재 그곳에 계신 부처님들도 보였으며, 부처님들께서 경을 설하시는 것도 들을 수 있었다.

또 그곳에 있는 비구·비구니·우바새·우바이들이 수행을 하고 도를 얻는 것도 보였고, 보살마하살들의 갖가지 인연과 갖가지 신해(信解)와 갖가지 모습으로 보살도(菩薩道)를 행하는 것도 보였다.

또 부처님들께서 열반(涅槃)에 드시는 모습도 보였으며, 열반에 드신 뒤에 그 부처님의 사리(舍利)를 모시고 칠보탑(七寶塔)을 세우는 것도 보였다.

그때 미륵보살은 생각하였다.

'지금 부처님께서는 신통 변화의 모습을 나타내셨다. 그런데 무슨 까닭으로 이와 같은 상서(祥瑞)를 나타내신 것일까? 지금 부처님께서 삼매에 들어 계신다. 이 불가사의하고 희유(稀有)한(매우 보기 드문) 일이 나타나게 된 까닭을 누구에게 물어야 하며, 누가 능히 대답할 수 있을까?'

그리고는 다시 생각하였다.

'문수사리(文殊師利) 법왕자(法王子)는 일찍부터 수많은 부처님을 가까이 모시고 공양하였으니, 이와 같은 희유한 일을 경험한 적이 있을 것이다. 내 지금 그에게 물어보리라.'

그때 비구·비구니·우바새·우바이와 모든 천(天)·용·귀신 등도 생각하였다.

'부처님께서 광명과 신통변화를 나타내고 계시는 까닭을 누구에게 물어야 하는가?'

비구·비구니·우바새·우바이의 사부대중과 천·용·귀신 등의 마음을 꿰뚫어 본 미륵보살은 모두의 의심을 풀고자 문수사리보살에게 여쭈었다.

"무슨 인연으로 부처님께서 큰 빛을 놓아 동쪽에 있는 1만 8천세계를 비추시고, 상서로운 신통(神通)을 나타내어 그 불국토의 장관을 모두 볼 수 있게 하고 계십니까?”

미륵보살은 거듭 게송으로 여쭈었다.

문수사리 법왕자여 도사(導師)이신 여래께서
미간백호 에서부터 대광명을 발하시자
만다라화 만수사화 비오듯이 내려오고
전단향의 바람불어 대중에게 기쁨주며
이인연을 말미암아 땅이모두 정화되고
모든세계 육종(六種)으로 진동하고 있습니다
이를보는 사부대중 하나같이 환희하고
몸과마음 쾌락하니 일찍없던 일입니다
미간백호 광명으로 동방세계 비추시니
일만팔천 모든국토 금빛처럼 찬란하고
아비지옥 에서부터 유정천의 하늘까지
많고많은 세계속을 윤회하는 육도중생
나고죽고 가는곳과 좋고나쁜 업을따라
받게되는 과보들이 남김없이 보입니다

성스럽고 거룩하신 많고많은 부처님의
설하시는 경전들은 미묘하기 그지없고
청정하온 그음성과 부드러운 말씀으로
셀수없는 억만보살 대중들을 가르치니
깊고묘한 범음(梵音)설법 모두즐겨 듣나이다
모든세계 곳곳에서 바른법을 설하시되
여러가지 인연법과 한량없는 비유로써
불법밝게 설하시어 중생들을 깨우치니
늙음병듦 죽는고통 싫어하는 이에게는
열반법문 설하시어 고통모두 없애주고
부처님께 공양하며 복을쌓은 어떤이가
훌륭한법 구할지면 연각법문(緣覺法門) 설해주며
여러가지 실천행을 닦아익힌 불자(佛子)들이
무상지혜 구할지면 청정한도(道) 설합니다
문수사리 법왕자여 제가지금 보고들은
천억(千億)가지 많은일을 간략하게 말하리다
제가보니 저국토의 항하사수(恒河沙數) 보살들은
여러가지 인연지어 깨달음을 구합니다

어떤보살 보시하되 금과은과 산호진주
마니주와 자거마노 금강석등 보배들과
노비수레 보배가마 기쁨으로 보시하고
그공덕을 남김없이 부처님께 회향하며
삼계에서 제일가는 대승법을 구하기에
시방세계 제불(諸佛)께서 모두칭찬 하십니다
또한어떤 보살들은 네마리의 말이끌고
아름답게 꽃장식한 보배수레 보시하고
또한어떤 보살들은 손과발과 몸뚱이와
처자까지 보시하여 위없는도 구하오며
또한어떤 보살들은 눈과머리 온몸들을
기쁨으로 보시하여 부처지혜 구합니다
문수사리 법왕자여 제가보니 여러왕들
부처님께 나아가서 위없는도 여쭙고는
그국토와 좋은궁전 첩과신하 다버리고
수염머리 깎은다음 법복입고 도닦으며
또한어떤 보살들은 큰뜻품고 비구되어
고요한데 홀로살며 경전즐겨 읽습니다

또한어떤 보살들은 깊은산에 들어가서
용맹정진 계속하며 부처의 도(道) 사유하고
어떤이는 욕심떠나 고요한데 머물면서
깊은선정 능히닦아 오신통(五神通)을 얻습니다
또한어떤 보살들은 합장하고 정(定)에 들어
천만가지 게송으로 부처님을 찬탄하고
또한어떤 보살들은 지혜깊고 뜻이곧아
부처님께 법을묻고 들은대로 간직하며
또한어떤 불자들은 선정지혜 구족하고
한량없는 비유로써 대중위해 법설하되
흔쾌하게 설법하여 여러보살 교화하고
마구니들 항복받아 법고(法鼓)둥둥 울립니다
또한어떤 보살들은 고요함에 깊이잠겨
천(天)과 용(龍)이 공경해도 기뻐하지 아니하고
또한어떤 보살들은 숲속에서 방광하여
지옥중생 제도하고 불도(佛道)속에 들게하며
또한어떤 불자들은 잠도자지 아니하고
숲속길을 거닐면서 부처의도 구합니다

또한 보니 계(戒)갖추고 몸가짐을 바로하되
구슬같이 맑게하여 부처님의 도구하고
또한어떤 불자들은 인욕하는 힘이좋아
버릇없고 교만한자 욕을하며 헐뜯어도
모든것을 능히참아 부처의도 구합니다
또한어떤 보살들은 희롱함과 비웃음과
어리석은 무리떠나 지혜인을 친근하고
산란 없는 일심으로 산림에서 선정닦아
억천만년 세월토록 부처의도 구합니다
또한어떤 보살들은 좋은음식 맛난반찬
여러가지 탕약들을 삼보님께 보시하고
한량없이 값이비싼 아름다운 의복이나
값도모를 좋은옷을 삼보님께 보시하며
천만억의 보배들과 전단으로 지은집과
가지가지 묘한침구 삼보님께 보시하고
꽃과과일 무성하고 샘과연못 모두갖춘
아름다운 숲과동산 삼보님께 바치나니
이와같이 아름답고 미묘한것 보시하며

오직기쁜 마음으로 위없는도 구합니다
또한어떤 보살들은 적멸법(寂滅法)을 설하시되
가지가지 방편써서 무수중생 교화하고
또한어떤 보살들은 법의성품 허공같아
두모양이 없는줄을 남김없이 관찰하며
또한어떤 불자들은 집착하는 마음없는
밝고맑은 지혜로써 위없는도 구합니다
문수사리 법왕자여 또한어떤 보살들은
부처님의 열반이후 진신사리 공양하고
또한어떤 불자들은 항하강의 모래만큼
무량무수 탑을세워 국토마다 장엄하니
아름다운 보배탑은 높이오천 유순(由旬)이요
가로세로 그길이는 이천유순 이옵니다
하나하나 불탑마다 당과깃발 일천이요
보배구슬 늘여달고 방울소리 울려오니
천인들과 용과신과 사람등의 모든중생
꽃과향과 기악으로 항상공양 하옵니다
문수사리 법왕자여 많고많은 불자들이

불사리에 공양하고 모든탑을 장엄하니
이세계가 그지없이 아름답고 찬란하여
도리천의 보배꽃이 활짝핀듯 하옵니다
세존께서 한줄기의 큰광명을 발하심에
이세계의 아름답고 아주멋진 모습들을
나와모든 대중들이 빠짐없이 보나이다
제불여래 신통력과 보기드문 지혜로써
밝은광명 발하시어 무량세계 비추시니
이를보는 저희들은 신비로울 뿐입니다
문수사리 법왕자여 의심풀어 주옵소서
여기모인 사부대중 나와그대 바라보니
세존께서 무슨일로 이광명을 발했는지
법왕자여 대답하여 의심풀어 주옵소서
무슨이익 주시려고 광명발한 것입니까
微妙法
부처님이 도량에서 깨달으신 미묘법을
설하시려 함입니까 수기주려 함입니까
보배로써 장엄하온 모든국토 보여주며
부처님들 뵙게하니 무슨까닭 이옵니까

문수사리 법왕자여 사부중(四部衆)과 용과신들
답을듣기 원하오니 그까닭을 설하소서

그때 문수사리보살이 미륵보살마하살과 보살들에게 이르셨다.

"선남자(善男子)들이여, 나의 생각에는 세존께서 지금 큰 법을 설하려 하시고, 큰 법의 비를 내리려 하시고, 큰 법의 나팔을 불려 하시고, 큰 법의 북을 치려하시고, 큰 법의 뜻을 풀이하려는 것 같습니다.

선남자들이여, 나는 일찍이 과거의 여러 부처님 계신 곳에서 이러한 상서로운 징조를 보았나니, 이러한 빛을 놓으신 다음에는 곧 큰 법을 설하셨습니다. 지금 부처님께서 빛을 나타내신 것 또한 그와 같아서, 중생들로 하여금 이 세상에서는 믿기가 어려운 법을 듣게 하고 알게 하시고자 이러한 상서를 나타내신 것입니다.

선남자들이여, 과거 무량무변(無量無邊)(한량없고 가이없는) 불가사의한 아승지겁 전에 부처님이 계셨으니 이름이 일월등명여래(日月燈明如來)·응공(應供)·정변지(正遍知)·명행족(明行足)·선서(善逝)·세간해(世間解)·무상사(無上士)·조어장부(調御丈夫)·천인사(天人師)·불세존(佛世尊)이셨습니다.

그 부처님께서 설하신 바른 법〔正法〕은 처음도 좋았고 중간도 좋았고 끝도 좋았습니다. 그 뜻은 매우 깊고 말씀은 오묘하였으며, 순수하여 잡됨이 없고 청정한 수행의 모습을 완전히 갖추었습니다.

성문(聲聞)의 경지를 구하는 이에게는 사제법(四諦法)을 설하시어 생로병사(生老病死)를 벗어난 열반을 얻게 하셨고, 벽지불(辟支佛)의 경지를 구하는 이에게는 십이인연법(十二因緣法)을 설하셨으며, 보살들에게는 육바라밀(六波羅密)을 설하시어 아뇩다라삼먁삼보리(阿耨多羅三藐三菩提)를 얻고 일체종지(一切種智)(모든 것을 아는 부처님의 지혜)를 이루게 하셨습니다.

그 다음에 또 부처님이 계셨는데 이름을 일월등명(日月燈明)이라 하였으며, 그 다음에 출세하신 부처님 이름 또한 일월등명이셨습니다. 그 후로도 2만 부처님께서 모두 일월등명이라는 이름을 지니셨고 성 또한 하나같이 파라타(頗羅墮)였습니다.

미륵이여, 이처럼 처음 부처님과 뒤에 출현하신 부처님의 이름이 모두 같았고 여래의 십호(十號)를 갖추었으며, 설하신 법문 또한 처음도 좋고 중간도 좋고 끝도 좋았습니다.

2만의 일월등명불 중 맨 마지막 부처님은 출가하시기 전에 여덟 왕자를 두셨는데, 그들의 이름은 유의(有意)·선의(善意)·무량의(無量意)·보의(寶意)·증의(增意)·제의(除疑意)·향의(響意)·법의(法意)입니다.

이 여덟 왕자는 위엄과 덕이 출중하여 각기 천하를 다스리다가, 부왕께서 출가하여 아뇩다라삼먁삼보리를 얻었다는 소식을 듣고는 모두 왕위를 버리고 출가하였습니다. 대승(大乘)의 뜻을 발한 그들은 항상 청정한 행을 닦아 법사(法師)가 되었는데, 그들은 이미 수많은 부처님 밑에서 갖가지 선근을 심은 이들이었습니다.

그때 일월등명불께서 대승경전을 설하셨으니 이름이 무량의경(無量義經)이라, 보살을 가르치는 법이요 부처님께서 보호하고 살피시는 경입니다.

일월등명불께서는 이 가르침을 다 설하신 다음, 대중 가운데에서 결가부좌하고 무량의(無量義) 처삼매(處三昧)에 들어 몸과 마음을 움직이지 않았습니다. 그러자 하늘에서 만다라화·마하만다라화·만수사화·마하만수사화를 일월등명불과 대중 위에 뿌렸고, 모든 불국토는 여섯 가지로 진동하였습니다.

그때 그곳에 있던 비구·비구니·우바새·우바이와 천·용·야차·건달바·아수라·가루라·긴나라·마후라가와 인비인(人非人), 여러 작은 나라의 왕들과 전륜성왕(轉輪聖王) 등은 이 모두가 전에 없었던 일인지라, 매우 기뻐하여 합장을 하고 일심으로 일월등명불을 우러러보았습니다.

일월등명불께서는 미간의 백호에서 광명을

놓아 동쪽에 있는 1만 8천 불국토를 두루 비추셨는데, 그 불국토들의 모습은 지금 보고 있는 이 불국토들과 같았습니다.

미륵이여, 그때 그곳에서 법문을 듣기 원했던 20억 보살들은 백호광명이 불국토를 두루 비추는 것을 보고는 몹시 놀라워하면서, 그 광명이 나타나게 된 인연을 알고자 하였습니다.

당시 그곳에는 묘광이라는 보살이 8백 명의 제자를 거느리고 앉아 있었는데, 일월등명불께서 삼매에서 일어나 묘광보살을 향해 대승경전을 설하시니 그 이름이 묘법연화경(妙法蓮華經)이라, 보살을 가르치는 법이요 부처님께서 보호하고 살피시는 경입니다.

그때 일월등명불께서 60소겁(小劫) 동안 자리에서 일어나지 않으셨고, 모인 대중 또한 한 자리에 앉아 60소겁 동안 몸과 마음을 움직이지 않은 채 설법을 들음이 마치 밥 한 끼를 먹는 동안

인 일식경(一食頃)처럼 여겨졌기에, 어느 누구도 몸과 마음으로 게으름을 피우거나 권태로워하지 않았습니다.

일월등명불께서는 60소겁 동안 이 묘법연화경을 다 설하신 뒤, 범천왕·마왕·사문·바라문들과 천인·인간·아수라 등 모든 대중에게 이르셨습니다.

'나는 오늘 밤 무여열반(無餘涅槃)에 들 것이다.'

그때 한 보살이 있었으니 이름이 덕장(德藏)이라, 일월등명불께서 이 보살에게 수기를 주시고 비구들에게 이르셨습니다.

'이 덕장보살은 다음에 부처되어, 그 이름을 정신(淨身) 다타아가도(多陀阿伽度)(여래)·아라하(阿羅訶)(응공)·삼먁삼불타(三藐三佛陀)(정변지)라 할 것이다.'

이렇게 수기를 주신 뒤 밤이 되자 무여열반에 드셨습니다.

일월등명불께서 열반에 드신 뒤에는 묘광보살이 묘법연화경의 가르침을 80소겁 동안 사람들을 위하여 설하셨는데, 일월등명불의 여덟 아들은 모두 묘광보살을 스승으로 섬겼으며, 묘광보살은 그들로 하여금 아뇩다라삼먁삼보리를 굳건히 지닐 수 있도록 이끌었습니다.

이 여덟 왕자는 모두 헤아릴 수 없이 많은 백천만억의 부처님께 공양을 올린 뒤에 성불하였으니, 제일 마지막으로 성불한 이가 바로 연등불(然燈佛)이십니다.

또 묘광보살의 8백 제자 가운데 구명(求名)이라는 제자가 있었습니다. 그는 여러 가르침을 읽어도 그 뜻을 알지 못하고 배운 것을 곧잘 잊어버리면서도, 이익과 명예에 탐착하였으므로 구명이라 부른 것입니다. 그러나 그 역시 여러 가지 선근을 심은 인연으로 한량없는 백천만억의 부처님을 만나 공양하고 공경하고 존중하고 찬탄하였습니다.

미륵이여, 마땅히 알지니, 지금의 내가 그때의 묘광보살이요, 지금의 그대가 그때의 구명

보살입니다.

미륵이여, 지금의 이 상서로운 징조는 그 옛날과 조금도 다름이 없습니다. 그러므로 부처님께서는 오늘 반드시 보살을 가르치는 법이요 부처님께서 보호하고 살피시는 대승경전인 묘법연화경을 설하실 것입니다."

문수사리보살은 대중들에게 이 뜻을 거듭 펼치고자 게송으로 설하였다.

생각하니 과거세의 한량없는 그시절에
존귀하신 일월등명 부처님이 계셨도다
그부처님 법을설해 무량중생 제도하고
수도없이 많은보살 불지혜(佛智慧)에 들게했네
그부처님 출가전에 여덟왕자 낳았는데
그들모두 출가하여 청정행을 닦았도다
일월등명 부처님은 여러대중 위하시어
대승법인 무량의경 분별하여 설하셨고
경을모두 설하신뒤 법좌위에 앉은채로

무량의처(無量義處) 삼매(三昧)속에 깊이빠져 드셨도다
하늘꽃비 흩날리고 하늘북은 절로울고
여러천룡 귀신들이 부처님께 공양했고
일체모든 불국토가 크게진동 하는속에
부처님은 방광하여 희유한일 보였나니
그광명이 동방으로 일만팔천 불토(佛土)비춰
일체중생 나고죽는 업보들을 보이셨다
그불국토 하나같이 보배들로 꾸몄는데
방광빛에 유리수정 보배들이 더고왔고
천인들과 용신야차 건달바와 긴나라들
앞다투어 부처님께 각기공양 하였도다
또한보니 성불하여 도를이룬 부처님들
금산(金山)같은 그몸매는 단정하고 미묘하며
맑고맑은 유리속의 순금같은 모습으로
대중속에 계시면서 깊은법을 설하셨다
하나하나 불국토의 한량없는 성문대중
부처님의 광명으로 모두볼수 있었는데
어떤비구 숲속에서 부지런히 정진하며

밝은구슬 보호하듯 청정계율 지켰도다
또한능히 보시하고 인욕하는 보살들이
항하강의 모래같이 그숫자가 한없지만
부처님의 광명으로 모두볼수 있었는데
어떤보살 선정속에 깊이깊이 들어가서
몸과마음 동함없는 위없는도 구했으며
어떤보살 모든법이 적멸(寂滅)임을 잘알아서
각자그들 국토에서 설법하고 도닦았다
바로그때 사부대중 일월등명 부처님의
크나크신 신통력을 보고나서 환희하며
서로어떤 인연인지 그까닭을 물었도다
천인들과 인간들이 존경하는 부처님은
삼매에서 깨어나서 묘광보살 칭찬했다
'이세간의 눈이되고 모든이가 귀의하는
그대라면 나의법장(法藏) 능히수지 할수있고
내가설한 모든법을 능히알아 깨닫는다'
부처님이 칭찬하자 묘광보살 기뻐했고
부처님은 이날부터 육십소겁 지나도록

그자리를 뜨지않고 법화경을 설하시니
묘광보살 그묘법을 모두기억 하였도다
이법화경 설법듣고 대중들이 환희하자
바로그날 부처님은 대중에게 이르셨다
諸法實相
'제법실상 참다운뜻 너희에게 설했으니
般涅槃
나는이제 오늘밤에 반열반에 들겠노라
放逸
너희들은 방일말고 일심으로 정진하라
부처님을 만나기란 억겁에야 한번일세'
부처님의 제자들은 이열반의 소식듣고
왜이리도 빨리가나 슬퍼하고 고뇌하자
거룩하신 법왕께서 무량중생 위로하되
'내가열반 들지라도 너희들은 근심말라
여기있는 덕장보살 번뇌없는 참다운법
마음깊이 통달하여 이다음에 성불하니
淨身
정신이란 이름으로 많은중생 제도한다'
그날밤에 부처님은 섶이다해 불꺼지듯
반열반에 드시었고 불사리는 고루나눠
수도없이 많은탑을 여러곳에 세웠으며

항하모래 수와같은 비구들과 비구니들
더욱더욱 정진하여 위없는도 구했도다
이러한때 묘광보살 부처님법 잘받들어
팔십소겁(小劫) 한결같이 법화경을 설했나니
일월등명 여덟왕자 묘광보살 교화받아
위없는도 잘닦으며 많은부처 친견하여
부처님께 공양하고 대도법(大道法)을 따라익혀
차례대로 수기받고 마침내는 부처되니
마지막에 도이루어 성불하신 연등불은
많은성자 스승되어 무량중생 제도했다
또한묘광 법사에게 한제자가 있었으니
마음항상 게으르고 명리(名利)만을 탐착하고
명예욕이 너무많아 명문가에 태어나서
공부한것 잊어먹어 깨닫지를 못했도다
이와같은 인연으로 구명(求名)이라 불렸지만
부지런히 선업쌓아 많은부처 만나뵙고
부처님께 공양하며 크나큰도 따라행해

육바라밀 갖춘다음 부처님을 친견하자
'이다음에 부처되니 그이름이 미륵이요
수도없는 많은중생 제도한다' 하셨나니
게을러서 공부않던 구명행자 곧그대요
스승이된 묘광법사 바로지금 이몸이다
내가일찍 보았었던 일월등명 부처님의
옛상서가 이랬으니 이제능히 짐작컨대
세존께서 법화경을 설하시려 함이로다
지금광명 옛날상서 부처님들 방편이라
이제세존 방광하여 참다운뜻 보였으니
그대들이 합장하고 일심으로 기다리면
세존께서 법비내려 구도자(求道者)들 적셔주고
삼승법(三乘法)을 구하는이 의심가득 하겠지만
그의심을 부처님이 모두끊어 주시리라

〈제1 서품 끝〉

제2 방편품
第二 方便品

그때 부처님께서 조용히 삼매(三昧)에서 일어나 사리불(舍利弗)에게 이르셨다.

“부처님들의 지혜는 매우 깊고 한량이 없다. 그 지혜의 문은 이해하기도 어렵고 들어가기도 어렵나니, 성문이나 벽지불들은 도저히 알 수가 없느니라.

어찌하여 그러한가? 부처님들은 일찍이 백천만억 수많은 부처님을 가까이하면서 한없는 도(道)와 법(法)을 모두 배우고 용맹정진하여, 이름을 널리 떨침과 동시에 보기도 어렵고 알기도 어려운 깊은 법을 성취하셨느니라. 그러므로 설하는 법문의 뜻을 그대로 이해하기는 매우 어렵느니라.

사리불아, 나는 성불한 이후부터 지금까지 갖가지 인연과 갖가지 비유로써 널리 법을 베풀고, 무수한 방편으로 중생들을 인도하여 모든 집착을 여의게 하였나니, 이렇게 할 수 있었던 것은 여래가 방편바라밀(方便波羅蜜)과 지견바라밀(知見波羅蜜)(반야바라밀)을 갖추었기 때문이니라.

사리불아, 여래의 지견은 광대하고도 깊나니, 사무량심(四無量心)과 사무애변(四無礙辨)과 십력(十力)과 사무소외(四無所畏)와 선정(禪定)과 해탈(解脫)과 삼매(三昧)에 깊이 들어가서, 누구도 얻지 못한 진귀한 법을 모두 성취하였느니라.

사리불아, 여래는 모든 법을 잘 분별하여 절묘하게 설하고, 말씨가 유연하여 사람들의 마음을 즐겁게 하느니라. 사리불아, 한 마디로 말하면 부처님은 한량없고 끝이 없고 일찍이 들어본 적이 없는 법을 모두 성취하였느니라.

그만두자, 사리불아. 더 이상 설하지 않겠

다. 왜냐하면 부처님이 성취한 법은 가장 드물고 이해하기 어려운 법이어서, 오직 부처님들끼리만 이 제법실상(諸法實相)에 대해 서로 설하고 알 수 있기 때문이니라.

이른바 제법(諸法)이란 십여시(十如是), 곧 여시상(如是相)·여시성(如是性)·여시체(如是體)·여시력(如是力)·여시작(如是作)·여시인(如是因)·여시연(如是緣)·여시과(如是果)·여시보(如是報)·여시본말구경등(如是本末究竟等)이니라."

부처님께서는 이 뜻을 거듭 밝히고자 게송으로 이르셨다.

부처님의 큰능력은 천인이나 세상사람
그어떠한 중생들도 능히알지 못하나니
부처님의 십력(十力)들과 네가지의 무소외법(無所畏法)
선정해탈(禪定解脫) 삼매(三昧)등의 여러가지 법에대해
헤아릴수 있는이는 어디에도 없느니라
옛적부터 한량없는 부처님을 따르면서
모든도를 빠짐없이 두루갖춰 닦았어도
심히깊고 묘한그법 보고알기 어렵나니

무량억겁 오랜세월 모든도를 다닦은뒤
도량에서 성불해야 알고보게 되느니라
이와같은 큰과보와 여시성상(如是性相) 등의뜻은
나와함께 시방세계 부처님만 능히알뿐
중생에게 보여주고 들려주지 못하거늘
중생들이 이런법을 어찌알고 이해하랴
믿는힘이 아주깊은 보살들을 제외하고
불제자중 일찍부터 부처님께 공양올려
일체번뇌 모두끊고 아라한과(阿羅漢果) 얻은이도
부처님의 심오한법 감당할수 없느니라
사리불과 같은이를 이세상에 가득채워
그들모두 힘을모아 헤아리고 생각해도
부처님의 크신지혜 능히이해 할수없고
사리불과 모든제자 시방세계 가득채워
그들모두 힘을모아 헤아리고 생각해도
부처님의 크신지혜 역시알수 없느니라
날카로운 지혜로써 번뇌다한 벽지불이
시방세계 대나무의 수효만큼 함께모여

마음합쳐 무량억겁 생각하고 헤아려도
부처님의 참된지혜 결코알수 없느니라
무량제불 공양하여 뜻과이치 요달하고
능통하게 설법하는 신발의(新發意)의 보살들도
시방세계 벼와삼대 갈대만큼 많이모여
일심으로 항하사겁 생각하고 헤아려도
부처님의 참지혜는 절대알아 낼수없고
항하사수(恒河沙數) 만큼많은 불퇴전(不退轉)의 보살들이
모두함께 일심으로 생각하고 헤아려도
부처님의 크신지혜 능히알수 없느니라
지혜제일 사리불아 또한다시 이르노니
번뇌없고 부사의한 깊고깊은 미묘법을
나는이미 구족하여 자세하게 알고있고
시방세계 부처님도 또한알고 계시노라
지혜제일 사리불아 분명하게 알지니라
일체제불 법설함은 한결같고 다같나니
부처님이 설하신법 굳게믿고 노력하라
모든부처 오랫동안 이법저법 설한다음

요긴하고 진실한법 설하심을 명심하라
내가이제 성문연각 법구했던 너희위해
고통속박 아주벗고 열반얻게 할것이다
이제까지 방편으로 삼승법(三乘法)을 보인것은
곳곳에서 집착하고 탐심내는 중생들을
바른길로 나아가게 하기위함 이었노라

그때 대중 속에 있던 아야교진여(阿若憍陳如) 등 번뇌를 다한 아라한(阿羅漢) 1천2백 명과 성문 및 벽지불을 목표로 삼는 비구·비구니·우바새·우바이들은 제각기 생각하였다.

'지금 부처님께서는 무슨 까닭으로 은근히 방편에 대해 칭찬하시고, 부처님이 얻은 법은 심히 깊이 이해하기 어렵다는 것과, 말로 설한 법의 의미 또한 매우 어려워서 성문이나 벽지불들은 알 수가 없다고 말씀하시는 것인가? 부처님께서는 그동안 한 가지 해탈의 이치인 일해탈의(一解脫義)를 설하셨고, 우리 또한 이 법을 얻어

열반에 이르고자 하였는데, 지금 이렇게 말씀하시는 뜻이 무엇인지를 전혀 알 수가 없구나.'

그때 사리불은 사부대중의 마음 속 의심을 알았고, 자신 또한 분명히 이해하지 못하였으므로 부처님께 여쭈었다.

"부처님이시여, 무슨 이유와 인연으로 모든 부처님의 제일방편(第一方便)과 깊고 미묘하고 이해하기 어려운 법을 칭찬하시나이까? 저는 일찍이 부처님께서 이렇게 말씀하시는 것을 들은 바가 없나이다. 지금 사부대중이 모두 의심하고 있사오니, 부디 이에 대해 자세히 설하여 주옵소서. 부처님께서는 무슨 까닭으로 깊고 미묘하고 이해하기 어려운 법이라고 은근히 칭찬하시나이까?"

사리불은 그 뜻을 거듭 밝히고자 게송으로 아뢰었다.

태양같은 지혜갖춘 위대하신 부처님은
오랫동안 한가르침 한결같이 설하기를
'나는십력(十力) 사무소외(四無所畏) 선정삼매 해탈법등
부사의한 법을모두 얻었다'고 하셨지만
이에대해 묻는이가 한사람도 없었으며
'나의뜻은 이해하기 쉽지않다' 하셨으나
이에대해 묻는사람 또한전혀 없었도다
그리하여 당신께서 수행하여 증득하신
해탈법과 미묘하고 심히깊은 지혜법문
부처들만 얻는바라 은근칭찬 하셨건만
번뇌없는 아라한과 열반법을 구하는이
'부처님은 무슨일로 이런말씀 하시는지'
오히려더 의심품고 이해하지 못합니다
연각의법 구하는이 비구들과 비구니들
천(天)과용과 귀신들과 건달바의 무리들도
서로보고 의심하며 부처님만 바라보니
이런말씀 하신까닭 설명하여 주옵소서
부처님은 저를일러 성문중에 최고라고

칭찬하여 주셨지만 지금저의 지혜로는
구경법(究竟法)을 설함인지 수행법(修行法)을 설함인지
제아무리 생각해도 의문풀지 못합니다
부처님의 법문듣고 귀의하온 불자들이
일심으로 합장하고 간절하게 기다리니
바라건대 거룩하고 미묘하신 음성으로
한결같고 진실한뜻 말씀하여 주옵소서
항하모래 같이많은 천인들과 용과귀신
팔만명이 넘는수의 성불코자 하는보살
억만세계 국토에서 여기로온 전륜성왕
모두함께 합장하고 공경하는 마음으로
구족(具足)하신 가르침을 기다리고 있나이다

그때 부처님께서 사리불에게 이르셨다.

"아서라, 그만두어라. 더 설하지 않으리라. 만일 이 일을 설하게 되면 일체 세간의 천인들과 사람들이 다 놀라고 의심을 할 것이다."

사리불이 거듭 아뢰었다.

"부처님이시여, 오직 원하옵나니 설하여 주옵소서. 오직 원하옵나니 설하여 주옵소서. 여기 모인 백천만억 아승지의 무수한 중생들은 일찍이 여러 부처님을 친견하였기에 근기가 뛰어나고 지혜가 밝아 부처님의 설법을 들으면 능히 공경하고 믿을 것이옵니다."

사리불이 거듭 게송으로 아뢰었다.

법왕이요 가장높고 존귀하신 분이시여
염려하지 마시옵고 부디설해 주옵소서
이자리에 모여있는 한량없는 대중들은
그가르침 공경하고 굳게믿을 것입니다

부처님께서는 다시 사리불을 제지하셨다.

"사리불아, 내가 만일 이 일을 설하면 일체 세간의 천인과 인간과 아수라들이 모두 놀라고 의심할 것이며, 아직 깨닫지 못했는데도 깨달은 체하는 증상만(增上慢)의 비구는 장차 지옥에 떨어질 것이니라.”

그리고는 거듭 게송으로 이르셨다.

그만둬라 그만둬라 더 설하지 않겠노라
나의 법은 미묘하여 알기조차 어렵나니
증상만이 가득한 자 이 가르침 듣더라도
공경하고 믿는 마음 일으키지 않느니라

사리불이 부처님께 거듭 간청하였다.

“부처님이시여, 오직 원하옵건대 설하여 주옵소서. 부디 설하여 주옵소서. 저와 같이 지금 법회에 모인 백천만억 대중들은 이미 세세생생(世世生生) 동안 부처님의 가르침을 받았기에, 반드시 공경하고 믿어 오랫동안 안온함과 이로움과 안락을 얻을 것이옵니다.”

사리불은 거듭 게송으로 아뢰었다.

지혜자비 함께갖춘 가장높은 분이시여

第一法

원하오니 제일법을 말씀하여 주옵소서

부처님의 맏아들인 제가간청 드리오니

모름지기 잘가려서 설법하여 주옵소서

이법회에 모여있는 한량없는 대중들은

이법문을 공경하고 굳게믿을 것입니다

부처님은 일찍부터 출현하신 세상마다

여기있는 대중들을 교화하여 주셨으니

저희들은 모두같이 일심으로 합장하고

부처님의 그말씀을 들으려고 하옵니다

저희일천 이백명과 깨달음을 희구하는

모든대중 위하시와 분별하여 설하소서

여기있는 대중들이 그법문을 듣게되면

틀림없이 한량없는 환희심을 내오리다

그때 부처님께서 사리불에게 이르셨다.

"네가 간곡하게 세 번이나 청하는데 어찌 설하지 아니하랴. 내 너희를 위해 분별하여 설하리니 자세히 듣고 잘 생각하고 기억하여라."

부처님께서 이렇게 말씀하시자, 법회장에 있던 비구·비구니·우바새·우바이 5천 명이 곧바로 자리에서 일어나서 부처님께 예배를 드린 다음 스스로 물러갔다.

그 까닭은 그들의 죄업이 무겁고 증상만에 가득 차 있어서, 아직 얻지 못한 것을 얻었다 생각하고, 아직 깨닫지 못한 것을 깨달았다 여기고 있기 때문이었다. 이러한 허물로 인해 그곳에 머물지 못하고 물러갔기에, 세존께서는 잠자코 계실 뿐 그들을 제지하지 않으셨다.

그때 부처님께서 사리불에게 이르셨다.

"지금 내 앞의 대중 속에는 가지나 잎은 없고, 오직 순수한 열매만이 남았구나. 사리불아, 증상만에 가득 찬 이들은 오히려 물러가는 것이 더 좋으니라. 들어라. 너희를 위해 설해 주리라."

사리불이 아뢰었다.

"설하옵소서, 세존이시여. 즐겨 듣겠나이다."

"사리불아, 이와 같은 묘한 법은 제불여래께서 때가 되어야 설하나니, 이는 마치 우담바라(優曇婆羅)꽃이 때가 되어야 한번 피는 것과 같으니라. 너희들은 반드시 믿을지니, 부처님 말씀은 허망(虛妄)됨이 없느니라.

사리불아, 모든 부처님께서 설하시는 법의 뜻은 이해하기 어렵느니라. 어찌하여 그러한가? 내가 무수한 방편과 갖가지 인연과 비유와 이야기로 법을 설하지만 이 법은 생각이나 분별로는 감히 알기가 어렵기 때문이니, 오직 부처님들만이 능히 알 수 있느니라.

무슨 까닭인가? 제불세존은 오직 일대사인연(一大事因緣)으로 세상에 출현하시기 때문이니라.

사리불아, 어찌하여 부처님들이 '일대사인연으로 세상에 출현한다'고 하는 것인가?

중생들로 하여금 불지견(佛知見)을 열어주어〔開(개)〕 청정함을 얻게 하고자 세상에 출현하시며, 중생들로 하여금 불지견을 보게〔示(시)〕 하기 위해 세상에 출현하시며, 중생들로 하여금 불지견을 깨닫게〔悟(오)〕 하기 위해 세상에 출현하시며, 중생들로 하여금 불지견에 들어가게〔入(입)〕 하기 위해 세상에 출현하시느니라.

사리불아, 바로 이것〔開示悟入(개시오입)〕 때문에 부처님들께서 일대사인연으로 세상에 출현하신다고 한 것이니라."

부처님께서 사리불에게 이르셨다.

"제불여래는 오직 보살을 교화하고, 오직 한 가지 일만을 하나니, 불지견을 중생들에게 열어 주고 보여 주고 깨닫게 하고 들어가게 하심이 그것이니라.

사리불아, 여래는 중생을 위해 오직 일불승(一佛乘)으로 설하실 뿐, 이승(二乘)이나 삼승(三乘)은 없느니라. 사리불아, 시방 제불의 법 또한 이와 같으니라.

사리불아, 과거의 제불께서는 중생들을 위하여 한량없는 방편과 갖가지 인연과 비유와 이야기로 설법을 하셨나니, 그 모든 가르침도 일불승으로 인도하기 위한 것이었느니라. 그러므로 과거의 부처님들께 법을 들은 중생들은 마침내 부처의 지혜인 일체종지(一切種智)를 얻었느니라.

사리불아, 미래의 제불 또한 중생들을 위하여 한량없는 방편과 갖가지 인연과 비유와 이야기로 설법하실 것이며, 그 모든 가르침들 또한 일불승을 위한 것이니라. 그러므로 미래의 부처님들께 법을 들을 중생들은 마침내 일체종지를 얻게 될 것이니라.

사리불아, 현재 시방의 백천만억 불국토에 계시는 제불세존은 중생들을 한없이 이익 되게 하고 안락하게 하시나니, 이 제불들 또한 중생들을 위해 무수한 방편과 갖가지 인연과 비유와 이야기로 설법을 하고 계시며, 그 모든 가르침 또한 일불승을 위한 것이니라. 그러므로 현재의 부처님들께 법을 듣고 있는 중생들은 마침내 일체종지를 얻게 되느니라.

사리불아, 이 제불들은 오직 보살만을 교화하며, 중생들에게 불지견(佛知見)을 열어주고〔開(개)〕, 불지견을 보여주고〔示(시)〕, 불지견을 깨닫게 하고〔悟(오)〕, 불지견에 들어가게〔入(입)〕 하느니라.

사리불아, 지금 나 또한 그 모든 부처님과 같이, 모든 중생들이 지닌 욕심과 마음 깊이 집착하는 바를 알아서, 그 본성(本性)에 따라 갖가지 인연과 비유와 이야기와 방편력으로 설하느니라.

사리불아, 내가 이와 같이 하는 까닭은 모두에게 일불승(一佛乘)과 일체종지를 얻게 하려는 것이니라. 사리불아, 시방세계에는 이승(二乘)도 없거늘, 어찌 삼승(三乘)이 있겠느냐.

사리불아, 모든 부처님은 다섯 가지 나쁜 세상인 오탁악세(五濁惡世)에 나시나니, 이른바 겁탁(劫濁)·번뇌탁(煩惱濁)·중생탁(衆生濁)·견탁(見濁)·명탁(命濁)이 그것이니라.

사리불아, 겁탁(劫濁)의 어지러운 시절 중생들은 많은 번뇌와 간탐과 질투 등으로 갖가지 불선(不善)

근(根)을 키우기 때문에, 부처님들께서는 방편력으로 일불승뿐인 진리를 삼승으로 분별해서 설하시느니라.

사리불아, 만일 나의 제자들 중에 스스로를 아라한이나 벽지불이라 자칭하면서, '모든 부처님은 오직 보살만을 교화할 뿐'이라는 것을 듣지도 못하고 알지도 못한다면, 그는 나의 제자가 아니요 아라한도 벽지불도 아니니라.

또 사리불아, 이 비구 비구니들이 스스로, '이미 아라한을 얻었으니 이것이 최후의 몸이요 구경열반(究竟涅槃)이다' 하면서 아뇩다라삼먁삼보리를 구하지 않는다면, 이러한 무리들은 모두 증상만(增上慢)이 가득 차 있는 이들이니라. 그 까닭이 무엇인가? 진실로 아라한이 된 비구는 이 일불승법을 믿지 않는 일이 없기 때문이니라.

다만 부처님이 멸도(滅度)하여 세상에 없을 때는 제외하나니, 부처님께서 멸도하신 뒤에는 이 경전을 수지독송하여 그 뜻을 이해하는 이가 매우 드물기 때문이니라. 그러다가 다시 다른 부처님을 만나게 되면 이 법화경의 법 속에서 틀림없이 깨달음을 얻게 되느니라.

사리불아, 너희들은 마땅히 일심으로 나의 말을 믿고 이해하고 받아 지닐지어다. 제불여래의 말씀에는 허망함이 없나니, 이승이나 삼승은 없고 오직 일불승만 있느니라."

그때 부처님께서는 이 뜻을 거듭 펴고자 게송으로 이르셨다.

증상만(增上慢)을 품고있는 비구들과 비구니들
아만에찬 우바새와 신심없는 우바이들
이와같은 사부대중 그숫자가 오천여명
자기허물 보지않고 청정계행 깨뜨린뒤
잘못한일 감추고자 애를쓰는 못난이들
부처님의 위덕(威德)으로 이자리를 떠났도다
이런사람 복덕없어 이법감히 못받나니
이제여기 지엽(枝葉)없고 참열매만 남았구나

사리불아 잘들어라 제불들은 얻은법을
한량없는 방편으로 중생위해 설하나니
중생들의 생각들과 갖가지로 행한일과
욕망들과 성격들과 지난세상 선악업을
남김없이 다안다음 모두가다 환희토록
여러가지 인연비유 이야기와 방편섞어
수다라(修多羅)를 설하였고 게송경전 설했으며
전생담과 미증유법 인연담도 설하였고
어떤때는 비유와송(頌) 문답(問答)으로 설했노라
소승법을 즐기면서 생사에만 사로잡힌
근기둔한 무리들은 무량제불 만났어도
미묘한도 닦지않고 고통속에 빠지기에
내가이런 중생위해 열반법문 설했지만
여러가지 방편설로 밝은지혜 얻게할뿐
'너희들도 성불한다' 설하지를 않았나니
그말일찍 아니함은 때가안된 까닭이다
지금에야 때가되어 대승법을 설하나니
내가설한 구부경(九部經)은 중생들의 근기키워

대승으로 들게하기 위한방편 이었도다
그마음이 깨끗하고 부드럽고 총명하여
한량없는 제불좇아 미묘한도 닦은불자
나는이런 불자위해 대승경전 설해주며
'오는세상 부처된다' 성불수기 주느니라
마음깊이 염불하고 청정계율 지닌불자
성불한다 말들으면 큰기쁨이 가득차고
부처님은 그를위해 대승법을 설하나니
내가설한 법을들은 성문이나 보살들은
한게송만 기억해도 틀림없이 성불한다
시방세계 불국토에 일승법만 있음이요
이승삼승 방편일뿐 실체없음 알지니라
이승삼승 방편으로 중생구제 한까닭은
부처되는 큰지혜로 인도하기 위함일뿐
모든부처 이세상에 출현하신 진짜뜻은
일불승의 부처지혜 설하고자 하심이니
일승만이 진실이요 방편법인 이승삼승
소승들의 법으로는 성불하지 못하노라

부처님은 대승닦아 얻은법에 의지하여
선정지혜 장엄하고 중생제도 하시나니
평등하고 가장높은 대승법을 얻은내가
단한사람 일지라도 소승으로 교화하면
나는즉시 인색함과 탐욕속에 떨어지며
이와같이 하는것은 옳지못한 일이니라
부처님은 속임없고 집착이나 질투없고
모든악을 끊었기에 귀의하면 누구든지
시방세계 어디서나 두려움이 없어진다
사리불아 잘알아라 좋은상호 장엄하고
세간마다 광명비춰 무량존경 받으면서
실상법인(實相法印) 설하는건 내가본래 세운원이
일체중생 나와같게 하고자함 때문이다
오래전에 품은이원 이제때가 되었나니
일체중생 교화하여 불도(佛道)속에 들게하리
내가불도 그대로를 중생에게 가르치면
무지한자 착란되어 그가르침 무시하니
선근닦지 아니했던 이와같은 중생들은

오욕락에 집착하여 어리석게 고뇌하고
탐욕등에 사로잡혀 삼악도에 떨어져서
육도속을 윤회하며 고통가득 할뿐이다
세세생생 나고죽는 생사윤회 끝이없고
덕도없고 복도없어 고통만이 가득하네
있고없음 분별하는 삿된견해 숲만들어
외도들의 육십이견(六十二見) 헛된법을 고집하며
교만하고 간사할뿐 진실함이 전혀없어
천만겁이 지나가도 부처님의 이름이나
바른법을 못듣나니 그들어찌 제도하랴
그러므로 그들위해 방편법을 베풀어서
고(苦)를끊는 도(道)설하고 열반법을 보였으나
이는소승 멸도(滅度)일뿐 참열반이 아니니라
모든법은 본래부터 항상적멸(寂滅) 그자체니
이를알고 도닦으면 내세에꼭 성불한다
내이제껏 방편으로 삼승법을 보였으나
지금에야 제불들의 일승법을 설하노라
여기모인 대중들은 모두의심 버릴지니

제불말씀 틀림없이 일승일뿐 이승없다
지난세상 무수한겁 열반에든 부처님들
그수효가 너무많아 헤아릴수 없었지만
이무수한 부처님들 하나같이 인연법과
비유들과 방편으로 여러법을 설한다음
끝에가서 그들에게 일승법을 설하시어
무량중생 교화하여 불도속에 들게했다
大聖主
대성주인 부처님들 일체세간 중생들의
마음깊이 바라는바 속속들이 다아시고
第一義
다시다른 방편으로 제일의를 설했도다
만일어떤 중생들이 과거불을 만나뵙고
법문듣고 보시하고 계지키고 인욕하고
정진선정 지혜등의 복과덕을 닦았다면
이와같은 사람들은 이미모두 성불했고
부처님이 멸도하신 다음에난 중생들중
착한마음 지닌이도 이미성불 했느니라
부처님들 열반한뒤 불사리에 공양코자
만억개의 탑을세워 금과은과 수정들과

자거마노 매괴들과 유리등의 구슬들로
맑고크고 깨끗하게 모든탑을 장식한이
또한돌로 탑세우고 전단향과 침수향과
침향등의 나무들을 이용하여 탑쌓은이
넓고거친 광야에다 흙을모아 탑쌓은이
흙모래로 장난삼아 탑을세운 아이들도
하나같이 모두가다 이미성불 하였노라
또부처님 받들고자 여러형상 조각하고
불상들을 만든이도 모두성불 하였으니
칠보로된 불상이나 놋쇠또는 백동이나
납과주석 쇳덩이로 부처님상 조성하고
나무들과 진흙들과 풀과옻칠 이용하여
불상만든 사람들도 모두성불 하였노라
부처님의 원만상을 아름답게 그린불화
제스스로 그렸거나 남시켜서 그렸거나
인연맺은 사람들은 모두이미 성불했고
장난삼아 꼬챙이나 붓이거나 손톱으로
부처님을 그렸다면 아이어른 할것없이

이와같은 사람들은 그공덕이 점점쌓여
대자비심 갖추어서 모두성불 한다음에
모든보살 교화하고 무량중생 건졌노라
어떤사람 탑과절과 불상이나 불화앞에
꽃과향과 깃발들과 일산(日傘)들을 공양하고
악사시켜 연주하되 북도치고 나팔불고
퉁소피리 거문고와 비파와징 바라들로
아름답고 묘한음악 아낌없이 공양하고
환희롭게 노래하며 부처님덕 찬탄하기
단한번만 하였어도 모두성불 하였노라
어떤사람 산란하고 어지러운 마음으로
불상향해 단지한번 예배커나 합장커나
한손만을 든다거나 머리한번 숙이면서
공양을한 사람들도 차츰제불 친견하고
깨달음을 이루어서 많은중생 제도한뒤
섶이다타 불꺼지듯 무여열반 들었노라
어떤사람 산란하고 어지러운 마음으로
탑과법당 들어가서 단한차례 만이라도

나무불(南無佛)을 외운이는 모두성불 하였나니
지난세상 부처님들 계실때나 열반뒤에
이법문을 들은이는 모두성불 하였노라
그수효가 한량없는 오는세상 부처님도
그모두가 하나같이 방편으로 설하노라
일체모든 부처님은 한량없는 방편으로
모든중생 제도하여 부처지혜 얻게하니
이법문을 들은이는 모두가다 성불한다
부처님들 근본원은 내가닦은 이불도를
중생들도 같이닦아 성불하게 함이로다
셀수없는 백천만억 오는세상 부처님들
많은법문 설하지만 그내용은 일불승뿐
법이본래 무성(無性)임을 부처님은 아시지만
부처되는 종자들이 인연따라 생기므로
일승법을 설하시고 일승법에 머물지만
세간모습 아시기에 방편법문 설하노라
천인들의 공양받는 시방세계 부처님들
항하모래 만큼많이 이세상에 출현하여

중생들을 편케하려 여러법문 설하시니
적멸법(寂滅法)이 제일임을 분명하게 알면서도
방편으로 여러길을 보여주는 이유인즉
오직하나 일불승을 일러주기 위함이다
중생들의 모든행과 마음속의 생각들과
지난세상 익힌업과 욕심성격 정진력과
근기들을 모두알아 가지가지 인과연과
비유들과 이야기를 방편으로 설하노라
지금나도 그와같이 중생들을 편케하려
여러가지 법문으로 부처의도 보이나니
지혜로써 중생들의 성격욕망 다알고서
방편으로 설법하여 모두환희 얻게한다
사리불아 바로알라 내가일찍 불안(佛眼)으로
육도중생 살펴보니 빈궁하고 지혜없어
생사의길 잘못들어 끊임없이 고통받고
오욕락에 깊이빠져 소가꼬리 사랑하듯
탐욕들과 애착으로 자기눈을 가리워서
아무것도 보지않고 큰힘지닌 부처님과

괴로움을 끊는법을 구하려고 하지않고
온갖삿된 견해속에 깊이빠져 들어가서
괴로움을 고통으로 끊으려는 것을보고
이런중생 위하고자 대비심을 발했노라
나는처음 성불한뒤 보리수를 바라보고
그도량을 거닐면서 삼칠일을 생각했다
'내가얻은 큰지혜는 미묘하기 제일이나
근기둔한 중생들은 쾌락에만 집착하고
우매하기 한없으니 어찌해야 제도될까'
바로그때 범천왕과 제석천과 사천왕과
자재천등 여러하늘 백천만의 권속들이
합장공경 예배하며 법륜굴림 청했으나
나스스로 생각했다 '일승법을 찬탄해도
고통속에 빠진중생 이법믿지 못하리라
믿지않고 비방하면 삼악도에 떨어지니
내차라리 설법않고 곧열반에 들어가리'
그때문득 과거불들 행한방편 떠올리며
'내가지금 얻은도를 삼승으로 설하리라'

이와같이 생각하자 시방불이 나타나서
맑고고운 음성으로 위로하여 주셨도다
'장하도다 석가모니 제일가는 도사시여
위가없는 참된진리 높은법을 얻었으니
과거여러 부처처럼 삼승방편 쓸지어다
우리또한 미묘하고 최고의법 얻었지만
중생위해 삼승으로 분별하여 설했노라
지혜적어 작은법만 즐길뿐인 소승(小乘)들은
자신들이 성불할수 있다는것 못믿기에
방편으로 분별하여 여러과보 설했나니
이모두가 결국에는 보살교화 위함일세'
사리불아 잘알아라 나는모든 부처님의
심히깊고 청정하고 미묘하온 음성듣고
'나무불'을 부르면서 다시생각 하였도다
'오탁악세 내왔으니 제불들이 설한대로
나도또한 방편써서 중생들을 건지리라'
이와같이 생각하고 녹야원에 나아가서
모든법의 적멸상(寂滅相)을 말로할수 없었지만

방편력을 기울여서 다섯비구 제도하니
바로이를 이름하여 초전법륜(初轉法輪) 이라하며
이로부터 열반법(涅槃法)과 아라한(阿羅漢)과 진리들과
스님등의 이름들이 생겨나게 되었도다
나는그후 오랫동안 열반법을 찬탄하되
생사고통 영원토록 다한다고 설했노라
사리불아 잘알아라 내가보니 불자들중
나에게로 찾아와서 공경하는 마음으로
부처님법 구하였던 천만억의 사람들은
제불들이 방편으로 설하였던 그법들을
이미들은 자인지라 나는생각 했느니라
'모든부처 오신뜻은 참지혜인 일승법을
설하시기 위함이요 지금이곧 그때로다'
사리불아 잘알아라 근기낮고 모자라고
지혜롭지 못한이와 교만심이 많은이는
높고높은 이가르침 능히믿지 못하노라
내가이제 두려움이 없는기쁜 마음으로
방편들을 다버리고 위없는도 설하리라

보살들은 이법듣고 의심그물 벗어나고
일천이백 아라한도 모두성불 할수있게
시방삼세 제불께서 설법하던 의식(儀式)대로
나도또한 무분별(無分別)의 일승법을 설하리라
제불출현 드물어서 만나뵙기 어려웁고
이세상에 출현해도 이법설함 쉽지않다
무량겁을 산다한들 이법듣기 어려우며
들으려고 하는이도 실로매우 드물도다
모든이가 사랑하는 우담바라 꽃이핌은
매우보기 드물어서 때가돼야 피어나듯
이법듣고 기뻐하며 찬탄한번 하는것이
삼세모든 부처님께 공양함과 같아지니
이런사람 드물기는 우담바라 이상이다
나는법의 왕으로서 대중에게 고하노니
일불승의 묘한도로 보살들을 교화할뿐
성문제자 없음이니 너희들은 의심말라
사리불등 성문들과 보살들은 잘알지니
이묘법(妙法)은 제불들의 비밀이요 핵심이다

오탁악세 애욕속에 빠져들어 집착하는
어리석은 중생들은 끝내불도 멀리하고
미래세의 악인들은 일승법문 듣더라도
미혹하여 믿지않고 악도속에 빠지노라
오직잘못 참회하고 맑디맑은 마음으로
정성다해 부처님법 구하는이 위해서만
일불승의 도를널리 가르치고 찬탄하라
사리불아 잘알아라 제불법(諸佛法)은 이와같이
억만가지 방편으로 근기따라 설하지만
배우지를 않는이는 이해할수 없느니라
너희들은 제불께서 근기따라 방편씀을
이제바로 알았으니 결코의심 하지말고
'나도부처 된다'는것 확실하게 알고믿어
대환희심 발하옵고 힘써정진 할지니라

〈제2 방편품 끝〉

묘법연화경 제2권

제3 비유품
第三 譬喩品

그때 사리불이 뛸듯이 기뻐하며 자리에서 일어나, 합장을 하고 부처님을 우러러 보며 아뢰었다.

"지금 세존의 이와 같은 법음(法音)을 들으니, 일찍이 느끼지 못하였던 기쁨이 마음에 가득해지옵니다. 무슨 까닭인가? 옛적에 세존께서 이와 같은 법문을 설하실 때 보살들은 '성불하리라' 수기를 받았으나, 저희는 그 대열 속에 참여하지 못하여 '여래의 무량지견(無量知見)을 잃었다'며 슬퍼하고 한탄하였나이다.

세존이시여, 저는 숲 속이나 나무 아래 홀로 앉거나 경행을 할 때 늘 이렇게 생각하였나이다.

'우리도 같은 법성(法性) 속에 들어가 있건만, 세존께서는 어찌하여 소승법만으로 우리를 제도하시는가?'

그러나 이제 보니 저희의 허물이었을 뿐, 세존의 잘못이 아니었나이다. 그 까닭이 무엇인가? 만일 저희가 아뇩다라삼먁삼보리를 성취할 수 있는 가르침을 듣고자 하였다면 반드시 대승법으로 제도하여 해탈을 얻도록 하였을 것입니다.

하오나 저희는 부처님께서 근기에 맞게 방편으로 설하셨음을 알지 못한 채, 처음 불법을 만났을 때 들은 것을 그대로 믿고서, '깨달음을 얻었다'는 생각을 하고 있었나이다.

세존이시여, 저는 옛적부터 지금까지 밤낮없이 스스로를 책망하였으나, 이제 부처님께 일찍이 듣지 못한 놀라운 법을 듣고 모든 의심과 회의를 끊게 되었으며, 몸과 마음의 평온과 안정을 얻게 되었나이다. 저희는 오늘에야 비로소 부처님의 참다운 아들이 되어 진리 속에서 다시 태어났고 새롭게 귀의하였으며, 법에서 화생(化生)하여 불법을 얻었다는 것을 알게 되었나이다.”

사리불이 거듭 게송으로 아뢰었다.

이법문을 제가듣고 전에없던 법을얻어
마음크게 즐거웁고 의심전혀 없사오니
오래전에 부처님께 가르침을 받았었던
대승법을 잃지않고 간직했기 때문이요
세존말씀 희유하여 중생번뇌 없애주니
번뇌다한 저역시도 편안함을 얻습니다
이전에는 어디서건 앉고서고 거닐적에
항상이일 생각하며 깊이자책 하였으니
‘어찌나는 그릇되이 스스로를 속였는가
우리또한 불자로서 무루법(無漏法)을 얻었건만
미래세에 위없는도 연설하지 못하리라
자금색(紫金色)등 삼십이상(三十二相) 불(佛)의십력(十力) 해탈(解脫)등이

모두같은 법이건만 나는얻지 못하였고
팔십종호(八十種好) 비롯하여 십팔(十八)가지 불공법(不共法)등
부처님의 공덕들을 나는얻지 못했도다'
제가홀로 경행하며 부처님을 보았더니
대중속에 계시지만 시방세계 이름높고
많은중생 두루두루 이익되게 하더이다
또한제가 이런이익 얻지못한 이유인즉
스스로를 속여왔기 때문이라 여기면서
저는매일 밤낮없이 이에대해 생각하며
'과연내가 위없는도 얻었는가 아닌가'를
솔직하게 부처님께 여쭤보고 싶었지만
세존께서 보살들만 칭찬하고 계시기에
혼자서만 그에대해 번민하여 왔나이다
다행히도 부처님의 말씀이제 듣고보니
근기따라 번뇌없고 부사의한 법문설해
대중들을 도량으로 인도하고 계셨도다
불자되기 전의저는 삿된견해 집착하여
바라문교 스승되어 많은제자 두었는데

제뜻아신 세존께서 열반법을 설하시자

空

삿된견해 다버리고 공도리를 깨달은뒤

이제열반 얻었다고 제스스로 여겼건만

지금에야 참된열반 아니란걸 아옵니다

만약부처 되었다면 삼십이상 구족하고

천인인간 야차용과 귀신들이 공경할새

이러한때 이르러야 모든번뇌 다사라져

無餘涅槃

무여열반 얻었다고 말을할수 있나이다

부처님이 대중앞에 제가'부처 된다'하는

法音

법음듣게 되었을때 모든의심 버렸지만

처음이말 들었을때 매우놀라 의심하길

'부처탈쓴 마구니가 농락한다' 여겼는데

부처님이 인연들과 비유로써 설하심에

마음다시 편해졌고 의심사라 졌나이다

세존께서 이르셨네 '지난세상 열반에든

부처들도 방편으로 이러한법 설하셨고

이세상과 오는세상 한량없는 부처님도

여러가지 방편으로 이러한법 설하시며

여기있는 이부처도 탄생하고 출가하여
도를얻고 법륜굴려 방편법문 설했다'고.
세존만이 진실하고 바른도를 설하실뿐
이를어찌 악마파순(波旬) 흉내낼수 있으리까
그런데도 제가감히 의심속에 휩싸여서
마구니의 짓이라고 생각했던 것입니다
세존께서 저희위해 부드러운 음성으로
심히깊고 미묘하고 청정한법 설하시니
제가매우 기뻐하며 의심들을 모두끊고
진실뿐인 지혜속에 안주하게 되었나니
저도장차 성불하여 천인인간 공경받고
무상법륜(無上法輪) 굴리면서 보살교화 하오리다

그때 부처님께서 사리불에게 이르셨다.

"내 이제 천인·인간·사문·바라문 등의 모든 대중에게 이르노라. 나는 옛날 2만억 부처님들 밑에 있을 때부터 너에게 위없는 도를 구하도록 교화하였고 너 또한 오랜 세월동안 나를 따라 배웠기에, 방편으로 너를 인도하여 나의 법 가운데에 나게 하였느니라.

사리불아, 나는 오래전에 너에게 '부처되는 도를 구하라'고 하였으나, 너는 그것을 다 잊어버리고 스스로 '이미 멸도를 얻었다'고 하였다. 이에 나는 네가 본래 행하고 원하였던 도를 생각나게 하기 위해 성문들에게 이 대승경을 설하나니, 이름은 '묘법연화(妙法蓮華)'요, 보살을 가르치는 법이며, 부처님들께서 늘 보호하고 살피는 경이니라.

사리불아, 너는 미래세에 무량무변 겁 동안 천만억 부처님께 공양하고 부처님의 바른 법을 받들면서 보살도를 행한 뒤에 성불하리니, 이름이 화광여래(華光如來)·응공·정변지·명행족·선서·세간해·무상사·조어장부·천인사·불세존이니라.

그 세계의 이름은 이구(離垢)로, 땅이 평평하고 반듯하고 깨끗하게 단장되어 있으며, 태평하고 풍성하여 천인과 사람들이 번성할 것이니라. 유리로 된 땅에는 여덟 갈래의 길이 있는데, 길가는 황금줄로 장식되어 있고, 칠보로 된 가로수가 있어 꽃과 과일이 늘 무성하니라.

사리불아, 이 화광여래 또한 삼승으로 중생을 교화하리니, 비록 그때가 악세(惡世)는 아니지만 본래의 원이 그러하므로 삼승법을 설하게 되는 것이니라.

그 겁(劫)의 이름은 대보장엄(大寶莊嚴)이니, 왜 이렇게 이름하는가. 그 나라는 보살을 큰 보배로 삼기 때문이니, 그 나라의 보살들은 부처님의 한량없고 가없는 지혜가 아니고는 알 수가 없느니라.

만일 그들이 걷고자 하면 보배연꽃이 그 발을 받드나니, 그 보살들이 처음 발심한 초발의(初發意)가 아니라, 오랜 옛적부터 선근을 심고 백천만억 부처님 밑에서 청정한 행을 닦았기 때문이니라. 그들은 늘 제불들로부터 칭찬을 들으면서, 부처님의 지혜를 닦아 큰 신통력을 갖추었을 뿐 아니라, 모든 법에 들어가는 문을 잘 알며, 정직하여 거짓이 없고 뜻이 견고하나니, 그 나라에는 이와 같은 보살이 가득하느니라.

사리불아, 화광여래의 수명은 12소겁(小劫)이니, 성불하기 전 왕자 때의 수명은 제외하노라. 또 그 나라 백성의 수명은 8소겁이니라.

화광여래는 12소겁을 지낸 뒤에 견만보살(堅滿菩薩)에게 아뇩다라삼먁삼보리를 얻을 것이라는 수기를 준 다음 비구들에게 이르느니라.

'이 견만보살은 다음에 부처가 되어 이름을 화족안행(華足安行) 다타아가도(여래) · 아라하(응공) · 삼먁삼불타(정변지)라 할 것이며, 그 불국토도 이와 같으니라.'

사리불아, 화광여래가 멸도한 뒤 정법(正法)이 세상에 머무름은 32소겁이요, 상법(像法)도 32소겁동안 세상에 머무느니라."

그때 세존께서 이 뜻을 거듭 펴고자 게송으로 이르셨다.

사리불이 오는세상 성불하여 지존(智尊)되면
화광여래 이름으로 무량중생 제도하리
많은부처 공양하고 보살행과 십력등의
여러공덕 갖추어서 위없는도 증득하니
무량한겁 지난뒤의 겁이름은 대보장엄(大寶莊嚴)
세계이름 이구(離垢)이니 청정하기 그지없고
유리로된 땅의길옆 황금줄로 장식하고
칠보로된 가로수는 꽃과열매 무성하다
그나라의 모든보살 뜻과생각 견고하고
무량무수 부처님께 보살도를 잘배워서
큰신통과 바라밀을 남김없이 성취하니
화광여래 이와같은 대보살들 교화한다
왕자로서 태어나나 부귀영화 다버리고
윤회없는 마지막몸 출가하여 성불하니
화광여래 누릴수명 십이소겁 능히되고
그나라의 백성수명 팔소겁에 이르노라
그부처님 멸도한뒤 많은중생 제도하는
정법(正法)세상 머무름은 소겁으로 삼십이겁(三十二劫)

정법뒤의 상법(像法)또한 삼십이겁 능히되며
사리(舍利)널리 유포되니 인천(人天)들이 공양한다
화광여래 하는일들 앞서말한 것과같고
성스러운 지혜자비 견줄이가 없으리니
그가바로 너이니라 마음가득 기뻐하라

그때 사부대중인 비구·비구니·우바새·우바이와 천·용·야차·건달바·아수라·가루라·긴나라·마후라가 등의 모든 대중들은 사리불이 부처님 앞에서 아뇩다라삼먁삼보리를 얻게 된다는 수기를 받는 것을 보고 몹시 기뻐하여, 각자가 입고 있던 웃옷을 벗어 세존께 공양하였다.

또 석제환인(제석천왕)과 범천왕은 무수한 천자들과 함께 천상의 옷과 천상의 만다라화와 마하만다라화를 공양하였다. 천상의 옷들은 허공에서 빙글빙글 맴돌았고, 백천만가지 하늘의 음악이 한꺼번에 울려 퍼졌으며, 하늘 꽃들이 비 오듯이 내려왔다. 바로 그때 허공에서 소리가 들려왔다.

"부처님께서는 오래 전 바라나(波羅奈)(바라나시)의 녹야원(鹿野苑)에서 초전법륜(初轉法輪)을 굴리셨는데, 이제 다시 가장 높고 가장 큰 법륜을 굴리시도다."

천인들은 거듭 게송을 읊었다.

오래전에 바라나서 사제법륜(四諦法輪) 굴리시어
모든법이 오음(五陰)으로 생멸함을 설하셨고
이제다시 가장높은 큰법륜을 굴리지만
깊고깊은 미묘법문 믿는이가 드뭅니다
저희들은 옛적부터 세존설법 들었지만
이와같이 깊고묘한 법들은적 없었는데
이제이법 설하시니 크게수희(隨喜) 하옵니다
지혜제일 사리불이 성불수기 받았으니
저희또한 오는세상 틀림없이 성불하여
세상에서 가장귀한 부처님이 되고난뒤
부사의한 부처의도(道) 근기따라 설하고자

과거현세 복업들과 부처님뵌 공덕들을
남김없이 불도에로 모두회향 하옵니다

그때 사리불이 부처님께 아뢰었다

“세존이시여, 부처님께서 직접 ‘아뇩다라삼먁삼보리를 얻는다’는 수기를 해주셨기에, 저는 이제 의심이나 회의가 없게 되었나이다. 그러나 1천 2백 명의 마음이 자재한 아라한들은 전에 듣지 못했던 이 법을 듣고 모두 의심에 빠졌나이다. 왜냐하면 전에 그들이 배우는 자리에 있었을 때 부처님께서 교화하시며 늘 이르셨나이다.

‘나의 법은 생로병사를 능히 벗어나게 하고 마침내는 열반에 이르게 한다.’

그리하여 아직 배울 것이 남아 있는 유학(有學) 비구들과 더 배울 것이 없는 무학(無學) 비구들은 저마다, 자아가 있다고 고집하는 아견(我見), 자아가 항상 존재한다고 고집하는 유견(有見), 죽으면 모든 것이 없어진다고 고집하는 무견(無見)을 버린 다음, 스스로 열반을 얻었다고 생각하게 되었나이다.

거룩하신 세존이시여, 원하옵건대 이러한 법을 설하시는 인연을 말씀하시어 사부대중으로 하여금 모든 의심에서 벗어나게 하소서."

부처님께서 사리불에게 이르셨다.

"내가 먼저 말하지 않았더냐? '모든 부처님께서 갖가지 인연과 비유와 이야기와 방편으로 설법하심은 모두 아뇩다라삼먁삼보리를 얻게 하기 위한 것이다'라고. 이와 같이 설한 것은 모두 보살을 교화하기 위한 것이었느니라.

사리불아, 내 이제 다시 비유로써 이 뜻을 설명하리니, 지혜로운 이들은 이 비유를 들으면 잘 이해할 수 있느니라.

① 화택유火宅喩

사리불아, 어떤 나라의 한 마을에 큰 장자(長者)가 살고 있었느니라. 그는 늙고 쇠약하였으나,

재산이 한량없이 많고 전답과 가옥과 하인들이 많았느니라.

그의 집은 매우 크고 넓었으나 대문은 하나뿐이었고, 그 안에 백명 2백명 내지 5백명의 사람들이 살고 있었지만, 집은 낡고 담은 허물어졌으며 기둥은 썩고 대들보는 기울어져 위태로웠느니라.

어느 날 갑자기 불길이 치솟아 그 집을 태우기 시작하였는데, 그 안에는 열·스물·서른 명이나 되는 장자의 아들이 있었느니라.

장자는 큰 불이 사방에서 치솟는 것을 보고 몹시 놀라 이렇게 생각하였느니라.

'나는 비록 이 불타는 집에서 무사히 빠져나왔지만, 불타는 집 안에서 장난을 하며 노는 데만 정신이 팔려있는 저 아들들은 불이 난 것도 알지 못하고 두려워하지도 않는구나. 불길이 곧 몸에 닿아 고통을 한없이 겪을 것인데, 걱정을 하지도 않고 나올 생각도 하지 않

는구나.'

사리불아, 이 장자는 또 생각했느니라.

'나는 힘이 세니 놀고 있는 아들들을 옷 담는 상자나 궤짝 등에 담아 들고 나오리라.'

그러다가 다시 생각하였느니라.

'이 집은 문이 하나밖에 없는데다가 매우 좁다. 노는 데만 정신이 팔려 영문도 모르는 어린 것들이 떨어지기라도 한다면 불에 타게 될 것이다. 차라리 위험하고 무서운 상황을 알려서 불타는 집에서 빨리 나오게 해야겠다.'

그리고는 아들들에게 빨리 나오라고 소리를 쳤느니라.

아버지가 불쌍히 여겨 좋은 말로 달래어도 보았지만, 아들들은 노는 데만 정신이 팔려 아버지의 말을 믿으려 하지 않았고, 놀라지도 두려워하지도 않았기 때문에 나오려는 생각을 전혀 하지 않았느니라. 더욱이 무엇이 불인지 무엇이 집인지 무엇이 잘못된 것인지도 모른

채, 뛰어다니고 놀면서 아버지를 바라보기만 할 뿐이었느니라.

그때 장자는 생각했느니라.

'이 집은 이미 큰 불에 휩싸여 있다. 아들들이 지금 나오지 않으면 반드시 불에 타게 되리라. 그러니 방편을 써서 아들들이 화를 면할 수 있도록 해야겠다.'

아버지는 아들들이 갖가지 진기하고 재미있는 장난감을 좋아하는 것을 알고 이렇게 말했느니라.

'너희가 좋아하고 갖고 싶어 했던 진귀한 장난감이 여기에 있다. 지금 가져가지 않으면 반드시 후회하리라. 양이 끄는 수레〔羊車(양거)〕 · 사슴이 끄는 수레〔鹿車(녹거)〕 · 소가 끄는 수레〔牛車(우거)〕들이 문 밖에 있으니, 너희는 불타는 집에서 빨리 나오너라. 너희가 달라는 대로 나누어 주겠노라.'

그때 아들들은 아버지가 준다는 장난감이 마음에 들었으므로 매우 기뻐하면서 앞을 다투어 불타는 집에서 뛰쳐나왔느니라.

장자는 아들들이 모두 무사히 나와 네거리 위에 안전하게 앉는 것을 보고는, 걱정이 없어지고 마음이 놓여 한없이 기뻐하였느니라. 그때 아들들이 아버지에게 말했느니라.

'아버지께서 주신다고 했던 양이 끄는 수레와 사슴이 끄는 수레와 소가 끄는 수레를 지금 주십시오.'

사리불아, 그때 장자는 아들들에게 큰 수레를 하나씩 주었느니라. 그 수레는 높고 크고 갖가지 보배로 장식되어 있었으며, 주위에는 난간이 둘러쳐져 있고 사면에는 방울이 달려 있었느니라. 또 위에는 갖가지 색의 진기한 보배로 장식된 일산이 설치되어 있었고, 보배구슬을 꿴 갖가지 아름다운 끈이 드리워져 있었느니라. 또 자리에는 부드러운 천을 겹겹으로 깔고, 붉고 아름다운 베개를 놓았느니라. 또 멍에를 멘 흰 소는 빛깔이 청결하고 몸매가 아름다웠으며, 힘이 매우 좋아 걸음이 안정되면서도 빠르기가 바람 같았고, 많은 시종들이 호위하고 있었느니라.

이처럼 수레가 훌륭했던 까닭은 장자가 큰 부자여서 그의 창고에 재물이 가득 찼기 때문이요, 또 다음과 같이 생각했기 때문이니라.

'나의 재산은 한량이 없으니 아들들에게 변변치 못한 작은 수레를 주는 것은 옳지 못하다. 나에게는 칠보(七寶)로 된 큰 수레가 얼마든지 있으니, 내가 똑같이 사랑하는 이 아들들에게 차별 없이 평등하게 골고루 나누어 주리라. 나에게는 이런 것들이 온 나라 사람들에게 다 나누어 주더라도 없어지지 않을 만큼 많이 있거늘, 어찌 나의 아들들에게 주지 않으랴?'

그때 아들들은 각각 큰 수레를 타고 감탄을 하였나니, 이는 일찍이 생각해보지도 못했던 것이기 때문이었느니라.

사리불아, 네 생각은 어떠하냐? 이 장자가 아들들에게 크고 훌륭한 보배 수레를 똑같이 나누어 준 것이 거짓말을 한 것이냐?"

"아니옵니다, 세존이시여. 이 장자가 아들들로 하여금 화를 면하고 목숨을 보전하도록 한 것만으로도 거짓이 아닙니다. 왜냐하면 목숨을 보전한 것 자체가 이미 훌륭한 장난감을 얻은 것과 같기 때문입니다.

또 세존이시여, 만일 이 장자가 제일 작은 수레조차 주지 않았다 할지라도 그것은 거짓말이 아닙니다. 왜냐하면 이 장자가 애초에 '방편으로 아들들을 나오게 하리라' 생각하였기 때문입니다. 하물며 자기에게 재산이 많음을 알고, 아들들을 이롭게 하고자 큰 수레를 골고루 나누어 주지 않았습니까?"

부처님께서 사리불에게 이르셨다.

"옳고 옳도다. 그대의 말과 같으니라.

사리불아, 여래 또한 이 장자와 같나니, 바

로 일체 세간의 아버지이니라.

여래는 모든 두려움과 고뇌와 근심과 재난과 무명(無明)의 어두움을 영원히 벗어났으며, 끝없는 지견과 십력(十力)과 사무소외(四無所畏)를 성취하였으며, 큰 신통력과 지혜력을 지니고 있으며, 방편바라밀(方便波羅蜜)과 지혜바라밀(智慧波羅蜜)을 다 갖추었으며, 대자대비(大慈大悲)로 게으름 없이 항상 착한 일을 찾아서 중생을 이롭게 하느니라.

그러므로 삼계의 썩고 낡은 불타는 집에 태어난 중생들을 생로병사의 고통과 근심·걱정·고뇌와 무명과 삼독(三毒)의 불길 속에서 건져내고 교화하여 아뇩다라삼먁삼보리를 얻게 하느니라.

내가 보니 중생들은 생로병사의 고통과 근심·걱정·고뇌의 불에 타고 있고, 오욕(五欲)과 재물에 대한 이익 때문에 온갖 고통을 받고 있느니라. 또 끝없이 탐착하고 구하느라 현세에서 온갖 고통을 받고, 죽어서는 그 업 때문에 지옥·아귀·축생에 태어나는 고통을 받으며, 천상이나 인간 세상에 태어나더라도 빈궁하게 살고 사랑하는 이와 헤어지거나 원수와 만나게 되는 등의 고통을 받고 있느니라.

그러나 중생들은 그 가운데 빠져 즐겁게 놀면서, 그것이 고통인지를 알지도 깨닫지도 못하고, 놀라지도 두려워하지도 않으며, 고통을 싫어하여 해탈을 구하려는 생각도 없느니라. 오직 삼계의 불타는 집에서 동서로 뛰어 달리며 큰 고통을 당하고 있어도 근심조차 할 줄을 모르느니라.

사리불아, 나는 그들의 모습을 보고 생각했느니라.

'내 중생들의 아버지가 되었으니 마땅히 그들을 고통에서 구해 주고, 한량없는 부처님 지혜의 즐거움을 주어 참으로 즐겁게 놀 수 있도록 하는 것이 옳으리라.'

사리불아, 나는 또 이렇게 생각했느니라.

'내가 만약 방편을 버리고 신통력과 지혜의 힘만으로 중생들에게 여래지견(如來知見)과 십력(十力)과 사무소외(四無所畏)를 찬탄한다면 중생들을 제도할 수 없을 것이다. 왜냐하면 이 중생들이 아직 생로병사의 고통과 근심·걱정·고뇌에서 벗어나지 못한 채, 여전히 삼계의 불타는 집에서 살고 있기 때문이다. 그들이 어떻게 부처님의 지혜를 알 수가 있겠는가?'

사리불아, 마치 저 장자가 몸과 팔에 힘이 있으나 쓰지 않고, 은근히 방편으로 아들들을 불타는 집에서 구해 낸 뒤에 그들 각각에게 훌륭한 보배 수레를 나누어 주는 것처럼, 여래 또한 십력과 사무소외를 지니고 있으나 그것을 쓰지 않고, 다만 지혜와 방편으로 삼계의 불타는 집에서 중생들을 구해내고자 성문·벽지불·불승(佛乘)의 삼승을 설하면서 이렇게 말하느니라.

'너희는 삼계의 불타는 집에 머물러 있는 것

을 즐기지 말라. 하찮은 색(色)·소리·냄새·맛·촉감을 탐내지도 말라. 만일 탐내고 집착하다가 애정이 생기면 불에 타게 되지만, 너희가 삼계에서 속히 나오면 성문·벽지불·불승을 얻게 되느니라. 내 이제 너희를 위해 이 일을 책임지고 보증하나니, 너희는 오직 부지런히 수행정진할지니라.'

여래는 이와 같은 방편으로 중생들을 달래어 바른 길로 나아가게 하고는 또 이렇게 말하느니라.

'마땅히 알아라. 이 삼승법은 성인이 칭찬하는 바요, 걸림 없이 자재하며 즐거움을 따로 구할 필요가 없다. 이 삼승을 타면 청정한 오근(五根)·오력(五力)·칠각지(七覺支)·팔정도(八正道)·선정(禪定)·해탈(解脫)·삼매(三昧) 속에서 큰 기쁨을 체험하며, 한없는 편안함과 즐거움을 누리게 될 것이다.'

사리불아, 만일 어떤 지혜로운 중생이 부처님의 설법을 듣고 믿고 받아 지녀서, 속히 삼계를 벗어나고 열반을 구하고자 꾸준히 정진하면 이런 이를 성문승(聲聞乘)이라 이름하나니, 이는 장자의 아들들이 양이 끄는 수레를 얻으려고 불타는 집에서 나오는 것과 같으니라.

또 어떤 중생이 부처님의 설법을 듣고 믿고 받아 지녀서 부지런히 자연의 지혜〔自然慧〕를 구하며, 혼자 있기를 즐기고 모든 법의 인연을 깊이 알면 이런 이를 벽지불승(辟支佛乘)이라 이름하나니, 이는 장자의 아들들이 사슴이 끄는 수레를 얻고자 불타는 집에서 나오는 것과 같으니라.

또 어떤 중생이 부처님의 설법을 듣고 믿고 받아 지녀서 부지런히 수행하여 일체지(一切智)·자연지(自然智)·무사지(無師智)와 여래지견(如來知見)·십력(十力)·사무소외(四無所畏)를 얻고자 하며, 수많은 중생들을 불쌍히 여겨 안락하게 하고 천인과 인간을 모두 이롭게 하여 해탈시키고자 하면, 이런 이를 대승보살이라 이름하며, 이렇게 대승을 구하기에 마하살(摩訶薩)이라 하나니, 이는 장자의 아들들이 소 수레를 얻고자 불타는 집에서 나오는 것과 같으니라.

사리불아, 마치 저 장자가 불타는 집에서 무사히 빠져 나와 안전한 곳에 이른 아들들을 보면서 스스로에게 재산이 많음을 생각하고 아들들에게 큰 수레를 평등하게 나누어 준 것과 같이, 모든 중생의 아버지인 여래도 한량없는 중생들이 자신의 가르침을 통하여 삼계의 고통과 두렵고 험한 윤회의 길에서 벗어나 열반의 즐거움을 얻었음을 보고는 이렇게 생각하느니라.

'나에게는 한량없는 지혜의 힘과 사무소외, 그리고 모든 부처님의 가르침인 법장(法藏)(법의 창고)을 가지고 있다. 모든 중생은 다 나의 자식이니, 그들에게 각기 다른 멸도(滅度)를 얻게 하기 보다는 골고루 대승법을 설하여 모두 다 여래의 멸도를 얻게 하리라.'

그리고는 삼계에서 벗어난 이들에게 부처님들이 지닌 선정·해탈 등과 같은 장난감들을 주나니, 이는 모두 한 모습〔一相〕이요 한 종류〔一種〕로 성인들이 칭찬하는 바요, 이로부터 능히 청정하고 미묘한 제일의 즐거움〔第一之樂〕이 생겨나느니라.

사리불아, 저 장자가 세 가지 수레로 아들들을 유인한 뒤에 보물로 장식한 큰 수레를 주어 가장 편안하고 즐겁게 한 것이 거짓말이 아니듯이, 여래 또한 이와 같아서 거짓이 없느니라.

처음 여래는 삼승을 설하여 중생들을 인도한 다음에 오로지 대승으로 해탈을 얻게 하느니라. 왜냐하면 여래는 한량없는 지혜와 십력과 사무소외와 모든 부처님들의 법장을 지니고 있으므로 일체 중생에게 대승의 법을 설하여 줄 수 있지만, 중생들은 그것을 처음부터 능히 받아들일 수 없기 때문이니라.

사리불아, 이러한 인연으로 마땅히 알지니, 부처님들은 방편력으로 일불승(一佛乘)을 분별하여 성문·연각·보살의 삼승(三乘)을 설하는 것이니라."

부처님께서는 이 뜻을 거듭 펼치고자 게송으로 이르셨다.

비유하면　어떤장자　크나큰집　가졌나니
집이너무　오래되어　퇴락하고　낡았기에
집채매우　위태롭고　기둥뿌리　썩어들고
대들보는　기울었고　축대들은　무너졌다
담과벽은　갈라지고　발랐던흙　떨어지고
지붕썩어　내려앉고　서까래도　빠져있고
막혀버린　골목에는　오물들이　가득한데
그속에서　오백식구　오밀조밀　살고있다
소리개와　올빼미와　부엉이와　독수리들
까마귀와　까치들과　산비둘기　집비둘기
독사뱀과　살모사와　전갈등의　독충들과
지네들과　그리마와　도마뱀과　노래기들
족제비와　살쾡이와　온갖생쥐　나쁜벌레
혐오스런　무리들이　이리저리　뛰고긴다

똥과오줌 냄새나고 더러운것 가득한데
말똥구리 벌레들이 날아들어 위를덮고
여우이리 야간들이 죽은송장 서로물고
찢고밟고 뜯고하여 살과뼈가 나뒹구니
냄새맡은 개떼들이 몰려와서 물고당겨
먹을것을 쟁취하려 이리저리 날뛰면서
서로싸워 이기려고 으렁으렁 짖어대니
그집속의 무서움이 이와같이 험하니라
여기저기 곳곳마다 도깨비와 귀신들과
야차들과 아귀들이 사람고기 씹어먹고
여러종류 독충들과 표독스런 짐승들이
새끼쳐서 젖먹이고 보호하며 기르는데
야차들이 달려와서 앞다투어 잡아먹고
먹고나서 배부르면 악한마음 치성하여
무서웁게 악을쓰며 싸워대니 더무섭다
구반다란 귀신들은 땅바닥에 앉았다가
어떤때는 땅위에서 한두자씩 뛰오르고
이리저리 왔다갔다 제멋대로 노닐다가

개다리를 움켜잡고 목을눌러 졸라대니
찍소리도 못하는개 공포속에 잠긴다네
또한키가 장대하고 검고여윈 귀신들은
발가벗은 모습으로 그집속에 있으면서
큰소리로 악을쓰며 먹을것을 서로찾고
목구멍이 바늘구멍 만큼작은 귀신들은
늘주리고 목이말라 울부짖고 헤매이며
또한어떤 귀신들은 소의머리 형상으로
사람시체 뜯어먹고 개고기를 먹느라고
헝클어진 머리몰골 흉하기가 짝없으며
야차들과 아귀들과 모든악한 새와짐승
배고프고 굶주려서 창틈으로 살피나니
여러가지 환난들과 두려움이 끝없도다
이와같이 낡은집이 한사람의 소유인데
그사람이 외출한지 얼마되지 아니하여
그집안의 뒤뜰에서 갑작스레 불이나서
사면으로 한꺼번에 맹렬하게 번져나가
대들보와 서까래와 많고많은 기둥들이

벼락치는 소리내며 갈라지고 진동하고
꺾어지고 부러졌고 담과벽도 무너졌네
여러종류 귀신들이 큰소리로 울부짖고
부엉이와 독수리와 구반다등 귀신들은
당황하고 얼이빠져 나올줄을 모르누나
독충들과 악한짐승 구멍찾아 숨어들고
그집안에 살고있던 비사사란 귀신들은
복과덕이 없는탓에 타는불에 쫓기면서
잔인하게 서로죽여 피를빨고 살먹으며
이미죽어 널려있는 여우들의 시신향해
크고악한 짐승들이 몰려와서 뜯어먹네
냄새나는 연기들이 사방으로 자욱한데
지네들과 그리마와 독사들의 무리들이
불에타고 뜨거워서 구멍에서 나올지면
구반다가 그즉시로 모조리다 주워먹고
또한모든 아귀들은 머리위에 불이붙어
주린데다 뜨거워서 황급하게 달아난다
그큰집이 이와같이 두려웁고 무서우며

毒害
독해부터 화재까지 재난들이 가득한데
바로그때 집주인은 대문밖에 서있었다
어떤이가 말하기를 '장난질을 좋아하는
당신여러 아들들이 그집속에 갇혔는데
어린것들 소견없어 노는데만 빠져있소'
이말듣고 놀란장자 불타는집 뛰어들어
아이들을 건져내어 불타죽게 안하려고
방편으로 타이르며 많은환난 설명했네
'악귀들과 독충에다 큰불까지 일어나서
고통들이 점차늘어 끊이지를 않는단다
살모사와 독사전갈 여러종류 야차들과
구반다란 귀신들과 여우등과 개의무리
부엉이와 독수리와 소리개와 올빼미와
노래기와 지네들이 배고프고 목이말라
호시탐탐 노리는꼴 두렵기가 한없는데
이런고통 난리속에 큰불까지 일어났다'
철이없는 아들들은 아버지말 들었으나
놀이에만 정신팔려 희희낙락 즐겼도다

바로이때 그장자는 생각다시 돌이켰다
‘아들들이 이같으니 내근심이 더하누나
이집에는 즐길것이 조금치도 없건마는
저아이들 정신없이 노는데만 빠져있어
내말듣지 아니하니 장차화를 당하리라’
그때다시 생각하고 방편으로 말했도다
‘내가가진 여러가지 장난감들 가운데에
보배로운 양의수레 사슴수레 소수레를
대문밖에 두었으니 어서빨리 나오너라
너희위해 내가이런 수레들을 꾸몄으니
마음대로 취하여서 즐거웁게 놀지니라’
아들들은 그런수레 있다는말 듣자마자
앞다투고 서로밀며 불타는집 뛰쳐나와
넓은공터 이르러서 모든고난 면하였다
그장자는 아들들이 불타는집 빠져나와
네거리에 앉는것을 사자좌에 높이앉아
환희롭게 굽어보며 자축하여 말했도다
‘나는이제 쾌락하다 애써기른 어린것들

철이없고 어리석어 험한집에 있었노라
득실대는 독충들과 도깨비도 무서운데
불길까지 사방에서 맹렬하게 일었건만
철모르는 자식들이 놀기에만 정신팔려
닥쳐올화 잊은채로 뛰어놀고 있었구나
내가이제 구하여서 화면하게 하였으니
사람들아 이제서야 내마음이 쾌락하다'
그때여러 자식들이 편안하게 앉아있는
아버지께 나아가서 이와같이 말했도다
'세가지의 보배수레 저희에게 주옵소서
저희들이 나올지면 세가지의 수레중에
원하는것 주신다고 분명약속 하셨으니
지금이곧 때입니다 어서나눠 주옵소서'
큰부자인 그장자는 보물창고 많이있어
금과은과 유리들과 자거마노 산호진주
여러가지 보배들로 큰수레를 만들면서
아름답게 장식하되 좌우난간 둘렀으며
사방에다 풍경달고 황금줄과 진주들로

장식을한 그물로써 장막처럼 위를덮고
황금꽃과 구슬들로 여러곳을 장식하고
여러가지 색깔들로 그림그려 둘렀으며
부드러운 비단으로 앉는자리 만든다음
수천억의 가치지닌 훌륭하기 그지없는
희고맑고 묘한천을 수레위에 덮었도다
이수레를 살이찌고 몸매또한 아름다운
크고힘센 흰소몸에 메어끌게 하였으며
많고많은 시종들이 따라가며 호위하는
이와같은 좋은수레 아들에게 주었도다
바로이때 아들들이 환희하여 춤추면서
보배로된 수레타고 사방으로 내달리니
즐거웁게 노는모양 걸림없이 자유롭다
사리불아 이르노니 나도또한 이와같아
성인중에 가장높은 이세간의 아버지다
일체모든 중생들이 모두나의 자식인데
세상쾌락 집착할뿐 지혜롭지 못한데다
이삼계의 불안함은 타오르는 집과같아

온갖고통 가득찼고 그지없이 두렵나니
나고늙고 병이들고 죽는고통 항상있고
온갖우환 불길들이 맹렬하게 타오른다
여래들은 이삼계의 불타는집 일찍떠나
숲과들등 편안하고 고요한데 머물지만
이삼계는 모두가다 내소유의 집과같고
그가운데 있는중생 모두나의 아들이며
지금여기 넘쳐나는 여러가지 환난들도
오직내가 아닐지면 구제할수 없느니라
타이르고 가르쳐도 능히믿지 아니함은
오욕락과 번뇌속에 깊이얽힌 까닭이다
이에나는 방편으로 삼승법을 설하나니
중생들이 삼계속의 고통들을 바로알아
이세간을 벗어나게 하기위한 것이로다
아들들의 믿는마음 확고하게 정해지면
삼명(三明)에다 육신통을 모두갖춘 성문이나
연각또는 불퇴전에 이른보살 되느니라
사리불아 잘들어라 중생들을 위해나는

이와같은 비유로써 일불승을 설하노니
너희들이 만일이제 이를믿고 지닌다면
너희들은 모두가다 부처의도 이루리라
일불승은 미묘하고 청정하기 제일이요
일체모든 세간에서 위가없이 가장높아
부처님도 기뻐하고 일체모든 중생들도
칭송하고 찬탄하고 공양하고 예배한다
한량없는 억천가지 많고많은 힘과해탈
선정지혜 등과같은 부처님의 여러법들
일승법을 얻게되면 모두함께 이루나니
큰수레를 얻은아들 길이길이 즐겨타듯
보살들과 성문등의 믿음지닌 대중들이
일불승에 올라타면 불도량(佛道場)에 바로간다
이와같은 까닭으로 시방세계 어디에도
일불승을 뛰어넘는 수레찾지 못하노라
사리불아 이르노니 너희들은 모두가다
부처님의 아들이요 나는너희 아버지다
오랜겁을 불속에서 고통받은 너희들을

내반드시 건져내어 삼계에서 구하리라
내이전에 '너희들도 멸도(滅度)했다' 하였지만
생사만이 끝났을뿐 참된멸도 아니니라
이제응당 너희할일 부처지혜 구함이니
여기대중 가운데에 함께하는 보살들은
일심으로 부처님의 진실한법 잘들어라
모든부처 세존께서 비록방편 썼지마는
교화가된 다음에는 모두가다 보살이다
어떤사람 지혜작고 애욕에만 집착하면
이를벗게 하기위해 고성제(苦聖諦)를 설하나니
이희유한 법문들은 중생들이 기뻐함은
고성제가 진실되고 틀림없기 때문이다
또무엇이 괴로움의 근본인지 잘몰라서
고(苦)를낳는 행위들인 집성제(集聖諦)에 집착하여
못버리는 이를위해 방편으로 설하기를
탐욕심이 모든고통 원인이라 하였노라
만일탐욕 없어지면 고(苦)가의지 할데없어
온갖고통 소멸되니 멸성제(滅聖諦)라 하였노라

道聖諦

멸성제를 이루려면 도성제를 닦고닦아
고의속박 벗게되면 해탈이라 했느니라
이사람들 진정으로 해탈하게 된것일까
허망함을 떠났기에 해탈이라 한것일뿐
실제로는 완전하게 해탈한것 아니기에
참된멸도 얻은것은 아니라고 말했으며
이사람들 위없는도 아직얻지 못했기에
참멸도에 이르렀음 인정하지 않느니라
나는법의 왕으로서 모든법에 자재하며
중생들을 편케하려 이세상에 나왔도다
사리불아 일승법은 내가르침 근본으로
온세간에 이익주려 지금설한 것이니라
그러므로 제맘대로 발설하면 아니된다
만일이법 알아듣고 기뻐하며 받는다면
알지니라 이사람은 불퇴전의 보살이요
어떤이가 이가르침 믿고받아 지닌다면
이사람은 지난세상 부처님을 친견하여
공경하고 공양하며 이법문을 들은이다

어떤이가 내가설한 이법능히 믿는다면
이사람은 나와너를 과거세에 만났었고
이곳비구 보살들도 만난적이 있음이다
법화경을 설법함은 지혜인을 위함이라
앎이적고 미혹하면 절대이해 할수없고
일체모든 성문이나 벽지불의 힘으로도
이경전을 온전하게 이해할수 없느니라
지혜제일 사리불도 믿는마음 갖고서야
이경전의 가르침에 들어설수 있었거늘
어찌다른 성문이야 말을하여 무엇하랴
나를믿는 성문만이 이경전에 다가설뿐
제지혜로 법화경을 이해함이 아니로다
사리불아 교만하고 게으르고 제생각에
빠져사는 이에게는 이경설법 말지니라
식견얕고 오욕속에 묻혀사는 범부들은
설해줘도 모르나니 그에게도 설법말라
믿지않는 어떤사람 이경전을 비방하면
세상에서 부처님될 종자모두 끊게되면

혹은얼굴 찌푸리고 의혹심을 품었을때
받게되는 과보들을 설할테니 잘들으라
부처님이 계시거나 멸도하신 뒤에라도
이경전을 비방커나 경전읽고 쓰는이를
경멸하고 미워하며 원한까지 품는다면
그사람이 받는과보 어떠할지 들어보라
그사람은 죽은뒤에 아비지옥 들어가서
일겁동안 벌을받고 그곳에또 태어나니
수도없이 많은겁을 지옥에서 지내니라
그는지옥 벗어난뒤 축생으로 태어나서
약한개나 여우되니 그형상은 수척하고
못생기고 더러워서 사람마다 꺼려한다
또한다시 천대받아 어느때나 목마르고
굶주림이 계속되어 앙상하게 뼈만남고
살아서는 죽을고생 죽어서는 자갈무덤
부처종자 끊은탓에 이런죄보 받느니라
또한다시 낙타로나 당나귀로 태어나면
무거운짐 항상지고 채찍질을 참아내고

물과먹이 생각할뿐 다른것은 모르나니
법화경을 비방하면 이런죄보 받느니라
다시여우 몸받으니 몸뚱이에 옴오르고
한쪽눈이 멀은채로 동네마을 들어가면
장난하는 애들에게 몽둥이로 매맞으며
갖은고통 다겪다가 비참하게 죽게된다
이와같이 죽은다음 구렁이몸 다시받아
징그러운 몸의길이 오백유순 되는데도
귀가먹고 발이없어 꿈틀꿈틀 기어가니
온갖작은 벌레들이 물어뜯고 피를빨아
밤낮으로 받는고통 쉴사이가 없음이니
법화경을 비방하면 이런죄보 받느니라
또한다시 사람되도 육근(六根)모두 암둔하며
앉은뱅이 곰배팔이 절름발이 귀머거리
장님이나 곱추등의 불구자가 될뿐더러
무슨말을 할지라도 사람들이 믿지않고
입에서는 늘냄새나 귀신들이 따라붙고
천박하고 가난하여 남의부림 당하노라

병도많고 여윈데다 의지할곳 전혀없고
사람곁에 다가가도 붙여주지 아니하며
어떤소득 생겨나도 금방다시 잃게되고
의술익혀 처방따라 남을치료 한다해도
병이점점 더하든가 혹은되려 죽게한다
자기몸에 병이나면 구원해줄 사람없고
좋은약을 먹더라도 병이더욱 악화되며
다른사람 반역죄나 강도질과 도둑질에
이유없이 말려들어 심한고초 당하니라
이죄인은 성인중의 성인이신 부처님을
영원토록 못만나니 어찌교화 받겠는가
늘불도를 수행하기 어려운곳 태어나고
귀먹거나 산란하여 불법듣지 못하니라
항하사겁 오랜세월 수도없이 태어나도
그때마다 불구되어 귀가먹고 말못하며
지옥속을 동산에서 노닐듯이 살아가고
삼악도를 제집처럼 하염없이 드나들며
胎
낙타나귀 돼지등과 개의태에 태어나니

법화경을 비방한탓 이런죗값 받느니라
인간으로 태어나도 귀머거리 장님또는
벙어리가 되기쉽고 가난하고 쇠약하여
몸붓는병 목마른병 나병폐병 등창병등
여러가지 나쁜병을 옷을삼아 입느니라
몸은심한 악취에다 때가많고 더러우며
내소견에 집착하여 성내는일 매우많고
음욕심이 치성하여 짐승들도 안가리니
법화경을 비방하면 이런죄보 받느니라
사리불아 이르노니 법화경을 비방한자
받는죄보 말하려면 겁다해도 끝없도다
이와같은 인연으로 너희에게 말하노니
지혜없는 이에게는 결코이경 설법말라
만일어떤 사람있어 영리하고 지혜밝고
많이듣고 힘써배워 부처님도 구하거든
이와같은 불자위해 법화경을 설하여라
또어떤이 오랜겁에 백천억의 부처뵙고
착한씨앗 많이심어 마음깊고 견고하면

이와같은 불자위해 법화경을 설하여라
어떤이가 정진하여 자비심을 항상닦되
목숨아니 아끼거든 법화경을 설하여라
또어떤이 부처님을 한결같이 공경하여
다른마음 전혀없고 어리석은 이들떠나
산속등의 조용한곳 홀로살고 있거들랑
이와같은 이를위해 법화경을 설하여라
또한다시 사리불아 어떤이가 어느때나
나쁜사람 멀리하고 좋은벗과 함께하면
이와같은 이를위해 법화경을 설하여라
또한어떤 불자들이 맑고밝은 구슬같이
청정계율 지키면서 대승경전 구하거든
이와같은 이를위해 법화경을 설하여라
어떤이가 성안내고 마음곧고 부드러워
온갖중생 사랑하고 부처님잘 공양커든
이와같은 이를위해 법화경을 설하여라
또한어떤 불자들이 여러대중 가운데서
맑고맑은 마음으로 여러가지 인연들과

비유들과 이야기로 걸림없이 설법하면
이와같은 이를위해 법화경을 설하여라
만일어떤 비구있어 일체지혜 얻기위해
사방으로 법구하고 합장하며 받들거나
대승경전 수지하여 간직하기 즐겨할뿐
소승경의 한게송도 받아갖지 않았다면
이와같은 이를위해 법화경을 설하여라
또한어떤 사람있어 불사리를 구하듯이
지극정성 다하여서 법화경을 구한다음
오직이를 수지할뿐 다른경전 구함없고
외도들의 가르침에 관심조차 안가지면
이와같은 이를위해 법화경을 설하여라
사리불아 이르노니 지금말한 예와같이
겁다해도 부처의도 구하는일 끝없으면
이와같은 사람능히 믿고이해 할것이니
모름지기 이들위해 법화경을 설하여라

〈제3 비유품 끝〉

제4 신해품
第四 信解品

그때 혜명수보리(慧命須菩提)와 마하가전연(摩訶迦旃延)·마하가섭(摩訶迦葉)·마하목건련(摩訶目揵連)은 부처님께서 일찍이 듣지 못하였던 법을 설하심과 동시에, 사리불에게 아뇩다라삼먁삼보리를 얻게 될 것이라고 수기하시는 것을 듣고 매우 놀라워하고 뛸 듯이 기뻐하였다〔歡喜踊躍(환희용약)〕. 그들은 자리에서 일어나 오른쪽 어깨를 드러내고 오른쪽 무릎을 땅에 댄 다음, 일심으로 합장하고 허리를 굽혀 존경의 뜻을 표하면서 부처님을 우러러보며 아뢰었다.

"저희들은 대중의 윗자리에 있는 비구로, 나이가 많고 늙었나이다. 그래서 스스로 생각하기를, '열반(涅槃)을 얻었으니 이제 해야 할 일이 없다'고 하면서, 더 이상 아뇩다라삼먁삼보리를 구하지 않았나이다.

세존께서는 예전부터 오래도록 이 법을 설하셨습니다. 그러나 게으른 저희들은 오직 '모든 것은 비었고〔空〕 차별의 상이 없으며〔無相〕 지을 바가 없다〔無作〕'는 이치만을 생각하였을 뿐, 보살의 법과 신통으로 불국토를 정화하고 중생을 성취시키는 일을 마음으로 달가워하지 않았나이다.

왜냐하면 세존께서 저희로 하여금 '삼계에서 벗어나 열반을 얻게 해주셨다'고 믿은 데다가, 저희가 너무 늙어 부처님께서 보살을 가르치는 법인 아뇩다라삼먁삼보리에 대해 좋다는 생각을 한번도 내지 않았기 때문입니다.

이제 저희는 부처님께서 성문들에게 '아뇩다라삼먁삼보리를 얻으리라' 수기하시는 것을 듣고 마음이 매우 환희로울 뿐 아니라 놀랍기 그지없습니다. 이는 갑자기 크고 좋은 이익과 뜻하지도 않은 수많은 보물을 얻게 된 것과 같나이다.

세존이시여, 저희는 지금 비유를 들어 이 뜻을 명확하게 밝히고자 하옵니다.

② 궁자유窮子喩

어떤 이가 어렸을 때 아버지를 버리고 도망을 쳐서 다른 나라에서 십년 이십년, 마침내는 오십년을 살았습니다. 그는 나이가 들었는데도 여전히 가난하여, 먹을 것과 입을 것을 구하려고 사방으로 떠돌다가 자기 나라로 돌아가게 되었습니다. 그리고 아버지는 애타게 아들을 찾아다녔으나 만나지 못하자, 나라 안의 한 도시에 머물러 살았습니다.

아버지는 매우 부유하여 재산과 보물이 한없이 많았습니다. 금·은·유리·산호·호박·파리·진주 등의 보물이 창고마다 가득 차 넘쳐흘렀고, 노비·시종·일꾼과 코끼리·말·수레·소·양도 많았습니다. 또 물건이나 곡식을 거래하는 일이 다른 나라에까지 이르렀기에, 알고 지내는 상인들이나 고객도 매우 많았습니다.

그때 빈궁한 아들이 여러 도시와 시골을 떠돌다가 마침내 아버지가 살고 있는 도시에 이르렀습니다. 아버지는 늘 아들 생각만 했고, 아들과 이별한 지가 오십 년이나 되었지만 누구에게도 그 사실을 말하지 않고 혼자서만 한탄했습니다.

'나는 이미 늙었다. 자식도 없다. 죽게 되면 창고마다 가득한 금·은 등의 진귀한 보물을 누구에게 물려주랴?'

이렇게 은근히 아들을 기다리면서 또 생각했습니다.

'아들을 만나 재산을 전해주게 된다면 한없이 쾌락하여 근심이 없으리라.'

세존이시여, 바로 그때 빈궁한 아들은 품팔

이를 하며 이리저리 떠돌다가 우연히 아버지가 사는 집의 대문 앞에 서게 되었습니다.

멀리서 아버지를 보니 그는 보배궤로 발을 받치고 사자좌(獅子座)에 앉아 있었으며, 바라문과 귀족과 거사(居士)들이 공경하는 자세로 주위를 에워싸고 있었습니다. 그는 아주 값진 진주와 영락으로 치장을 하였고, 일꾼과 시종들이 흰 총채를 들고 좌우에서 시중을 들고 있었습니다. 그리고 주위에는 보배구슬 휘장과 꽃장식들이 가득하였으며, 땅에는 향수와 이름 있는 꽃들이 뿌려져 있었습니다. 또 보물을 늘어놓고 매매하는 등 모든 것이 아주 위엄 있고 덕이 있게 보였습니다.

그가 큰 세력을 가지고 있음을 느낀 빈궁한 아들은 두려워하면서, 그곳에 온 것을 후회하였습니다.

'저 분은 왕이거나 왕과 비슷한 사람일 것이다. 이곳은 내가 품팔이를 할 곳이 못 된다. 차라리 가난한 마을로 가서 품을 팔아 먹을 것과 입을 것을 구하는 것이 더 나으리라. 여기 오래 있다가 붙잡히면 강제로 일을 시킬지도 모른다.'

그리고는 재빨리 그곳을 떠났습니다.

그때 장자는 사자좌에서 아들을 단번에 알아보고 크게 기뻐했습니다.

'아, 창고마다 가득 차 있는 나의 재물을 물려줄 이가 생겼도다. 내 항상 이 아들을 생각하였건만 만날 길이 없었는데, 이제 스스로 찾아와서 나의 소원을 이루어 주는구나.'

그리고는 사람을 보내 데려오게 하였고, 심부름꾼이 달려가서 붙잡자 빈궁한 아들은 몹시 놀라 큰소리로 외쳤습니다.

'잘못한 일도 없는데 왜 붙잡습니까?'

하지만 심부름꾼이 더욱 강하게 붙잡아 끌고 가자, 빈궁한 아들은 '죄도 없이 붙잡혔으니 이제 꼼짝없이 죽겠구나' 하면서 더욱 두려워하며 고민하다가 기절을 했습니다. 그때 멀리서 이 모습을 보고 있던 아버지가 심부름꾼에게 말했습니다.

'그 사람을 억지로 데려올 것 없다. 얼굴에 냉수를 뿌려 깨어나게 하고, 아무 말도 하지 말아라.'

왜냐하면 아들의 마음이 좁고 못나서 자신의 부귀를 감당하기 어렵다는 것을 알았기 때문입니다. 그는 분명히 자신의 아들임을 알았지만 방편을 써서 다른 사람에게 알리지 않고 심부름꾼을 시켜 말했습니다.

'너를 놓아 줄테니 가고 싶은 대로 가거라.'

곤궁한 아들은 몹시 기뻐하며 가난한 마을로 가서 먹을 것과 입을 것을 구했습니다.

그때 장자는 아들을 달래어 데려오고자 방편을 써서, 모습이 초라하고 보잘 것 없는 두 사람을 은밀히 보내면서 당부했습니다.

'너희는 그 사람에게 가서, 일할 곳이 있는

데 품삯을 배로 준다고 하여라. 만약 그가 허락하거든 데려와서 일을 시켜라. 그리고 그가 무슨 일을 시킬 것이냐고 묻거든 거름 치우는 일이라 답하고, 너희 두 사람도 함께 일을 할 것이라고 말하여라.'

두 사람은 빈궁한 아들을 찾아가서 그대로 말하였고, 그들을 따라온 빈궁한 아들은 품삯을 먼저 받고 거름을 치우는 일을 시작하였는데, 아들을 볼 때마다 아버지는 안타깝고 불쌍하기 그지없었습니다.

어느 날 아버지는 창문을 통하여, 앙상하게 여위어 초췌한 데다 오물과 흙먼지를 뒤집어 쓴 더러운 아들의 모습을 보고는, 곧 영락과 장신구와 좋은 옷을 벗고 더럽고 허름한 옷으로 갈아입은 뒤, 몸에 흙먼지를 바르고 거름 치우는 기구를 들고 조심스럽게 일꾼들에게 다가가 말했습니다.

'게으름 피우지 말고 부지런히 일해라.'

그리고는 짐짓 아들에게 다가가 말했습니다.

'다른 곳에 가지 말고 여기에서 계속 일을 해라. 품삯도 올려 주고, 그릇·쌀·밀가루·소금·식초 등 필요한 물건들도 다 주고, 나이 든 심부름꾼도 붙여줄 것이니 안심하고 지내라. 나는 늙고 자네는 젊으니 나를 아버지처럼 생각해도 좋다. 자네는 일을 할 때 다른 일꾼들처럼 속이거나 게으르거나 성내거나 한탄하거나 원망하지를 않더구나. 지금부터 나는 자네를 내 친아들처럼 생각할 것이다.'

그리고는 새로운 이름을 지어 주고 '아들'이라 불렀습니다.

빈궁한 아들은 그와 같은 대우를 받는 것을 기뻐하면서도 여전히 스스로를 머슴살이하는 천한 사람이라 여겼기 때문에, 아버지는 이십 년 동안이나 그에게 거름 치우는 일을 하게 할 수밖에 없었습니다. 그리고 서로 믿고 친하게 되어 어려움 없이 드나들게 되었지만, 아들의 거처는 여전히 그 전과 같았습니다.

세존이시여, 어느 날 장자는 병에 걸려 머지 않아 죽게 될 것임을 알고 빈궁한 아들에게 말했습니다.

'내 창고에는 금·은 등의 진귀한 보물이 가득하다. 그 속에 있는 모든 재물과 주고받아야 할 것들은 네가 모두 알아서 처리하도록 해라. 나의 뜻이 이러하니 잘 받들어 행하기 바란다. 왜냐하면 너와 나는 이제 한 몸이나 다름없기 때문이다. 아무쪼록 주의하여 잘 보존해 주기 바란다.'

이에 빈궁한 아들은 분부를 받들어 금은 등의 진귀한 보물과 모든 창고들을 관리하게 되었습니다. 그러나 밥 한 그릇 더 가지려는 생각이 없었고, 머무는 거처도 그대로였으며, 천하고 못났다는 생각 또한 버리지 않고 있었습니다.

다시 얼마 뒤, 아버지는 아들의 마음이 차츰 넓어져 큰 뜻을 지니게 되었고, 예전의 천하고 못난 마음을 뉘우치고 있음을 알게 되었습니다. 아버지는 임종 때가 가까워지자 아들에게 명하여 친족들과 국왕·대신·무사·거사들을 모두 한 자리에 모이게 한 뒤 이렇게 말했나이다.

'여러분은 마땅히 아십시오. 이 사람은 내가 낳은 나의 아들입니다. 전에 살던 곳에서 나를 버리고 도망을 쳐서 오십년 동안이나 방랑하며 온갖 고생을 다 겪었소이다. 이 사람의 본래 이름은 아무개이고 내 이름은 아무개입니다. 예전에 본래 살던 고향에서 무척 걱정을 하며 찾아 헤맸는데, 여기에서 우연히 만나게 되었습니다. 이 사람은 내 아들이요 나는 그의 아버지이니, 이제 나의 재산은 모두 그의 것입니다. 그리고 이전까지 행해왔던 모든 거래관계도 내 아들이 모두 알아서 할 것이오.'

세존이시여, 그때 아들은 아버지의 말을 듣고 일찍이 없었던 일이라며 크게 기뻐하였나이다.

'내 본래 바라는 마음이 없었건만, 보물 창고가 저절로 나에게 이르렀구나.'

세존이시여, 부유한 장자는 곧 여래이시고 저희는 장자의 아들과 같기에, 여래께서는 늘 저희를 아들이라고 말씀하셨습니다.

세존이시여, 저희는 세 가지 괴로움〔三苦〕에 시달리고, 나고 죽는 가운데 온갖 번뇌를 다 겪으면서도, 미혹하고 무지하여 작은 법〔小法〕만을 즐겼습니다. 그리하여 세존께서는 줄곧 저희로 하여금 법에 대한 쓸데없는 희론(戲論)들을 버리도록 이끄셨지만, 저희는 곤궁한 아들이 거름구덩이 속에서 부지런히 정진하여 받은 하루 품삯을 열반으로 삼아 매우 기뻐하고 만족하게 여겼으며, 또 이렇게 생각했나이다.

'부처님 법 속에서 부지런히 정진하니 얻은 바가 매우 크고 많구나.'

그러나 세존께서는 저희가 잘못된 욕망〔五欲〕에 집착하고 작은 법을 즐기고 있다는 것을 아시면서도 그냥 내버려 두었을 뿐, '너희에게도 여래지견(如來知見)의 보배창고〔寶藏〕가 있다'는 말씀을 직접 하지 않았나이다.

또 세존께서는 뛰어난 방편력으로 여래의 지혜를 말씀하셨지만, 저희 스스로 하루 품삯에 해당하는 열반을 얻고서 큰 것을 얻었다고 여겼기 때문에 대승을 구하지 않았나이다.

그리고 저희도 여래의 지혜에 대해 보살들과 이야기는 하였지만, 여래의 지혜를 구할 뜻은 전혀 없었나이다. 왜냐하면 부처님께서는 저희들이 작은 법을 즐긴다는 것을 아시고, 장자가 친아들에게 한 것처럼, 방편력으로 저희의 근기에 맞게 작은 법을 설하셨다는 것을 미처 알지 못하였기 때문입니다.

이제야 저희는 세존께서 부처님의 지혜를 아낌없이 설하고자 하셨음을 알게 되었나이다. 저희가 본래 세존의 아들인데도 작은 법만을 즐겼기에 설하시지 않은 것일 뿐, 저희가 큰 법을 즐겼더라면 세존께서는 즉시 저희들에게 대승법을 설하여 주셨을 것입니다.

지금도 이 경을 통하여 오직 일승(一乘)만을 설하시고, 예전에도 보살들 앞에서 성문들이 작은 법만을 즐긴다며 나무라셨으니, 부처님께서는 분명히 대승만으로 교화하셨나이다. 그러므로 저희는 이렇게 말씀드리나이다.

'본래 무심하여 바라지도 않았는데 지금 법왕의 큰 보물이 저절로 굴러 와서, 부처님의 아들이 마땅히 얻어야 할 바를 모두 얻었노라.'"

이때 마하가섭은 이 뜻을 거듭 밝히고자 게송으로 아뢰었다.

저희들은 오늘에야 부처님의 법문듣고
일찍없던 법을얻어 큰기쁨을 누립니다
'성문들도 성불한다' 부처님이 설하시니
가장좋은 보배들을 절로얻게 됩입니다
비유컨대 어린아이 철이없고 어리석어
아버지를 버리고서 타향땅에 도망가서
오십년을 정처없이 떠돌면서 살았으며
아버지는 사방으로 아들찾아 다니다가
마침내는 크게지쳐 어느성에 머물면서
큰집하나 지어놓고 오욕락을 즐깁니다
그집주인 큰부자라 금은자거 마노진주
유리등의 보배들과 말과소와 코끼리와
양과가마 수레들과 논과밭과 시종들과
하인들과 소작인이 많고많아 끝이없고
주고받는 이익들이 타국까지 미쳤기에
상인들과 고객들이 집에가득 했나이다
천만억의 사람들이 둘러서서 공경하고
임금이나 왕족들의 총애많이 받았으며

여러대신 호족들이 한결같이 공경하니
오고가는 사람들이 어찌많지 않으리까
부귀영화 누렸지만 나이들고 늙을수록
자나깨나 아들생각 항상가득 했나이다
'죽을때가 가깝건만 어리석은 내아들은
나버리고 떠난지가 오십여년 되었구나
창고속의 저재물을 어찌하면 좋을건가'
바로그때 궁한아들 옷과음식 구하려고
이마을로 저마을로 여러곳을 떠돌면서
어떤때는 얻어먹고 어떤때는 얻지못해
굶주리고 여윈데다 옴과버짐 생긴채로
이곳저곳 떠돌다가 부친사는 성에닿아
품을팔고 다니다가 그집앞에 갔나이다
그즈음에 아버지는 자기집의 문안에서
보배휘장 둘러치고 사자좌에 앉은채로
많고많은 권속들과 함께하고 있었는데
무리속의 어떤이는 금은보물 헤아리고
어떤이는 거래내역 기록하고 있음이라

궁한아들 아버지의 부귀함과 위엄보고
'저사람은 왕아니면 아주높은 이로구나
내가여기 왜왔던가 놀랍고도 두렵도다
여기오래 있다가는 꼼짝없이 붙들려서
틀림없이 강제노동 당할것이 분명하다'
이와같이 생각하고 한시바삐 도망하여
빈촌으로 찾아가서 품을팔려 했습니다
바로그때 사자좌에 앉아있던 아버지가
저멀리서 보고서는 아들인줄 바로알고
심부름꾼 즉시보내 잡아오게 하였는데
놀란아들 고민하다 바로기절 했나이다
'이들에게 잡혔으니 꼼짝없이 죽는건가
밥과옷을 구하려다 이모양이 되었구나'
그모습을 본장자는 다시생각 했나이다
'내아들은 어리석고 용렬하기 그지없다
내가저의 아비임을 결코믿지 않으리라'
그리고는 방편으로 다른사람 파견하되
애꾸눈에 못난사람 선택하여 이르기를

'너는가서 말하기를 내집와서 품을팔아
거름치는 일을하면 품삯곱을 준다하라'
궁한아들 그말듣고 기뻐하며 따라와서
거름치고 집안팎을 청소하며 지냅니다
어느때나 자기아들 살펴보던 부자장자
어리석고 못난것이 천한일만 좋아하자
허름한옷 바꿔입고 거름치는 도구들고
아들한테 다가가서 방편으로 말합니다
'품삯을더 올려주고 발에바를 기름하며
음식이나 이부자리 풍족하게 줄것이니
여기에서 일을해라 성실하게 일하는너
내아들과 다름없다' 이와같이 타이른뒤
지혜있는 그장자는 이십년을 자유롭게
드나들게 하고나서 집안일을 다맡기고
금과은과 진주파리 보물창고 보여주며
나고드는 모든물건 관리하게 하였으나
그아들은 변함없이 대문밖에 붙어있는
초막에서 잠을자며 제스스로 생각하되

'나는본래 가난하여 재물없다' 했나이다
아버지는 아들마음 넓어지고 있음알고
그재산을 물려주려 친척국왕 대신무사
거사들을 모아놓고 그들에게 말합니다
'이사람이 바로내가 친히낳은 아들인데
나를떠나 멀리가서 오십년을 지내다가
우연하게 여기와서 이십년을 또지냈소
옛날어떤 성안에서 이아들을 잃고나서
이리저리 헤매면서 무진애를 썼었지만
결국찾지 못하고서 여기까지 온것이오
이제내가 가진집과 하인등의 모든것을
아들에게 물려주어 제뜻대로 쓰게하리'
가난하고 궁했을때 뜻과마음 좁던아들
이제와서 아버지의 큰재산을 물려받아
귀한보물 큰저택과 온갖재물 얻게되자
이전에는 못느꼈던 큰기쁨을 누립니다
부처님도 우리들이 작은법을 즐김알고
'너도성불 하리라'는 말씀하지 않으시고

번뇌없는 무루법을 겨우얻은 저희에게
소승법만 성취를한 성문이라 했나이다
부처님이 저희에게 위없는도 설하신뒤
'이가르침 잘닦으면 성불한다' 하시었고
'보살에게 위없는도 설하라'고 하시기에
보살들을 찾아가서 인연담과 비유섞어
위없는도 설했더니 그불자들 법문듣고
밤낮으로 사유하며 힘써정진 했나이다
바로그때 제불께서 그들에게 수기하되
'오는세상 너희들은 성불한다' 했습니다
그리고는 제불들의 비밀스레 전해온법
여러보살 들에게만 사실대로 설하시고
저희들을 위해서는 말씀아니 했나이다
이는마치 궁한아들 아버지와 함께하며
모든보물 관리하나 가질생각 없었듯이
저희들도 부처님의 법보장(法寶藏)을 설했지만
막상그법 구할생각 전혀아니 했나이다
저희들은 모든번뇌 끊는것에 만족하여

'이것알면 그만이요 다른것은 없다'면서
불국토를 맑게하고 중생들을 교화하는
보살법문 들었어도 아니기뻐 했습니다
왜냐하면 이세간의 모든법이 공적(空寂)하여
생(生)도없고 멸(滅)도없고 크고작음 또한없는
무루무위(無漏無爲) 뿐이라고 생각했기 때문이니
즐겁고도 기쁜마음 어찌생겨 났으리까
저희들은 오랜세월 부처님의 대지혜를
탐하지도 아니하고 구하지도 않으면서
저희들이 얻은법을 구경(究竟)이라 했나이다
오랜세월 모든것이 공하다는 이치닦아
욕계색계 무색계의 삼계고통 벗어나서
이몸으로 유여열반(有餘涅槃) 머무르게 되는것이
부처님의 교화받아 참된도를 얻음이요
부처은혜 갚음이라 생각하여 왔나이다
부처님은 저희위해 보살법을 설하시며
부처님이 되는도를 구하라고 하셨으나
보살법을 구하지도 즐기지도 아니하는

저희마음 잘아시고 그냥버려 두었을뿐
'참된이익 있다'시며 권치아니 했나이다
아버지가 아들마음 용렬한줄 미리알고
방편으로 그마음을 항복받고 다스린뒤
많은재산 남김없이 모두물려 주었듯이
부처님도 보기드문 희유한일 나타내되
방편력을 베푸시어 작은법을 즐겨하는
작은마음 다스린후 큰지혜를 주십니다
저희들이 이제까지 바라지도 아니했던
미증유의 보배법을 절로얻게 되었으니
한량없는 보물얻은 궁한아들 같나이다
세존이여 제가이제 도를얻고 과보얻어
무루법에 머물면서 청정한눈 얻었으니
저희들이 오랜세월 청정계율 지닌결과
오늘에야 이와같은 과보들을 얻게되고
법왕의법 가운데서 청정수행 오래함에
미혹없는 무상대과(無上大果) 얻게되나 보옵니다
저희들이 오늘에야 참된성문(聲聞) 되었기에

佛道聲
불도성을 모두에게 들려주게 되었으며
저희들이 오늘에야 참아라한 되었기에
온세간의 천인인간 마군들과 범천등의
모든대중 들로부터 널리공양 받나이다
희유하게 나타내고 자비로써 교화하여
이익얻게 하오시는 부처님의 크신은혜
억천겁이 지나간들 어찌능히 갚으리까
수족되어 받들면서 머리숙여 예경하고
온갖것을 공양한들 은혜어찌 다갚으며
머리위에 받들거나 어깨위에 모시어서
恒河沙數
항하사수 오랜세월 마음다해 공양하되
맛이좋은 음식들과 보배로운 의복들과
아름다운 이부자리 효과좋은 탕약이며
우두전단 좋은향과 여러가지 보배로써
넓고높은 탑세우고 옷을벗어 땅에깔며
정성다해 공양해도 은혜어찌 갚으리까
희유하신 부처님은 한량없고 가이없고
생각조차 할수없는 신통력을 나투시고

무루무위(無漏無爲) 법들모두 증득하신 법왕(法王)이나

모자라는 중생위해 이모두를 감추시고

상(相)을쫓는 범부에게 근기맞춰 설합니다

부처님들 모든법에 자유자재 하시지만

중생들의 여러가지 욕구와뜻 아시기에

능히감당 할수있는 그네들의 근기(根機)따라

한량없는 비유로써 미묘한법 설합니다

중생들의 지난세상 숙세선근 어떠하고

그들근기 성숙함과 성숙못함 살피시어

일승도(一乘道)로 이끌고자 삼승법을 설합니다

〈제4 신해품 끝〉

묘법연화경 제3권

제5 약초유품
第五 藥草喩品

그때 세존께서 마하가섭(摩訶迦葉)과 큰 제자들에게 이르셨다.

"착하고 훌륭하구나, 가섭아. 여래의 진실한 공덕을 잘 말하였나니, 참으로 네가 말한 바와 같다. 여래에게는 한량없고 가없는 공덕이 있나니, 너희가 무량억겁(無量億劫)을 두고 말하여도 다 표현할 수 없느니라.

가섭아, 마땅히 알아라. 여래는 모든 법의 왕이시니 설한 바 법이 헛되지 않느니라. 또 모든 법을 지혜의 방편으로 설하나니, 그 설한 법을 통하여 일체지(一切智)의 땅에 이르게 하느니라. 여래는 모든 법의 돌아가는 곳(귀취)〔歸趣〕을 잘 관찰하여 알고, 모든 중생이 마음 깊이 구하는 바를 통달하여 걸림없이 알며, 제법(諸法) 모두를 분명하게 알기 때문에 중생들에게 일체 지혜를 보여주시느니라.

가섭아, 비유를 들리라.

③ 약초유藥草喩

이 삼천대천세계(三千大千世界)의 산천과 계곡과 대지에 있는 풀과 나무와 숲과 약초들의 종류는 매우 많으며, 그 모양도 각각 다르니라. 그런데 짙은 구름이 삼천대천세계를 두루 덮어서 일시에 큰 비를 내려 고루 적시면, 풀과 나무와 숲과 약초들의 작은 뿌리 작은 줄기 작은 가지 작은 잎과, 중간 뿌리 중간 줄기 중간 가지 중간 잎과, 큰 뿌리 큰 줄기 큰 가지 큰 잎 등을 가진 크고 작은 식물들이 상·중·하에 따라 각기 비를 흡수하게 되느니라.

이들 모두는 한 구름에서 내리는 비를 받지

만, 그 종류와 성질에 따라 각기 자라고 꽃피우고 열매를 맺는 것이 다르나니, 비록 같은 땅에서 나고 같은 비에 적셔졌지만 초목들 모두는 저마다 차별이 있느니라.

가섭아, 마땅히 알아라. 여래 또한 이와 같나니, 여래가 세상에 출현함은 마치 큰 구름이 일어남과 같고, 큰 음성으로 온 세계의 천인·인간·아수라의 무리들에게 법을 설하는 것은 마치 큰 구름이 삼천대천세계를 두루 덮는 것과 같으니라.

나는 대중들을 향해 외치느니라.

'나는 여래·응공·정변지·명행족·선서·세간해·무상사·조어장부·천인사·불세존이다. 아직 제도 받지 못한 이를 제도하고, 해탈하지 못한 이를 해탈케 하며, 편안하지 못한 이를 편안케 하고, 열반에 이르지 못한 이를 열반에 이르게 한다. 나는 현세와 후세를 한결같이 모두 아는 일체지자(一切知者)요 일체를 보는 일체견자(一切見者)요 도를 아는 지도자(知道者)요 도를 여는 개도자(開道者)요 도를 설하는 설도자(說道者)이니, 천인·인간·아수라의 무리들은 모두 이곳으로 와서 법을 들을지니라.'

이에 한량없는 천만억 중생들은 부처님 계신 곳으로 와서 법문을 듣느니라.

그때 여래는 또다시 중생들이 지닌 날카롭고 둔하고 부지런하고 게으른 근기(根機) 등을 모두 관찰하여, 그들 각각이 감당할 수 있는 바에 따라 갖가지로 설법을 함으로써, 모두에게 환희롭고 훌륭한 이익을 얻을 수 있게 하느니라.

중생들이 이 법문을 들으면, 현세에는 편안하고 후세에는 좋은 곳에 태어나며, 도를 수지하는 즐거움을 누리게 되느니라. 또 법을 들으면 업장과 장애들을 떠나게 되고, 능력에 따라 점차 도를 깨닫게 되느니라.

이는 마치 저 큰 구름이 모든 풀과 나무와 숲과 약초에 비를 내리면, 각기 그 종류와 성질에 따라 물기를 빨아들여 나름대로 자라나는 것과 같으니라.

여래가 설하는 법은 한가지 모습〔一相〕이요 한 가지 맛〔一味〕이니, 이른바 괴로움을 벗어난 해탈상(解脫相)이요 번뇌를 떠난 이상(離相)이요 생사를 멸한 멸상(滅相)으로, 마지막에는 부처님의 일체종지(一切種智)에 이르게 하느니라.

중생들은 여래의 설법을 듣고 받아 지녀서 읽고 외우고 가르침대로 수행하지만, 그 결과로 얻게 되는 공덕은 그들 자신도 알지를 못하느니라.

왜냐하면 오직 여래만이 중생의 종류〔種〕와 모양〔相〕과 몸〔體〕과 성품〔性〕을 알되, 무엇을 염려하고 무엇을 생각하고 무엇을 닦는지, 어찌하여 염려하고 어찌하여 생각하고 어찌하여 닦는지, 어떤 법을 염려하고 어떤 법을 생각하고 어떤 법을 닦고 어떤 법을 얻는지 등, 중생들이 머무는 갖가지 경계를 오직 여래만이 있는 그대로 보고 막힘없이 명확하게 알기 때문이니라.

이는 마치 저 풀과 나무와 숲과 약초들의 성품이 상·중·하 어디에 속하는지를 스스로 알지 못하는 것과 같으니라.

여래는 한 모습이요 한 맛인 일상일미지법(一相一味之法)을 아나니, 이른바 해탈상(解脫相)·이상(離相)·멸상(滅相)과 구경열반(究竟涅槃)인 적멸상(寂滅相) 등이 결국은 공(空)으로 돌아감을 아느니라.

그러나 중생들의 바라는 바를 관하고 그것을 지켜 주고자, 부처님의 일체종지(一切種智)를 곧바로 설하지 않느니라.

가섭과 너희는 여래가 근기에 따라 설법하는 것을 잘 알아서 능히 믿고 수지하니 참으로 드문 일이다. 왜냐하면 제불세존이 근기에 따라 법을 설한다는 것은 이해하기도 어렵고 알기도 어렵기 때문이니라."

그때 세존께서는 이 뜻을 거듭 밝히고자 게

송으로 이르셨다.

미혹벗은 법의왕은 이세상에 출현하여
중생욕망 관하면서 갖가지로 설법하나
존귀하고 무게있고 지혜깊은 부처님은
중요한법 간직할뿐 쉽게말씀 아니하니
지혜인이 듣게되면 능히믿고 이해하나
無 智
무지한자 의심하여 법을잃기 때문이다
가섭이여 그러므로 근기맞춰 설하여서
正 見
가지가지 인연으로 정견얻게 하느니라
가섭이여 비유하면 큰구름이 생겨나서
이세간의 모든것을 다덮음과 같음이니
지혜구름 습기품자 번갯불이 번쩍이고
우레소리 진동하니 모든사람 기뻐한다
태양빛을 가려주어 땅위에는 서늘하고
짙은구름 손닿을듯 아주낮게 드리워져
동서남북 모든땅에 고루고루 비내리되
한량없이 퍼부어서 충분하게 적셔준다

산과내와 협한골짝 모든곳에 자라나는
풀과나무 약초등의 크고작은 수목들과
모든곡식 새싹들과 사탕수수 포도등은
흠뻑비를 맞았기에 흡족하기 그지없고
마른땅도 고루젖어 약초모두 잘자란다
구름에서 내린비는 맛이오직 일미(一味)인데
모든풀과 나무들이 분수대로 흡수하고
크고작고 중간것등 상중하의 초목들도
적절하게 빨아들여 모두모두 자라나니
뿌리줄기 가지와잎 꽃과열매 모든부분
같은비를 맞았기에 좋은빛깔 나타낸다
그렇지만 특성이나 크고작은 모양따라
같은비를 맞았지만 무성함은 각각이다
큰구름이 일어나서 온세상을 두루덮듯
부처님도 이와같아 이세상에 출현하고
이세상에 오신다음 일체중생 위하여서
모든법의 참된이치 분별하여 설하노라
큰성인인 부처님은 천인들과 인간들과

많고많은 대중향해 이와같이 선언한다
'나는바로 복과지혜 함께갖춘 여래로서
큰구름이 일어나듯 이세상에 출현하여
말라있는 일체중생 흡족하게 적셔주어
괴로움을 모두떠나 안온하기 그지없는
세간락(世間樂)과 열반락(涅槃樂)을 함께얻게 하느니라
천인들과 인간들은 모두다들 여기와서
무상존(無上尊)을 친견하고 일심으로 경청하라
나는바로 세존(世尊)이요 더존귀한 이는없다
모든중생 편케하려 이세상에 출현하여
대중위해 맑디맑은 감로법문 설하노라
그법문은 오직한맛 해탈열반 법문이니
하나같은 묘음(妙音)으로 이법문을 널리설해
대승법을 펼수있는 인(因)과연(緣)을 짓느니라'
나에게는 모든중생 한결같이 평등하여
이것저것 나누거나 곱고미운 마음없고
탐착하는 생각이나 걸림또한 없느니라
항상모든 중생위해 평등하게 설법하되

한사람과 뭇대중을 다름없이 대하면서
한결같이 설법할뿐 다른일을 한적없고
피곤함을 잊은채로 가고오고 앉고서며
모든세간 남김없이 충족시켜 주었나니
온세상을 비가고루 적셔주는 것과같다
귀인천인 높고낮음 지계파계 가림없고
예법격식 갖췄거나 예법격식 못갖춘이
바른사람 삿된사람 총명한이 둔한사람
모두에게 법의비를 평등하게 내려주되
게으름을 부릴줄도 지칠줄도 몰랐노라
온세계의 모든중생 내법문을 듣고나면
능력따라 받아익혀 여러경지 머무노라
인간들과 천인들과 전륜성왕 제석천왕
범천왕이 되는이는 바로작은 약초이고
번뇌없는 청정한법 깨달아서 열반얻고
육신통을 일으키고 삼명(三明)모두 얻는이와
산림속에 머무르며 홀로선정 행하여서
연각경지 이루는이 바로중간 약초이고

나도성불 하겠다며 선정닦고 정진하여
부처경지 구하는이 바로상품 약초로다
또한여러 불자들이 마음다해 불도닦고
자비행을 늘행하며 틀림없이 성불함을
의심없이 아는이는 바로작은 나무이고
신통능히 부리면서 불퇴전의 법륜굴려
한량없는 백천만억 중생들을 제도하는
대자재한 보살들은 큰나무라 하느니라
부처설법 평등함은 마치한맛 비갈지만
중생들이 받는바는 성품따라 다르나니
여러초목 비를달리 흡수함과 같으니라
부처님은 방편써서 여러가지 비유들과
여러가지 이야기로 한가지법 설하지만
佛智慧
불지혜로 비춰볼때 이비유와 설법들은
큰바닷속 한방울의 물과다름 없느니라
내가이제 법비내려 세간두루 적셨으되
중생들이 일미의법 능력따라 수행함은
저숲속의 풀과약초 크고작은 나무들이

자기들의 근기따라 자라남과 같으니라
제불들은 어느때나 일미의법 가지고서
모든세간 중생에게 골고루다 들려준뒤
차츰차츰 행을닦아 도과(道果)얻게 하느니라
성문이나 연각들이 산림속에 있으면서
법을듣고 과(果)얻는것 최후몸(最後身)을 삼는다면
이는마치 약초들의 자라남과 같음이요
만일모든 보살들이 그견고한 지혜로써
삼계이치 밝게알고 최상승법(最上乘法) 구한다면
이는마치 작은나무 자라남과 같음이며
어떤사람 선정닦아 신통력을 지니고서
제법공(諸法空)의 설법듣고 한량없이 기뻐하며
다함없는 광명놓아 중생들을 제도하면
이는마치 큰나무의 자라남과 같으니라
이와같다 가섭이여 부처님이 설하신법
비유하면 큰구름이 한가지맛 비를내려
사람꽃을 적시어서 열매맺게 함이로다
가섭이여 잘알아라 여러가지 인연들과

가지가지 비유로써 불도(佛道)열어 보이는것
이는나의 방편이자 제불들의 방편이다
내가이제 너희위해 참다운법 설하노니
아직까지 참된멸도(滅度) 얻지못한 성문들이
진정으로 행할바는 이보살도(菩薩道) 뿐일러니
점점배워 다닦으면 모두가다 성불한다

〈제5 약초유품 끝〉

제6 수기품
第六 授記品

세존께서는 게송을 설하신 뒤 대중들에게 이르셨다.

“나의 제자 마하가섭은 미래세에 3백만억 부처님들을 받들어 모시고 공양하고 공경하고 존중하고 찬탄하면서, 그 부처님들의 크고도 한량없는 법을 널리 편 다음 최후의 몸〔最後身(최후신)〕으로 성불하나니, 이름은 광명(光明)여래·응공·정변지·명행족·선서·세간해·무상사·조어장부·천인사·불세존이요, 나라 이름은 광덕(光德)이며, 겁의 이름은 대장엄(大莊嚴)이니라. 광명여래의 수명은 12소겁이요, 정법(正法)이 세상에 머무름은 20소겁이며, 상법(像法) 또한 20소겁 동안 머무느니라.

그 나라는 장엄하게 꾸며져 기와나 돌조각·가시·똥오줌 등의 더러운 것들이 없으며, 땅은 평평하고 반듯하여 높고 낮은 구렁이나 언덕이 없느니라. 또 유리로 된 땅에 보배나무가 줄지어 서 있고, 길가는 황금줄로 장식되어 있으며, 온갖 보배로운 꽃들을 뿌려 주변을 늘 청정하게 하느니라.

그 나라에는 보살의 수가 천억이요, 성문들 또한 무수히 많으며, 마(魔)의 장난이 없나니, 비록 마왕이나 마의 무리가 있다 하더라도 모두가 불법을 수호하느니라."

세존께서는 이 뜻을 거듭 밝히고자 게송으로 이르셨다.

비구들아 이르노니 부처님의 눈으로써
대가섭을 살펴보니 무수한겁 지낸뒤의
다가오는 세상에서 성불하게 됨이로다
대가섭은 미래세에 삼백만억 부처님을

친견하고 받들면서 지극정성 공양하되
부처지혜 얻기위해 청정하게 수행하며
세상에서 가장높은 양족존께 공양하고
위가없는 높은지혜 한결같이 닦고익혀
마침내는 그몸으로 광명여래 되느니라
그나라는 맑디맑은 유리로써 땅이되고
여러가지 보배나무 도로옆에 즐비하며
황금줄로 길가둘러 보는이들 기뻐하며
향기좋은 여러꽃을 항상흩어 뿌리옵고
기묘하고 아름다운 보배로써 꾸몄으며
땅이모두 평평하여 언덕구렁 없느니라
그수효를 알수없는 많고많은 보살들은
마음들이 부드럽고 큰신통을 얻게되며
부처님과 대승경전 잘받들어 지니노라
대법왕의 아들로서 번뇌없는 몸을얻은
성문들의 수효또한 헤아릴수 없이많아
천안으로 볼지라도 능히세지 못하니라
광명여래 누릴수명 십이소겁 능히되며

바른법은 그세상에 이십소겁 머무르고
상법또한 그세상에 이십소겁 머무르니
가섭후신 광명불(光明佛)의 세상일이 이같노라

이때, 대목건련과 수보리와 마하가전연 등이 매우 송구스러워하면서 일심으로 합장하여 잠시도 눈을 떼지 않고 부처님을 우러러 보았다. 그리고 각자 목소리를 맞추어 게송으로 아뢰었다.

용맹하신 대웅세존 석가족의 법왕이여
불쌍하게 여기시어 말씀내려 주옵소서
저희마음 아시고서 수기하여 주신다면
감로수로 열을식혀 청량얻음 같으리다
이는마치 흉년이든 나라에서 온사람이
왕이먹는 좋은음식 한상가득 얻었으나
의심하고 두려워해 감히먹지 못하다가
먹으라는 왕의분부 받은다음 먹게되듯

저희또한 그와같아 소승속에 있으면서
그허물만 생각할뿐 부처님의 높은지혜
어찌해야 얻는지를 전혀알지 못합니다
'너희들도 성불한다' 세존말씀 하셨어도
마음에는 근심의심 오히려더 생겨나서
왕의음식 감히먹지 못하듯이 되었으니
만일수기 주신다면 이내편안 하오리다
온세상을 편케하는 용맹하신 세존이여
원하오니 저희에게 수기내려 주옵소서
주린이가 먹으라는 분부듣듯 하오리다

그때 세존께서 큰 제자들의 속 생각을 아시고 비구들에게 이르셨다.

"수보리는 미래세에 3백만억 나유타(那由他)에 이르는 부처님들을 받들어 모시고 공양하고 공경하고 존중하고 찬탄하면서 늘 청정하게 수행하여 보살도를 모두 갖춘 다음 최후의 몸으로 성불하나니 이름은 명상(名相)여래·응공·정변지·

명행족 · 선서 · 세간해 · 무상사 · 조어장부 · 천인사 · 불세존이요, 겁의 이름은 유보(有寶)이며, 나라의 이름은 보생(寶生)이니라.

평평하고 반듯하며 파리로 된 그 나라의 땅은 보배 나무로 장식되어 있고, 언덕이나 구렁 · 모래 · 자갈 · 가시덤불 · 똥오줌 등의 더러운 것들이 없으며, 귀한 꽃들이 땅을 덮고 있어 주변은 늘 청정하고, 그 나라 백성들은 모두 훌륭한 집과 아름다운 누각에서 사느니라.

성문 제자의 수는 무량무변하여 셈이나 비유로는 알 수가 없으며, 보살들 또한 천만억 나유타에 이르느니라. 명상여래의 수명은 12소겁이요, 정법과 상법이 이 세상에 머무름은 각각 20소겁이니라. 그 부처님은 늘 허공에 머무르면서 대중들에게 설법하여 한량없는 보살과 성문들을 해탈케 하느니라."

세존께서는 이 뜻을 거듭 밝히고자 게송으로 이르셨다.

여러 모든 비구들아 너희에게 이르노니
한마음을 기울여서 나의 말을 잘 들으라
수보리는 성불하면 명상(名相)이라 이름한다
한량없는 만억부처 친견하여 공양하고
부처님들 따르면서 점점 큰 도 이루다가
마지막의 몸을 받아 삼십이상 다 갖추니
단정하고 미묘하기 보배로운 산과 같다
명상여래 불국토는 장엄하고 깨끗하여
이를 보는 사람마다 사랑하고 기뻐하며
부처님은 그곳에서 무량중생 제도한다
명상여래 법 속에는 보살들이 가득한데
모두 근기 영리하고 불퇴전의 법륜 굴려
그 나라를 장엄하고 빛이 나게 하느니라
셀 수 없이 많고 많은 여러 성문 무리들은
하나같이 삼명(三明) 얻고 육신통을 갖추었고
팔해탈(八解脫)에 머무르며 큰 위덕을 발하노라
명상여래 설법하며 나타내는 신통변화
한량없고 가이없어 불가사의 하옵기에

항하모래 같이많은 천인들과 사람들이
모두함께 합장하고 그설법을 듣느니라
명상여래 누릴수명 십이소겁 능히되고
바른정법 그세상에 이십소겁 머무르며
정법뒤의 상법또한 이십소겁 머무니라

세존께서는 다시 비구들에게 이르셨다.

"내 너희에게 이르노라. 마하가전연은 미래세에 갖가지 공양물로 8천억이나 되는 부처님들을 받들어 섬기고 공양하고 공경하고 존중하느니라. 그리고 그 부처님들이 멸도하신 뒤에는 금·은·유리·자거·마노·진주·매괴 등의 칠보로, 높이 천 유순, 둘레 5백 유순인 탑을 세워, 꽃과 영락과 바르는 향과 가루 향과 사르는 향과 천개(天蓋)와 깃발 등으로 공양을 하느니라.

이 불사를 마친 뒤에는 다시 탑에 공양을 한 것과 같이 2만억이나 되는 부처님들을 공양하고, 이를 다한 뒤에 보살도를 완전히 갖추어 성불하리니, 이름은 염부나제금광(閻浮那提金光)여래·응공·정변지·명행족·선서·세간해·무상사·조어장부·천인사·불세존이니라.

평평하고 반듯하며 파리로 된 그 나라의 땅에는 보배 나무가 줄지어 서있고, 길가는 황금줄로 장식되어 있으며, 늘 묘한 꽃들이 땅을 덮고 한없이 청정하여, 보는 이마다 기뻐하느니라.

사악도(四惡道)인 지옥·아귀·축생·아수라가 없고 천인들과 인간들이 많으며, 한량없는 성문들과 보살들이 그 국토를 빛내느니라. 그 부처님의 수명은 12소겁이요, 정법과 상법은 각각 20소겁 동안 세상에 머무느니라."

세존께서는 이 뜻을 거듭 밝히고자 게송으로 이르셨다.

비구들아　모름지기　일심으로　들을지니

내가설한 모든법문 진실하고 틀림없다
큰비구인 가전연은 여러좋은 공양물로
많고많은 부처님께 공양하게 될것이요
부처님들 멸도한뒤 칠보탑을 건립하여
아름다운 꽃과향을 불사리에 공양하고
마지막의 몸으로써 부처님의 지혜얻어
가장높고 평등하온 등정각(等正覺)을 이루니라
청정국토 그곳에서 만억중생 제도하고
시방중생 모두에게 많은공양 받게되니
그부처님 밝은광명 누가감히 능가하랴
그리하여 이름까지 염부금광(閻浮金光) 이라하며
일체미혹 모두끊은 보살들과 성문들이
셀수없이 많고많아 그나라를 빛내노라

그때 세존께서 다시 대중들에게 이르셨다.

"내 너희들에게 이르노니, 마하목건련은 미래세에 갖가지 공양물로 8천 부처님들을 공양하고 공경하고 존중하느니라. 그리고 그 부처님들이 멸도하면 금·은·유리·자거·마노·진주·매괴 등의 칠보로 높이 천 유순, 둘레 5백 유순의 탑을 세워, 갖가지 꽃과 영락과 바르는 향과 가루 향과 사르는 향과 천개·깃발 등으로 공양하느니라.

이 불사를 마친 뒤에는 2백만억이나 되는 부처님들을 탑에 공양하는 것과 같이 공양한 뒤에 성불하리니, 이름은 다마라발전단향(多摩羅跋栴檀香)여래·응공·정변지·명행족·선서·세간해·무상사·조어장부·천인사·불세존이요, 겁의 이름은 희만(喜滿), 나라의 이름은 의락(意樂)이니라.

평평하고 반듯하며 파리로 된 그 나라의 땅은 보배 나무가 줄지어 서 있고, 진주화(眞珠華)가 땅에 뿌려져 있으며, 한없이 청정하여 보는 이마다 기뻐하느니라. 그 나라에는 천인과 인간이 매우 많고 보살과 성문들 또한 한량이 없느니라. 그 부처님의 수명은 24소겁이요, 정법과 상법은 각각 40소겁 동안 세상에 머무느니라."

세존께서는 이 뜻을 거듭 밝히고자 게송으로 이르셨다.

나의제자 목건련은 이번생을 마친뒤에
팔천불(八千佛)과 이백만억 부처님을 친견하여
무상불도(無上佛道) 얻기위해 공양하고 공경하며
부처님들 계신데서 청정하게 수행하고
한량없는 세월동안 부처님법 받드노라
부처님들 열반하면 칠보탑을 세우나니
금으로된 깃대달고 꽃과향과 기악으로
불사리탑 공양하고 보살도를 구족한뒤
부처님이 되시나니 나라이름 의락(意樂)이요
그이름은 다마라발(多摩羅跋) 전단향불(檀香佛) 이라하며
그부처님 누릴수명 이십소겁 능히된다
천인들과 사람위해 항상불도 설하시니
항하모래 만큼많은 한량없는 성문들은
육신통과 삼명(三明)갖춰 큰위덕을 구족하고
굳건하게 정진하는 많고많은 보살들은

부처지혜 구함에서 물러나지 않느니라
전단향불 열반뒤에 그세상에 머무르는
정법시기 상법시기 각각사십 소겁이다

나의여러 제자중에 위엄과덕 갖춘이는
그수효가 오백이니 한사람도 빠짐없이
모두가다 불도이뤄 부처됨을 수기한다
이제나와 너희들의 지난세상 인연들을
분명하게 설하리니 마음모아 잘들으라

〈제6 수기품 끝〉

제7 화성유품
第七 化城喩品

부처님께서 비구들에게 이르셨다.

"지나간 과거의 무량무변 불가사의한 아승지겁 전에 한 부처님이 계셨으니, 이름은 대통(大通)지승(智勝)여래 · 응공 · 정변지 · 명행족 · 선서 · 세간해 · 무상사 · 조어장부 · 천인사 · 불세존이었으며, 나라 이름은 호성(好城)이요, 겁의 이름은 대상(大相)이었느니라.

비구들아, 그 부처님께서 멸도하신 지는 매우 오래되었느니라. 예를 들어 삼천대천세계에 있는 모든 땅을 갈아 먹물로 만든 다음, 동쪽으로 1천 국토를 지나서 티끌만한 먹물 한 방울 떨어뜨리고, 또 1천 국토를 지나서 한 방울 떨어뜨리기를 먹물이 다하도록 되풀이한다고 하자. 너희는 어떻게 생각하느냐? 그 국토들의 수를 수학자나 그 제자가 능히 알 수 있겠느냐?"

"알지 못하옵니다, 세존이시여."

"비구들아, 먹물을 한 방울씩 떨어뜨렸든 떨어뜨리지 않았든, 그 사람이 지나간 국토들 모두를 다 부수어 티끌로 만든 다음 그 티끌 하나를 1겁으로 친다 해도, 대통지승불께서 멸도하신 지는 이보다 더 오래된 무량무변 백천만억 아승지겁 전이었느니라. 나는 여래지견력(如來知見力)을 가지고 있기 때문에 그와 같이 오래된 일을 오늘 일처럼 볼 수 있느니라."

세존께서 거듭 게송으로 이르셨다.

지난세상 생각하니 한량없는 겁이전에
대통지승(大通智勝) 여래라는 부처님이 계셨도다
그부처님 멸도한지 얼마만큼 지났는가
예를들면 어떤사람 삼천대천 국토속의

모든땅을 잘갈아서 많은먹을 만든다음
일천국토 지나면서 한방울씩 떨어뜨려
모든국토 전전하며 그먹물을 다쓴뒤에
먹물찍은 국토들과 찍지않은 국토들을
한데모아 부수어서 가는티끌 만든다음
한티끌을 일겁으로 다시계산 하여보라
그세월의 오래됨은 헤아릴수 없느니라
한량없고 가이없고 길고먼겁 전이지만
나는부처 지혜로써 저부처님 멸도함과
성문보살 행한일들 오늘일을 보듯한다
비구들아 알지니라 부처님의 대지혜는
미묘하고 청정하고 어디에도 걸림없어
한량없는 겁전(劫前)일도 남김없이 아느니라

부처님께서 비구들에게 이르셨다.

"대통지승불의 수명은 5백4십만억 나유타 겁이셨다. 그 부처님은 일찍이 도량에 앉아 마군(魔軍)을 이기고 아뇩다라삼먁삼보리를 얻고자 하였으나, 제불(諸佛)의 법(法)이 눈앞에 나타나지 아니하였느니라. 그리하여 1소겁에서 10소겁에 이르도록 결가부좌를 한 채 몸과 마음을 움직이지 않았으며, 그래도 제불의 법은 나타나지 않았느니라.

그러자 도리천(忉利天)의 천인들이 나서서, 그 부처님을 위해 보리수 아래에다 높이 1유순이나 되는 사자좌를 마련해 드렸느니라.

부처님께서는 '반드시 위없는 바른 깨달음을 얻으리라' 하면서 그 자리에 앉으셨고, 범천왕들은 사방으로 백유순에 이르기까지 갖가지 하늘 꽃을 비 내리듯 뿌렸느니라.

또한 향기로운 바람이 때때로 불어와 시든 꽃을 날려 보내면, 다시 싱싱한 꽃을 끊임없이 공양하기를 10소겁 동안 하였으며, 나아가 멸도하실 때까지 항상 꽃비를 내렸느니라.

사왕천(四王天)의 여러 천인들은 그 부처님을 공양하기 위해 늘 하늘 북을 울렸고, 그 밖의 천인들은 하늘의 악기로 연주하였으니, 10소겁 동안은 물론이요 멸도하실 때까지 그렇게 하였느니라.

비구들아, 대통지승불께서는 10소겁이 지나서야 제불의 법이 눈앞에 나타나 아뇩다라삼먁삼보리를 이루셨느니라.

그 부처님은 출가하시기 전에 16명의 왕자를 두었는데, 맏아들의 이름은 지적(智積)이었다. 그 왕자들에게는 저마다 진기한 장난감이 있었지만, 아버지가 아뇩다라삼먁삼보리를 얻었다는 말을 듣고는 모두들 장난감을 버리고 부처님 계신 곳으로 나아갔느니라.

그때 그들의 어머니는 울면서 전송하였고, 그들의 조부인 전륜성왕은 백 명의 대신과 백천만억의 백성들과 함께 대통지승여래의 도량으로 나아갔느니라.

그들은 대통지승여래를 친견하여 공양하고 공경하고 존중하고 찬탄하면서 머리를 숙여 발에 예배드리고 주위를 돈 다음, 일심 합장하고 세존을 우러러보며 게송으로 아뢰었느니라.

威德
위덕크신 세존께서 중생제도 하시고자
한량없는 겁을지나 부처님이 되셨으니
모든소원 이루셨네 거룩하기 끝이없네
세존매우 드물게도 십소겁이 지나도록
한자리에 앉으시어 움직이지 않으신채
고요하고 편안하고 항상맑게 계셨을뿐
그마음이 산란커나 어지럽지 아니했고
마침내는 적멸얻어 무루법에 머무시니
저희이제 성불하신 세존친히 뵈오면서
좋은이익 얻게됨에 크게환희 하나이다
중생들은 괴로움과 어둠속에 있건마는
이끌어줄 스승없어 해탈의길 모르기에
삼악도는 점점늘고 천인들은 점차줄며
어둠에서 나와다시 어둠으로 들어가니
부처님의 이름조차 영영듣지 못합니다

이제다시　청정한도　부처님이　이루시어
저희들과　천인들이　큰이익을　얻게됨에
부처님께　귀의하며　머리숙여　절합니다

16왕자는 이렇게 게송으로 부처님을 찬탄한 다음, 법륜을 굴리실 것을 간청하였느니라.

'세존께서 설법하시면 인간들과 천인들이 편안해 지옵니다. 저희들을 불쌍히 여겨 두루 이롭게 하옵소서.'

그리고는 다시 게송으로 아뢰었느니라.

복덕으로　장엄하고　무상지혜　이룩하여
무엇과도　비교못할　위대하신　분이시여
저희들과　여러중생　모두해탈　할수있게
참된법을　보이시어　지혜얻게　하시옵고
저희들과　중생들을　부처되게　하옵소서
세존께선　중생들의　깊은마음　비롯하여
행한도와　지혜력(智慧力)과　닦은복과　욕망등의

지난세상 지은업을 남김없이 다아시니
가장높은 무상법륜 필히굴려 주옵소서"

부처님께서 비구들에게 이르셨다.

"대통지승불께서 아뇩다라삼먁삼보리를 얻었을 때, 시방의 5백만억 부처님 세계는 여섯 가지로 진동하였고, 해와 달의 광명도 비치지 못했던 그 나라의 어두운 곳까지도 크게 밝아져서 그곳 중생들이 서로 볼 수 있게 되었으므로, 그들은 말했느니라.

'이곳에 어찌하여 보이지 않던 중생들이 갑자기 생겨났는가?'

또 그 국토의 모든 천궁(天宮)과 범천의 궁전들이 여섯 가지로 진동하였으며, 천상의 광명보다 훨씬 더 밝은 광명이 그 세계를 두루 비추었느니라.

그때 동방의 5백만억 모든 국토 속에 있는 범천의 궁전에 평소보다 배나 밝은 광명이 비치자, 범천왕들은 각기 생각했느니라.

'지금 궁전을 비추는 광명은 전에 없이 밝다. 어떤 인연으로 이 상서가 나타났는가?'

범천왕들은 함께 모여 이 일을 의논하였는데, 그 속에 있던 구일체(救一切)라는 대범천왕이 범천의 무리들에게 게송으로 말했느니라.

이궁전에　전에없이　밝은광명　비치나니
그인연이　무엇인지　서로함께　찾아보자
대덕천인(大德天人)　나심인가　부처님의　출현인가
이와같은　큰광명이　시방세계　비추다니

이때 동방 5백만억 국토의 범천왕들은 옷 속에 갖가지 하늘 꽃을 가득 담은 다음, 궁전을 이끌고 함께 서쪽으로 나아가 광명이 비치는 이유를 찾았느니라. 그러다가 천·용·건달바·긴나라·마후라가·인비인(人非人) 등이 보리수 아래의 사자좌에 앉아 계신 대통지승여래를 공경하면서 둘러싸고 있는 모습을 보게 되었고, 또 16왕자가 법륜을 굴리시기를 청하는 모습도 보게 되었느니라.

그 즉시 범천왕들은 부처님의 발에 머리를 숙여 예배드리고 부처님 주위를 백천 번 돈 다음, 부처님 위에 수미산(須彌山) 만큼이나 되는 하늘 꽃을 뿌렸느니라. 그리고 높이 10유순이나 되는 보리수에도 하늘 꽃을 공양한 뒤, 이끌고 온 궁전을 바치며 아뢰었느니라.

'저희를 불쌍히 여기고 두루 이롭게 하옵시는 뜻으로 이 궁전을 받아 주소서.'

범천왕들은 일심동성(一心同聲)(한마음 한목소리)으로 게송을 읊었느니라.

세존매우 희유하여 만나뵙기 어렵도다
무량공덕 갖추시어 일체능히 구호하고
천인인간 스승되어 세간중생 애민(哀愍)하니
시방세계 중생들이 큰이익을 입나이다

저희들은 오백만억 각기다른 국토에서
선정락(禪定樂)을 다버리고 공양코자 왔나이다
지난세상 복덕으로 장엄하고 이룬궁전
부처님께 바치오니 부디받아 주옵소서

범천왕들은 찬탄하고 다시 아뢰었느니라.

'바라옵건대 법륜을 굴리시어 중생들이 해탈할 수 있게 하고 열반의 길을 열어주소서.'

그리고는 일심동성으로 게송을 읊었느니라.

양족존인 세존이여 바라오니 법설하여
대자비의 힘으로써 고뇌(苦惱)중생 구하소서

그때 대통지승여래께서는 잠자코 이를 허락하셨느니라.

또한 비구들아, 동남방의 5백만억 국토에 있는 대범천왕들도 그들의 궁전에 예전에 없던 밝은 광명이 비치는 것을 보고는 크게 기뻐하고 놀라워하면서 함께 모여 이 일을 의논하였으며, 그때 대비(大悲)라는 대범천왕이 범천의 무리들에게 게송으로 말했느니라.

이일어떤 인연으로 나타나게 되었는가
모든궁전 전에없던 광명으로 가득하니
대덕천인(大德天人) 나심인가 부처님의 출현인가
일찍보지 못한상서 일심으로 원인찾되
천만억의 국토모두 다니면서 찾아보세
그어쩌면 고통받는 중생들의 해탈위해
부처님이 이세상에 출현하심 아닐는지

이때 동남방 5백만억 범천왕들은 옷 속에 갖가지 하늘 꽃을 가득 담은 다음, 각자의 궁전을 이끌고 함께 서북쪽으로 나아가 광명이 비치는 이유를 찾았느니라. 그러다가 천·용·건달바·긴나라·마후라가·인비인 등이 보리수 아래의 사자좌에 앉아 계신 대통지승여래를 공경하면서 둘러싸고 있는 모습을 보게 되었고, 또 16왕자가 법륜 굴리시기를 청하는 모습도 보게 되었느니라.

그 즉시 범천왕들은 부처님의 발에 머리를 숙여 예배드리고 부처님 주위를 백천 번 돈 다음, 부처님 위에 수미산만큼이나 되는 하늘 꽃을 뿌렸느니라. 그리고는 높이 10유순이나 되는 보리수에도 하늘 꽃을 공양한 뒤, 이끌고 온 궁전을 바치며 아뢰었느니라.

'저희들을 불쌍히 여기고 두루 이롭게 하옵시는 뜻으로 이 궁전을 받아 주소서.'

범천왕들은 일심동성으로 게송을 읊었느니라.

성주(聖主)시며 천중왕(天中王)이 가릉빈가 음성으로
중생위해 설법함에 모두경배 하옵니다
희유하기 그지없는 세존출현 언제였나
백팔십겁 지나도록 나타나지 않았기에
삼악도는 가득차고 천인줄고 있나이다

이제부처 출현하여 중생들의 눈이되니
세간모두 귀의하여 참된도를 구합니다
부디모든 중생들의 아버지가 되시어서
불쌍하게 여기시고 큰이익을 주옵소서
저희들은 여러생에 쌓고이룬 복덕분에
지금바로 여기에서 부처님을 뵙나이다

범천왕들은 찬탄하고 다시 여쭈었느니라.

'바라옵건대 세존께서는 저희 모두를 불쌍히 여기시고 법륜을 굴리시어 중생들이 해탈할 수 있게 하옵소서.'

그리고는 일심동성으로 게송을 읊었느니라.

크나크신 성인이여 대법륜을 굴리시어
모든법의 참모습을 나타내어 보이시고
고뇌중생 구제하여 환희롭게 하옵소서
이법듣는 중생들은 제도받아 천(天)에나며
삼악도는 줄어들고 착한이는 늘어나리

그때 대통지승여래께서는 잠자코 이를 허락하셨느니라.

또한 비구들아, 남방의 5백만억 국토에 있는 대범천왕들도 그들의 궁전에 예전에 없던 밝은 광명이 비치는 것을 보고는, 크게 기뻐하고 놀라워하면서 함께 모여 의논하였느니라.

'어떠한 인연으로 우리들의 궁전에 이러한 광명이 비치는가?'

이때 그들 중 묘법(妙法)이라는 대범천왕이 범천의 무리들에게 게송으로 말했느니라.

우리들의　궁전마다　대광명이　가득하니
그인연이　무엇인지　분명하게　찾아보자
지난세월　백천겁에　이런일이　없었으니
대덕천인(大德天人)　나심인가　부처님의　출현인가

이때 남방 5백만억 범천왕들은 옷자락에 갖가지 하늘 꽃을 가득 담은 다음, 각자의 궁전을 이끌고 함께 북쪽으로 나아가 광명이 비치는 이유를 찾았느니라. 그러다가, 천·용·건달바·긴나라·마후라가·인비인 등이 보리수 아래의 사자좌에 앉아 계신 대통지승여래를 공경하면서 둘러싸고 있는 모습을 보게 되었고, 또 16왕자가 법륜을 굴리시기를 청하는 모습도 보게 되었느니라.

그 즉시 범천왕들은 부처님의 발에 머리 숙여 예배드리고 부처님 주위를 백천 번 돈 다음, 부처님 위에 수미산만큼이나 되는 하늘 꽃을 뿌렸느니라. 그리고는 높이 10유순이나 되는 보리수에도 하늘 꽃을 공양한 뒤, 이끌고 온 궁전을 바치며 아뢰었느니라.

'저희들을 불쌍히 여기고 두루 이롭게 하옵시는 뜻으로 이 궁전을 받아 주소서.'

범천왕들은 일심동성으로 게송을 읊었느니라.

모든번뇌 깨뜨리신 세존뵙기 어렵나니

백삼십겁 지나서야 이제겨우 만나뵙네
기갈(飢渴)속의 중생에게 법비가득 내리시니
예전에는 보지못한 지혜지닌 분이로다
우담바라 꽃을보듯 오늘에야 뵙게되니
광명받아 더빛나는 저희들의 여러궁전
세존이여 대자비로 부디받아 주옵소서

범천왕들은 찬탄하고 다시 아뢰었느니라.

'바라옵건대 법륜을 굴리시어 모든 세간의 천인·마구니·범천·사문·바라문들로 하여금 편안함을 얻고 해탈을 얻게 하옵소서.'

그리고는 일심동성으로 게송을 읊었느니라.

가장높은 분이시여 무상법륜(無上法輪) 굴리시며
큰법고(法鼓)를 치시옵고 큰법라(法螺)를 부시면서
큰법비를 내리시어 무량중생 구하소서
저희모두 한결같이 귀의하여 청하오니
넓고깊은 음성으로 법을설해 주옵소서

그때 대통지승여래께서는 잠자코 이를 허락하셨느니라.

그리고 서남방과 하방(下方)에서도 이와 같은 일이 있었느니라.

또 상방(上方)의 5백만억 국토에 있는 대범천왕들은 그들의 궁전에 예전에 없던 밝은 광명이 비치는 것을 보고는, 크게 기뻐하고 놀라워하면서 함께 모여 의논하였느니라.

'무슨 인연으로 우리들의 궁전에 이러한 광명이 비치는가?'

이때 그들 중 시기(尸棄)라는 대범천왕이 범천의 무리들에게 게송으로 말했느니라.

지금무슨　인연으로　우리들의　궁전마다
위덕광명(威德光明)　가득하고　아름답게　변했는가
이와같이　묘한일은　듣도보도　못했나니
대덕천인　나심인가　부처님의　출현인가

이때 상방 5백만억 범천왕들은 옷자락에 갖가지 하늘 꽃을 가득 담은 다음, 각자의 궁전을 이끌고 모두 함께 아래쪽으로 나아가 광명이 비치는 이유를 찾았느니라. 그러다가 천·용·건달바·긴나라·마후라가·인비인 등이 보리수 아래의 사자좌에 앉아 계신 대통지승여래를 공경하면서 둘러싸고 있는 모습을 보게 되었고, 또 16왕자가 법륜을 굴리시기를 청하는 모습도 보게 되었느니라.

그러자 범천왕들은 부처님의 발에 머리 숙여 예배드리고 부처님 주위를 백천 번 돈 다음, 부처님 위에 수미산만큼이나 되는 하늘 꽃을 뿌렸느니라. 그리고는 높이 10유순이나 되는 보리수에도 하늘 꽃을 공양한 뒤, 이끌고 온 궁전을 바치며 아뢰었느니라.

'저희들을 불쌍히 여기고 두루 이롭게 하옵시는 뜻으로 이 궁전을 받아 주소서.'

범천왕들은 일심동성으로 게송을 읊었느니라.

거룩하신 부처님은 세상 고난 구제하고

삼계감옥 갇힌중생 부지런히 건져내며

세상에서 가장높고 모든것을 아시오니

감로문을 활짝열어 제도하여 주옵소서

한량없는 오랜세월 부처님이 없었으니

세존아니 계신동안 시방세계 캄캄하여

삼악도가 점점늘고 아수라들 성했으며

천인죽어 악도(惡道)가서 수가점점 줄어들고

부처님법 듣지못해 착한일을 아니하면

몸의힘과 지혜들이 날로감소 했나이다

죄업지은 인연으로 즐거움을 잃게되고

삿된법에 머무를뿐 선한법을 몰랐으며

부처님법 못만나니 어찌악도 면했으리

세간눈인 부처님이 이제출현 하셨도다

고통받는 여러중생 불쌍하게 여기시어

이세상에 오시어서 무상정각(無上正覺) 이루시니

저희들과 모든중생 수희찬탄(隨喜讚歎) 하옵니다

광명비춰 더욱밝게 빛이나는 저희궁전

부처님께　바치오니　부디받아　주옵소서
원하오니　이공덕이　모든것에　두루미쳐
저희들과　중생모두　성불하게　하옵소서

범천왕들은 찬탄하고 또다시 아뢰었느니라.

'바라옵건대 법륜을 굴리시어 많은 이들이 편안함을 얻고 해탈을 얻게 하옵소서.'

그리고는 다시 게송을 읊었느니라.

무상법륜　굴리시고　감로의북　울리시며
고뇌중생　제도하고　열반의길　보이소서
바라오니　저희간청　불쌍하게　여기시어
한량없는　겁을통해　닦고익힌　그법륜을
미묘하기　그지없는　음성으로　설하소서

그때 대통지승여래께서는 시방의 모든 범천왕들과 16왕자의 간청을 받으시고 곧바로 십이행(十二行)의 법륜을 세 번 굴리셨느니라〔三轉十二行(삼전십이행)〕.

이는 사문이나 바라문·천인·마구니·범천 등 세상의 어느 누구도 굴릴 수 없는 가르침이니, 이른바 고성제(苦聖諦)·고집성제(苦集聖諦)·고멸성제(苦滅聖諦)·고멸도성제(苦滅道聖諦)가 그것이니라.

또 십이인연법(十二因緣法)을 널리 설하셨느니라

'무명(無明)을 연(緣)으로 삼아 행(行)이 생기고, 행을 연으로 삼아 식(識)이 생기고, 식을 연으로 삼아 명색(名色)이 생기고, 명색을 연으로 삼아 육입(六入)이 생기고, 육입을 연으로 삼아 촉(觸)이 생기고, 촉을 연으로 삼아 수(受)가 생기고, 수를 연으로 삼아 애(愛)가 생기고, 애를 연으로 삼아 취(取)가 생기고, 취를 연으로 삼아 유(有)가 생기고, 유를 연으로 삼아 생(生)이 생기며, 생을 연으로 삼아 노사(老死)와 근심·슬픔·고통·번뇌〔憂悲苦惱〕가 생기느니라.

그러므로 무명(無明)이 없어지면 행(行)이 없어지고, 행이 없어지면 식(識)이 없어지고, 식이 없어지면 명색(明色)이 없어지고, 명색이 없어지면 육입(六入)이 없어지고, 육입이 없어지면 촉(觸)이 없어지고, 촉이 없어지면 수(受)가 없어지고, 수가 없어지면 애(愛)가 없어지고, 애가 없어지면 취(取)가 없어지고, 취가 없어지면 유(有)가 없어지고, 유가 없어지면 생(生)이 없어지며, 생이 없어지면 노사(老死)와 근심·슬픔·고통·번뇌 등이 모두 없어지느니라.'

부처님께서 천인과 사람들 가운데에서 이 법을 설하시자, 6백만억 나유타에 이르는 사람들이 온갖 세간의 법에 집착하지 않게 되어 모든 번뇌〔漏(루)〕로부터 해탈하였고, 깊고 묘한 선정의 경지와 삼명(三明)과 육신통(六神通)과 팔해탈(八解脫)을 성취하였느니라.

또 두 번째·세 번째·네 번째 설법을 하셨을 때에도 천만억 나유타만큼 많은 중생들이 온갖 세간의 법에 집착하지 않게 되어 모든 번뇌로부터 해탈하였으며, 그 후로 생겨난 성문은 이루 헤아릴 수조차 없이 많았느니라.

그때 16왕자는 동자의 몸으로 출가를 하여

사미(沙彌)가 되었는데, 그들은 모든 감각이 예리하고 지혜가 밝았으니, 일찍이 백천만억 부처님들을 공양하고 청정행을 닦으며 아뇩다라삼먁삼보리를 추구하였기 때문이니라.

16사미가 부처님께 아뢰었느니라.

'세존이시여, 이 수천만억에 이르는 덕 높은 성문들은 이미 다 성취하였나이다. 세존이시여, 이제 저희를 위하여 아뇩다라삼먁삼보리에 대한 가르침을 설하여 주소서. 저희들은 그 법 듣고 함께 힘써 수행코자 하옵니다. 세존이시여, 저희들이 여래지견(如來知見)에 뜻을 두고 있다는 것을, 저희의 마음 깊은 곳까지 꿰뚫어보고 계신 부처님께서는 잘 아실 것이옵니다.'

그때 전륜성왕이 이끌고 온 무리들 가운데 8만억의 사람이 16왕자가 출가하는 모습을 보고 그들도 출가를 하고자 하였는데, 왕은 그 자리에서 허락하였느니라.

그때 대통지승불께서는 사미들의 간청을 받

아들여, 그 후 2만 겁이 지난 다음에 사부대중에게 이 대승경전을 설하셨으니, 이름은 묘법(妙法)연화(蓮華)요, 보살을 가르치는 법이며, 모든 부처님들께서 보호하고 살피시는 경이니라.

부처님께서 이 경을 설하시자, 16사미는 아뇩다라삼먁삼보리를 이루기 위해 함께 수지독송하여 깊은 뜻을 통달하였느니라. 이렇게 16보살사미(菩薩沙彌)는 다 믿고 받아지녔으며, 성문의 무리 중에도 믿고 이해하는 이가 있기는 하였으나, 그 밖의 천만억에 이르는 중생들은 모두 의혹을 품었느니라.

부처님께서는 8천 겁 동안 이 경을 잠시도 멈추지 않고 설하셨으며, 이 경을 다 설한 뒤에는 고요한 방으로 들어가 8만4천 겁 동안 선정에 드셨느니라.

이때 16보살사미는 부처님께서 방에 들어가 조용히 선정에 머물러 계심을 알고, 각기 법좌에 올라 8만4천 겁 동안 사부대중에게 묘법연화경의 가르침을 자세하게 설명하여, 제각기 6백만억 나유타 항하사(恒河沙)(갠지스강의 모래)만큼의 중생들에게 이익과 기쁨을 주고 아뇩다라삼먁삼보리를 얻고자 하는 마음을 일으키게 하였느니라.

대통지승불께서는 8만4천 겁이 지난 뒤 삼매(三昧)에서 일어나 법좌에 편히 앉으시더니 대중들에게 이르셨느니라.

'이 16보살사미는 놀라울 정도로 모든 감각이 예리하고 지혜가 밝다. 그들은 일찍이 천만억 부처님을 공양하고 그 부처님들 밑에서 청정행을 닦았으며, 받아 지닌 부처님의 지혜를 중생들에게 열어보여서 그 속으로 들어오게 하였느니라. 그러므로 너희는 16보살을 자주 찾고 공양하여야 한다. 그 까닭이 무엇인가? 성문이든 벽지불이든 보살이든 이 16보살이 설하는 경과 법을 비방하지 않고 받아 지니게 되면, 반드시 아뇩다라삼먁삼보리와 여래의 지혜를 얻게 될 것이기 때문이니라.'"

석가모니불께서 비구들에게 이르셨다.

"16보살은 항상 묘법연화경을 즐겨 설하였으며, 그들이 교화한 수백만억 나유타 항하사 만큼의 많은 중생들은 세세생생 16보살들과 함께 하며 법을 듣고 믿고 이해하였느니라. 이 때의 인연으로 그들은 그 뒤 4백만억 부처님들을 만나 뵈었으며, 아직도 그 인연은 끝나지 않고 있느니라.

비구들아, 내 너희에게 이르노니, 저 부처님의 제자인 16사미는 모두가 이미 아뇩다라삼먁삼보리를 얻었으며, 지금 시방의 국토에서 백천만억이나 되는 보살과 성문 대중들을 이끌며 설법하고 계시느니라.

그 가운데 두 사미는 동쪽에서 성불하였으니 한 분은 환희국(歡喜國)의 아촉불(阿閦佛)이요 또 한 분은 수미정불(須彌頂佛)이며, 동남쪽에도 두 부처님이 계시니 한 분은 사자음불(師子音佛)이요 다른 한 분은 사자상불(師子相佛)이니라.

남쪽에도 두 부처님이 계시니 한 분은 허공주불(虛空住佛)이요 다른 한 분은 상멸불(常滅佛)이며, 서남쪽에도 두 부처님이 계시니 한 분은 제상불(帝相佛)이요 다른 한 분은 범상불(梵相佛)이니라.

서쪽에도 두 부처님이 계시니 한 분은 아미타불(阿彌陀佛)이요 다른 한 분은 도일체세간고뇌불(度一切世間苦惱佛)이며, 서북쪽에도 두 부처님이 계시니 한 분은 다마라발전단향신통불(多摩羅跋栴檀香神通佛)이요 다른 한 분은 수미상불(須彌相佛)이니라.

북쪽에도 두 부처님이 계시니 한 분은 운자재불(雲自在佛)이요 다른 한 분은 운자재왕불(雲自在王佛)이며, 동북쪽의 부처님은 괴일체세간포외불(壞一切世間怖畏佛)과 16번째인 바로 나 석가모니불(釋迦牟尼佛)이니, 모두가 사바세계에서 아뇩다라삼먁삼보리를 이루었느니라.

비구들아, 우리가 사미였을 때 항하사만큼 많은 중생들을 교화하였는데, 그들이 나를 따라 법을 들음은 아뇩다라삼먁삼보리를 얻기 위함이었느니라.

이 중생들 가운데 아직도 성문의 경지에 있는 이가 있어 나는 항상 아뇩다라삼먁삼보리를 이루도록 교화하는 것이니, 그들은 이 가르침을 통하여 차츰 부처님 되는 길〔佛道(불도)〕 속으로 들어서야 하느니라. 왜냐하면 여래의 지혜는 믿기 어렵고 알기 어렵기 때문이니라.

그때 교화했던 항하사만큼 많은 중생들이란 너희 모든 비구들과 내가 멸도(滅度)(열반)한 뒤의 미래 세상에 있을 성문 제자들이니라.

내가 멸도한 뒤 어떤 제자들은 이 경을 듣지도 못하고 보살이 행하는 바를 알지도 깨닫지도 못하였건만, '나 스스로 얻은 공덕으로 멸도를 얻었다' 생각하고는 열반에 들 것이다. 그러나 내가 다른 국토에서 다른 이름으로 성불을 할 때, '멸도를 얻었다' 생각하며 열반에 들었던 그는 내가 있는 국토에 다시 태어나 부처의 지혜를 구하면서 이 경을 듣게 되느니라.

오직 일불승(一佛乘)이라야 참된 멸도(滅度)를 얻을 수 있을 뿐 다른 가르침〔乘〕은 없나니, 모든 여래께서 방편으로 설한 성문승과 연각승도 제외되느니라.

비구들아, 만일 여래가 열반에 들 때가 가까워지면 대중들 또한 청정하고 믿음과 앎이 견실해지며, 모든 것이 공(空)함을 요달하여 깊은 선정을 성취하게 되나니, 여래는 이를 알고 곧 성문과 보살들을 모아 이 경을 설하느니라.

이 세간에서 이승(二乘)으로는 멸도(滅度)를 할 수가 없다. 오직 일불승이라야 멸도를 할 수 있느니라.

비구들아, 마땅히 알아라. 나는 중생들이 작은 법을 좋아하고 오욕에 깊이 집착하는 성품을 꿰뚫어 보았기에 방편으로 열반을 설한 것이니, 나의 이 말을 듣고는 곧바로 믿고 받아들여야 하느니라. 비유를 들리라.

④ 화성유化城喩

5백유순이나 되는 아주 험난하고 사람마저

살지 않아 두렵기 그지없는 나쁜 길이 있는데, 사람들이 보물이 있는 곳으로 가기 위해 그 길을 지나가려 하였느니라.

그때 그들 가운데 한 길잡이〔導師(도사)〕가 있었으니, 총명한 지혜로 이 험난한 길의 통하고 막혀 있는 형세를 환히 알고 있었기에, 무리들을 이끌고 그 무서운 곳을 지나가게 되었느니라. 그러나 중도에 피곤함과 게으름이 생겨난 이들이 길잡이에게 말했느니라.

'우리는 몹시 피곤한 데다가 무서워서 더 이상 갈 수가 없습니다. 더욱이 앞으로 가야 할 길도 너무 멉니다. 그만 돌아가도록 합시다.'

이에 갖가지 방편을 지니고 있었던 길잡이는 생각했느니라.

'이 사람들은 참 불쌍하구나. 어찌하여 크고도 진귀한 보물을 포기하고 돌아가려 하는가?'

그리고는 방편의 힘으로 그 험한 길의 3백 유순 되는 지점에 신통력으로 화성(化城) 하나를 만든 다음 무리들에게 말했느니라.

'여러분, 두려워하지 마십시오. 그리고 돌아갈 생각도 하지 마십시오. 여기 큰 성이 있으니 들어가서 마음대로 지내십시오. 이 성에 들어가면 안온함을 얻을 수 있을 것입니다. 그리고 앞으로 더 나아가면 보물이 있는 곳에 다다를 수 있습니다.'

지쳐 있던 무리들은 크게 기뻐하면서 일찍이 없던 일이라 찬탄하며 말했느니라.

'이제 이 험한 길을 벗어나 편안함을 얻게 되었도다.'

그리고는 눈앞에 있는 화성으로 들어가서, 이미 험한 길을 다 벗어난 듯이 편안하게 쉬었느니라.

그 뒤 길잡이는 무리들이 휴식을 취하여 피곤함이 없어진 것을 알고는 화성을 없애 버리고 무리들에게 말했느니라.

'여러분, 이제 떠납시다. 보물 있는 곳이 가

깝습니다. 그리고 앞서 있던 큰 성은 그대들을 쉬도록 하기 위해 내가 신통력으로 만든 것이었소.'

비구들아, 여래 또한 이와 같이, 너희를 인도하는 대도사(大導師)이니라. 여래는 모든 생사 번뇌와 악도(惡道)가 험난하고 매우 긴 것을 알고 있고, 응당 떠나야 할 것과 건너야 할 방법을 잘 알고 있느니라.

그러나 부처님을 보지도 가까이 하지도 않은 중생이 일불승의 가르침만을 듣는다면, 이렇게 생각할 것이다.

'부처가 되는 길은 멀고도 멀다. 오랫동안 부지런히 고행을 한 뒤에야 성불할 수 있다.'

부처님은 중생의 마음이 약하고 겁이 많고 용렬하다는 것을 알기 때문에, 중도에 쉬게 하기 위해 방편력으로 두 가지 열반을 설한 것이니라.

그러나 중생들이 이 성문과 연각의 경지에 안주(安住)하면 여래는 곧 다시 설하느니라.

'너희는 아직 할 바를 다하지 못하였다. 너희가 머물고 있는 경지는 부처님의 지혜에 가까운 경지일 뿐이다. 너희가 얻은 열반을 잘 관찰하고 헤아려 보아라. 그것은 진실한 열반이 아니다. 다만 여래가 방편력으로 일불승을 분별하여 삼승으로 설한 것이니라.'

이는 마치 저 길잡이가 무리들을 쉬게 하기 위해 신통력으로 큰 성을 만들었다가, 충분히 쉬었음을 알고는 '보물이 있는 곳이 가깝습니다. 그리고 이 성은 진짜가 아니라 내가 신통력으로 만든 것이었소'라고 말하는 것과 같으니라."

세존께서 거듭 게송으로 이르셨다.

도량에서　십겁동안　정좌하고　계셨으나
제불들이　깨달으신　위없는법　보지못해

대통지승 부처님은 성불하지 못했도다
그렇지만 여러천인 꽃비내려 공양하고
북을치고 온갖악기 계속연주 하였으며
향기로운 바람불어 시든꽃을 쓸어가면
싱싱하고 새로운꽃 다시가득 뿌렸도다
십소겁을 지난뒤에 부처님이 되었으니
인간천인 모두가다 크게기뻐 하였도다
천만억의 권속들에 둘러싸인 십육왕자
아버지인 대통지승 부처님을 찾아가서
법륜굴려 주시기를 간절하게 청하였다
'성자시여 법비내려 두루적셔 주옵소서
오랜세월 지나야만 한번오는 부처님은
뵙기매우 어렵나니 법문크게 설하시어
모두에게 깨달음과 큰이익을 주옵소서'
그때동쪽 오백만억 국토속의 범천궁(梵天宮)에
매우밝은 빛비치니 전에없던 일이었다
여러범천 이를보고 부처님께 찾아와서
하늘꽃을 공양하고 좋은궁전 바치면서

부디법륜 굴리시길 게송으로 청했으나
때아님을 아시고서 묵묵하게 계시거늘
서남북쪽 사유상하 온세상의 범천들도
꽃과궁전 공양하며 위없는법 청하였다
'세존뵙기 어렵나니 대자비를 발하시어
감로문(甘露門)을 활짝열어 무상법륜(無上法輪) 굴리소서'
무량지혜 세존께서 간절한청 받아들여
사제법과 십이인연 등의법문 설하시며
무명(無明)에서 노사(老死)까지 인연따라 생겨나고
이로인해 허물재난 일어남을 깨우쳤다
이첫법문 설하실때 육백만억 많은중생
모든고(苦)를 다여의고 아라한이 되었으며
두번째의 설법에도 천만억의 무리들이
세간집착 모두떠나 아라한을 이루었고
그뒤에도 아라한도(道) 얻은이가 무량하니
만억겁을 헤아려도 다셀수가 없느니라
바로이때 십육왕자 출가하여 사미된뒤
부처님께 청했도다 '대승법을 설하시어

저희들과 이권속들 모두가다 성불하여
제일가는 밝은혜안 얻게하여 주옵소서'
왕자들의 그마음과 지난세상 행한일을
다아시는 부처님은 한량없는 인연들과
많고많은 비유로써 육바라밀 설하시고
여러가지 신통력을 나타내어 보이시며
참된법과 보살들이 행할도를 분별하사
恒河沙數
항하사수 게송으로 법화경을 설하셨다
대통지승 부처님은 법화경을 다설한뒤
고요한방 들어가서 깊은선정 드셨는데
팔만사천 겁동안을 한자리에 계셨나니
십육사미 부처님이 깊은선정 드심알고
한량없는 중생위해 무상지혜 설하고자
법좌위에 각각올라 법화경을 설했노라
대통지승 여래께서 멸도하고 난뒤에도
한분한분 사미들이 법을펴서 교화하여
육백만억 항하모래 숫자만큼 많은중생
모두제도 하였나니 이때법을 들은이는

여러많은 불국토에 스승따라 함께났다
불도(佛道)모두 구족하고 실천을한 십육사미
지금시방 세계에서 부처되어 계시나니
그때법문 들은이들 십육부처 계신데서
성문으로 있으므로 그들차츰 교화하여
가장높은 깨달음을 성취하게 하느니라
나도십육 왕자일때 너희에게 방편써서
인도했던 인연있어 법화경을 지금설해
불지혜에 들게하니 놀라지들 말지니라
비유하면 인적없고 맹수많고 물도없고
풀도없어 그지없이 두렵고도 험한길을
많고많은 천만중생 지나가려 하건마는
거친그길 매우멀어 오백유순 이나된다
바로그때 많이알고 지혜밝은 길잡이가
명료하게 판단하여 길안내를 하였건만
두려움과 피곤함에 지친이들 말했노라
'지금우리 너무지쳐 돌아가고 싶습니다'
길잡이는 생각했다 '이사람들 딱하게도

아주귀한 보물두고 돌아가려 하는건가
내가지금 방편으로 신통력을 베풀어서
큰성곽을 만든다음 여러집을 장엄하고
주위에는 동산숲과 하천연못 다갖추며
이중문에 높은누각 장엄하게 만들어서
많은남녀 편안하게 모여살수 있게하자'
곧이어서 환술부려 그와같이 만든다음
지쳐있는 무리향해 위로하며 말했노라
'이성안에 들어가서 마음대로 즐기시오'
모든사람 성에들어 큰기쁨을 느끼면서
'고난모두 벗었다'며 안온함을 즐겼으며
피곤함이 사라지자 길잡이는 말했노라
'이제다시 떠납시다 이건바로 화성(化城)이니
여러분이 너무지쳐 중도포기 하려함에
방편력을 베풀어서 잠시만든 성이라오
부지런히 전진하면 보배땅에 이르리다'
나도또한 이와같아 모든이의 도사(導師)되어
구도자들 중도에서 게으르고 해이해져

생사번뇌 험한길을 벗어나지 못함보고
휴식주려 방편으로 열반법을 설했더니
너희들은 '고통멸해 일다했다' 하더구나
그렇지만 그열반은 아라한과(阿羅漢果) 이름이니
이제대중 모두모아 진실한법 설하노라
'부처님들 방편으로 삼승법을 말하지만
탈수레는 오직하나 일불승(一佛乘)만 있느니라
쉴수있게 하기위해 이승(二乘)설한 것뿐이니
너희들이 얻은것은 참멸도가 아니니라
부처님의 일체지혜 모두얻어 가지려면
해태심을 내지말고 부지런히 정진하라
부처님의 일체지(一切智)와 십력(十力)등의 불법얻고
삼십이상 갖추어야 참멸도라 하느니라'
도사이신 부처님은 열반설해 휴식주고
휴식끝난 다음에는 불지혜로 인도한다

〈제7 화성유품 끝〉

묘법연화경 제4권

제8 오백제자수기품
第八 五百弟子授記品

그때 부루나미다라니자(富樓那彌多羅尼子)는 부처님께서 지혜의 방편으로 근기에 따라 법문을 설하신다는 것을 들었고, 장차 큰 제자들이 아뇩다라삼먁삼보리를 얻을 것이라고 수기하는 것을 들었으며, 부처님들께 자유자재한 신통력이 있다는 말씀을 듣고 마음이 매우 맑아졌으며 이루 말할 수 없는 기쁨을 느꼈다.

그는 자리에서 일어나 부처님 앞으로 나아가 머리를 부처님의 발에 대어 예배를 드린 다음, 한쪽에 물러나 잠시도 눈을 떼지 않고 존안을 우러러보며 생각하였다.

'부처님은 매우 거룩하고 특별하신 분으로,

세간 중생들의 다양한 성품에 수순하고 방편과 지혜로써 설법을 하여 중생들이 여러 가지 탐착(貪着)을 뿌리 뽑아 주시나니, 이러한 부처님의 공덕을 어찌 말로 다 표현하랴. 오직 세존만은 우리 깊은 마음속의 본원(本願)을 능히 아시리라.'

그때 부처님께서 비구들에게 이르셨다.

"너희들은 이 부루나미다라니자를 보고 있느냐? 나는 항상 그를 일러 '설법하는 사람 가운데 제일'이라 칭찬하였고, 그가 지닌 여러 가지 공덕을 칭찬하였다. 그는 부지런히 정진하면서 내 법을 지키고 보호하고 널리 폈느니라. 곧, 사부대중을 가르쳐 이롭고 기쁘게 하였으며, 부처님의 정법을 잘 해석하여 함께 수행하는 이들을 크게 이롭게 하였으니, 여래를 제외하고는 그의 설법하는 능력을 당할 자가 없느니라.

너희들은 부루나가 단지 내 법만을 지키고 보호하고 널리 편다고 생각하지 말라. 그는 과거세에도 90억 부처님의 처소에서 그 부처님들의 정법을 지키고 보호하고 널리 폈으며, 그 당시에도 역시 설법하는 사람 가운데 제일이었느니라.

또 부처님들이 설하신 공법(空法)을 명료하게 통달하였으며, 사무애지(四無礙智)를 얻어서 늘 한 점의 의혹 없이 자세하고도 청정하게 설법하였느니라. 그리고 보살의 신통력을 다 갖추어 목숨이 다하도록 청정하게 수행을 하였으므로, 부처님과 사람들은 그를 일러 '진실한 성문〔實是聲聞〕'이라 하였느니라.

부루나는 진실한 성문다운 방편으로 수백 수천 무량 중생들을 이롭게 하였고, 한량없는 중생들을 교화하여 아뇩다라삼먁삼보리를 발하게 하였으며, 불국토를 정화하고자 늘 불사(佛事)를 행하고 중생을 교화하였느니라.

비구들아, 부루나는 과거 칠불(七佛) 당시에도 설법하는 사람 가운데 제일이었고, 지금 내 처소에서도 설법하는 사람 가운데 제일이며, 이 현(賢)

겁(劫) 중에 앞으로 나타나실 제불들 밑에서도 설법하는 사람 가운데 제일이 되어, 부처님들의 법을 지키고 보호하고 널리 펼 것이니라.

또한 현겁 이후 미래세의 무량무변한 부처님들의 법을 지키고 보호하고 널리 펴서 수많은 중생을 이롭게 하고 아뇩다라삼먁삼보리를 발하게 할 것이며, 불국토를 정화하고자 늘 부지런히 정진하고 중생들을 교화할 것이니라.

이렇게 점차 보살도를 갖추어서 무량아승지겁이 지난 뒤에 이 땅에서 아뇩다라삼먁삼보리를 얻게 되나니, 이름은 법명(法明)여래 · 응공 · 정변지 · 명행족 · 선서 · 세간해 · 무상사 · 조어장부 · 천인사 · 불세존이니라.

법명여래는 항하사만큼 많은 삼천대천세계를 하나로 만들어 자신의 국토로 삼나니, 칠보로 이루어진 땅은 평탄하기가 손바닥 같아서 산과 언덕과 계곡과 구릉이 없느니라. 그곳에는 칠보로 꾸민 누각이 가득 차 있고, 천궁(天宮)

들이 가까이에 있어 인간과 천인들이 서로 바라보거나 사귈 수 있으며, 악도(惡道)가 없고 여인 또한 없으며, 중생들은 의지하는 바 없이 홀연히 화생(化生)을 하기 때문에 음욕이 없느니라. 또 큰 신통을 얻어 몸에서 광명이 나고 자유롭게 날아다니며, 뜻과 생각이 견고하고, 지혜롭게 정진하여 모두가 금빛 몸에 삼십이상을 스스로 갖추게 되느니라.

그 나라 중생들은 두 가지 음식으로 살아가나니, 하나는 법희식(法喜食)이요 다른 하나는 선열식(禪悅食)이니라. 또 한량없는 천만억 나유타에 이르는 보살들은 큰 신통과 사무애지를 얻어서 중생들을 잘 교화하며, 헤아릴 수 없이 많은 성문 모두는 삼명(三明)과 육신통(六神通)과 팔해탈(八解脫)을 갖추게 되나니, 그 불국토는 이와 같은 한량없는 공덕으로 장엄하게 이루어져 있느니라.

겁의 이름은 보명(寶明)이요, 나라의 이름은 선정(善淨)이며, 부처님의 수명은 무량아승지겁이요, 정법과 상법도 매우 오래 머무느니라. 그리고 그 부처님이 멸도하신 뒤에는 칠보탑이 온 나라에 가득 찰 만큼 많이 세워지게 되느니라."

세존께서는 거듭 게송으로 이르셨다.

비구들아 잘들어라 불자들이 널리펴고
터득하는 방편들은 가히알기 어렵노라
작은법을 좋아하는 어리석은 중생들이
큰지혜를 두려워함 이미아는 보살들은
성문이나 연각되어 한량없는 방편으로
중생들을 교화하되 '나는진짜 성문이요
매우깊은 불도와는 실로멀다' 말하면서
중생들과 함께하여 모두도를 얻게하되
게으름에 빠져있고 작은법을 즐기는이
장차성불 할수있게 격려하고 인도한다
안으로는 은밀하게 보살행을 닦으면서
밖으로는 성문모습 나타내어 행세하니
욕망적고 나고죽음 싫어하는 듯하지만

실제로는 불국토를 정화하는 보살이라

탐진치의 삼독있음 중생에게 보여주고

삿된소견 물든모습 주저없이 보여준다

이와같은 방편으로 중생들을 제도하니

내제자들 나타낸것 그모두가 화현이다

그렇지만 사실대로 중생에게 말을하면

마음가득 의혹품어 믿을이가 없느니라

부루나는 과거천억 부처님을 섬기면서

부지런히 도닦으며 부처님법 잘지켰고

법받들어 널리펴며 무상지혜 구했기에

제불들의 계신데서 상수제자 되었도다

多聞

다문에다 지혜있어 환희롭게 설법하면

중생들이 기뻐하고 일찍없던 일이라며

佛事

피곤함을 잊은채로 두루불사 도왔도다

큰신통과 사무애지 두루갖춘 부루나는

중생근기 바로알아 청정한법 늘설하고

바른뜻을 널리펴서 천억중생 가르치니

그들모두 편안하게 대승법에 머물렀고

부처님의 모든국토 맑게정화 되었도다
미래세도 많은부처 친견하고 공양하며
바른법을 보호하고 중생위해 널리펴서
부처님의 모든국토 맑게정화 함은물론
여러가지 방편으로 환희롭게 설법하여
헤아릴수 없이많은 중생들을 제도하고
부처님의 모든지혜 성취토록 할것이다
그뒤에도 부루나는 모든여래 공양하고
법보장(法寶藏)을 지키다가 마침내는 성불하니
그이름은 법명(法明)이요 겁의이름 보명(寶明)이며
칠보로써 잘꾸며진 나라이름 선정(善淨)이다
보살대중 매우많아 나라안에 가득한데
모두다들 대신통과 위엄덕망 갖추니라
삼명(三明)에다 팔해탈과 사무애지 등을갖춘
성문들이 무수하니 이들모두 비구로다
그나라의 여러중생 음욕이미 끊어졌고
순수하게 화생(化生)하고 삼십이상 갖췄으며
법희식(法喜食)과 선열식(禪悅食)뿐 다른음식 생각없다

여인들도 없거니와 악도(惡道)또한 없음이니
지금여기 부루나는 모든공덕 갖추어서
어진성인 매우많은 청정국토 얻게된다
이런일이 한없지만 일부분만 말하노라

그때, 심자재(心自在)를 얻은 1천 2백 아라한들은 이렇게 생각하였다.

'우리들은 일찍이 경험하지 못한 환희로움을 느꼈다. 만일 세존께서 저 큰 제자들과 같이 우리들에게도 수기를 주신다면 얼마나 기쁘겠는가.'

부처님께서는 그들의 마음속 생각을 아시고 마하가섭에게 이르셨다.

"이 1천 2백 아라한들에게도 내 이제 차례대로 아뇩다라삼먁삼보리를 얻을 것이라는 수기를 주리라.

이들 가운데 나의 큰 제자인 교진여(憍陣如)비구는 앞으로 6만 2천억 부처님들을 공양한 뒤에 성불하리니, 이름은 보명(普明)여래·응공·정변지·명행족·선서·세간해·무상사·조어장부·천인사·불세존이니라.

그리고 우루빈나가섭(優樓頻螺迦葉)·가야가섭(伽耶迦葉)·나제가섭(那提迦葉)·가류다이(迦留陀夷)·우타이(優陀夷)·아누루타(阿耨樓馱)·이바다(離婆多)·겁빈나(劫賓那)·박구라(薄拘羅)·주타(周陀)·사가타(莎伽陀) 등의 5백 아라한들도 모두 아뇩다라삼먁삼보리를 얻어 다 같이 보명(普明)이라 이름하게 되느니라."

세존께서 거듭 게송으로 이르셨다.

교진여는 미래세에 무량부처 친견하고
아승지겁 지난뒤에 무상정각 이루나니
큰광명을 늘발하고 신통모두 구족함에
시방으로 이름떨쳐 모든이가 공경하고
위없는도 늘설함에 보명(普明)이라 하느니라
청정하기 그지없는 그나라의 보살들은
묘한누각 위에올라 시방국토 다니면서
가장좋은 공양들을 제불들께 바친다음

큰기쁨을 가득품고 잠깐사이 돌아오니
이와같은 신통력을 보살들은 갖고있다
보명여래 그수명은 육만겁에 이르는데
열반뒤의 정법기간 부처수명 곱절이요
상법또한 정법기간 두배가량 되느니라
부처님법 사라지면 천인인간 근심할새
범행닦은 오백비구 보명이란 이름으로
모두가다 차례대로 성불함을 수기하니
'내가멸도 하고나면 아무개가 성불하여
이세상을 교화함이 지금나와 같다'한다
그국토의 장엄함과 여러가지 신통력과
보살이나 성문능력 정법상법 머무름과
많고적은 수명들은 앞서설한 바와같다
가섭이여 자재얻은 오백명의 비구들과
그나머지 성문들도 이와같이 될것이니
여기없는 이에게는 네가전해 줄지어다

이때 부처님으로부터 수기를 받은 5백 아라

한들은 크게 기뻐하면서 자리에서 일어나 부처님 앞으로 나아갔다. 그리고는 머리를 부처님의 발에 대고 예배드린 다음, 허물을 뉘우치고 스스로를 책망하였다.

"세존이시여, 저희는 늘 '이미 완전한 멸도를 얻었다'고 생각하였는데, 지금 알고 보니 지혜 없는 자들이나 다를 바가 없었나이다. 왜냐하면 마땅히 여래의 지혜를 얻어야 하거늘, 오히려 작은 지혜에 만족하고 있었기 때문입니다. 세존이시여, 비유를 들겠습니다.

⑤ 의주유衣珠喩

어떤 이가 친한 벗의 집에 갔다가 술에 취해 누워 자게 되었는데, 갑자기 관청의 일로 멀리 가게 된 친한 벗은 값을 따질 수 없을 정도로 비싼 보주寶珠를 술취한 이의 옷 속에 매어 주고 길을 떠났습니다.

그러나 술에 취해 자고 있었던 그는 전혀 알

지 못하였고, 일어나서는 곧 유랑길에 올라 다른 나라로 갔습니다. 그는 옷과 음식을 구하기 위해 갖은 고생을 다 하였고, 조그마한 소득이 있으면 그것으로 만족하였습니다.

뒷날 친한 벗을 우연히 다시 만나게 되었을 때, 벗은 이렇게 꾸짖었습니다.

'이 못난 사람아, 어찌 옷과 음식 때문에 이 고생을 하고 있는가? 자네가 오욕(五欲)을 마음대로 즐기며 안락하게 살 수 있도록 하기 위해, 어느 해 어느 날에 아주 값비싼 보주를 자네 옷 속에 매어 두었는데, 지금도 그대로 있을 것이다. 자네가 그것을 알지 못한 채 살아남기 위해 온갖 고초를 다 겪었다니 참으로 어리석네. 이제라도 그 보주를 팔아 쓰면 원하는 것을 살 수 있고 부족함 없이 늘 풍족하게 지낼 수 있을 것일세.'

부처님께서도 이와 같으시니, 세존께서는 보

살로 계실 때 늘 저희를 교화하여 일체지(一切智)를 구하는 마음을 일으키게 하셨나이다. 그러나 저희는 완전히 잊어버리고 알지도 깨닫지도 못한 채 아라한의 도를 얻고는 스스로 멸도를 얻었다고 여겼으니, 먹고 살기 어려운 이가 조금만 얻는 바가 있어도 만족하는 것과 같았나이다.

그러나 일체지(一切智)를 구하는 서원만은 여전히 잃지 않고 있기에, 세존께서는 저희의 그 서원을 깨닫게 하고자 이렇게 말씀하셨나이다.

'비구들아, 너희가 얻은 것은 완전한 멸도가 아니다. 내 오랫동안 너희에게 부처님 되는 선근을 심게 하기 위해 방편으로 열반의 모습을 보였거늘, 너희는 그것을 얻고서 진정한 멸도를 얻었다고 생각한 것이니라.'

세존이시여, 저희는 이제서야 참다운 보살이 되어 아뇩다라삼먁삼보리를 얻으리라는 수기를 받게 되었으며, 이 인연으로 예전에 느껴보지 못한 대환희를 느끼옵니다."

저희들은 ‘가장높은 깨달음을 얻으리라’
수기주는 편안하고 따스하온 말씀듣고
이제까지 경험못한 환희심을 느끼면서
무량지혜 지니오신 부처님께 예배하고
지난시절 허물들을 모두참회 했나이다
한량없는 불보(佛寶)중에 조그마한 열반얻고
어리석은 사람처럼 만족하며 지냈으니
이는마치 가난한이 친구집을 찾았을때
큰부자인 그친구가 좋은음식 대접하고
빈궁한이 잠이들자 엄청나게 귀한보주
옷속에다 넣어준뒤 말도없이 떠나가니
그사실을 모른채로 잠에서깬 빈궁한이
이곳저곳 떠돌다가 멀리타국 이르러서
옷과음식 구하고자 온갖고초 겪었지만
더좋은것 원치않고 적게얻어 만족할뿐
옷속보주 있는줄을 전혀알지 못하다가
보배구슬 줬던친구 뒷날다시 그와만나
고생살이 책망한뒤 옷속보배 알려주니

빈궁한이 보주보고 그지없이 기뻐한뒤
재산명예 욕락들을 누리면서 지냈지요
저희또한 이같아서 세존께서 긴세월을
늘불쌍히 여기면서 한결같이 교화하여
가장높은 거룩한원 능히심어 주셨건만
저희들이 무지하여 깊은뜻을 못깨닫고
조그마한 열반얻어 이루었다 자부하며
더구하지 아니한채 만족하고 지냈는데
이제세존 저희들을 다시깨워 주신말씀
'너희들이 얻은것은 참된멸도 아니니라
가장높은 부처지혜 얻어야만 참멸도다'
그리고는 저희에게 부처됨을 수기하고
오백제자 차례대로 성불함을 듣게되니
몸과마음 환희롭고 그지없이 좋습니다

〈제8 오백제자수기품 끝〉

제9 수학무학인기품
第九 授學無學人記品

그때 아난(阿難)과 라후라(羅睺羅)는 생각하였다.

'우리도 수기를 받으면 얼마나 좋을까?'

그리고는 자리에서 일어나 부처님 앞으로 나아가 머리를 부처님의 발에 대어 예배드린 다음 아뢰었다.

"세존이시여, 저희도 자격이 있는 것은 아닌지요? 저희는 오직 부처님께만 귀의하고 있나이다. 또 일체 세간의 천인·인간·아수라들이, '아난은 늘 세존의 시자(侍者)로서 가르침을 잘 지키고 보호하고 있으며, 라후라는 세존의 아들이다'하면서 저희를 존경하고 있나이다. 부처님께서 저희에게 장차 아뇩다라삼먁삼보리를 얻으리라는 수기를 주신다면, 저희가 오랫동안 바라던 소원이 이루어지는 것이요 대중의 바람 또한 충족될 것이옵니다."

이때 아직 배울 것이 남아 있는 유학(有學)과 더 배울 것이 없는 무학(無學)의 성문 제자 2천 명도 모두 자리에서 일어나 세존 앞으로 나아갔다. 그리고는 오른쪽 어깨를 드러내고 일심으로 합장한 채 세존을 바라보면서 아난과 라후라의 소원과 같은 생각을 하며 한쪽에 서있었다.

이에 세존께서 아난에게 이르셨다.

"너는 오는 세상에 성불하리니 이름은 산해(山海)혜자재통왕(慧自在通王)여래 · 응공 · 정변지 · 명행족 · 선서 · 세간해 · 무상사 · 조어장부 · 천인사 · 불세존이니라. 마땅히 62억에 이르는 부처님들을 공양하고 그 부처님들의 가르침을 보호하고 지킨 뒤에 아뇩다라삼먁삼보리를 얻고, 20천만억 항하사만큼의 많은 보살들을 교화하여 아뇩다라삼먁삼보리를 얻게 하느니라.

그 나라의 이름은 상립승번(常立勝旛)이요, 국토는 유리로 이루어져 있어 청정하며, 겁 이름은 묘음(妙音)변만(徧滿)이니라. 그 부처님의 수명은 무량천만억 아승지겁이니, 어떤 이가 천만억 무량아승지겁 동안 헤아려도 능히 다 알 수가 없느니라. 정법은 부처님 수명의 두 배가 되는 기간 동안 세상에 머무르고, 상법은 정법의 두 배가 되는 기간 동안 세상에 머무느니라.

아난아, 이 산해혜자재통왕불은 시방의 무량천만억 항하사만큼 많은 부처님들의 찬탄과 칭송을 받게 될 것이니라."

세존께서 다시 게송으로 이르셨다.

내가이제 여기모인 대중에게 이르노니
부처님법 잘지키는 나의제자 아난다는
한량없는 부처님을 공양한뒤 정각이뤄
그이름을 산해혜자(山海慧自) 재통왕불(在通王佛) 이라하고
맑고맑은 국토이름 상립승번 이라한다

통왕불은 항하사수 많은보살 교화하고
위덕(威德)커서 시방으로 이름널리 떨치나니
한량없는 수명얻음 중생애민 결과이다
그세상의 정법기간 부처수명 곱절이요
상법기간 또한길어 정법두배 이르나니
항하모래 수와같이 무수하게 많은중생
그부처님 법속에서 성불인연 심느니라

이때 대중 가운데 있던 새로 발심한 신발의(新發意) 보살(菩薩) 8천명은 하나같이 이렇게 생각하였다.

'대보살들도 이와 같이 수기를 받는 것을 본 적이 없는데, 어떤 인연으로 많은 성문들이 이러한 수기를 받게 된 것일까?'

세존께서는 보살들의 생각을 아시고 이르셨다.

"선남자(善男子)들아, 나와 아난은 공왕불(空王佛)의 처소에서 아뇩다라삼먁삼보리심을 일으켰느니라. 그러나 아난은 항상 많이 듣는 것을 좋아하였고

나는 늘 부지런히 정진하였기 때문에, 내가 먼저 아뇩다라삼먁삼보리를 얻게 되었고 아난은 나의 법을 지키고 보호하게 된 것이다. 아난은 미래에도 많은 부처님들의 법을 지키고 보호하면서 수많은 보살들을 교화하여 성취시키나니, 그의 본래 서원이 이러하기 때문에 이와 같은 수기를 받게 된 것이니라."

아난은 소원대로 부처님께 수기를 받고 그 불국토의 장엄함까지 듣고는 이루 말할 수 없이 기뻐하였다. 그리고는 곧 과거세의 무량만억 부처님들의 법장(法藏)을 마치 지금 들은 것처럼 막힘없이 모두 기억해내었으며, 자신의 본래 서원도 알게 되었다.

이에 아난이 게송으로 아뢰었다.

거룩하신 세존이여 진정희유 하옵니다
지난세상 한량없는 부처님의 크신법을
마치오늘 들은듯이 생각나게 해주시니

마음속의 의심들이 다사라져 버렸으니
부처님의 법가운데 편안하게 머물면서
방편으로 시자되어 불법호지(護持) 하오리다

그때 세존께서 라후라에게 이르셨다.

"너는 오는 세상에 성불하리니 이름은 도칠(蹈七)보화(寶華)여래·응공·정변지·명행족·선서·세간해·무상사·조어장부·천인사·불세존이니라. 마땅히 시방세계의 티끌 수만큼 많은 부처님들을 공양할 것이며, 오늘날 나의 장자인 것처럼 늘 수많은 부처님의 장자로 태어날 것이니라.

이 도칠보화불의 국토장엄과 그 부처님 수명의 겁수(劫數), 그리고 교화하는 제자의 수, 정법과 상법이 세상에 머무는 기간 등은 저 산해혜자재통왕여래와 다를 바가 없으며, 이 통왕불의 장자로도 태어나나니, 이러한 일을 거친 다음에 아뇩다라삼먁삼보리를 얻게 되느니라."

세존께서 거듭 게송으로 이르셨다.

나의태자 시절에는 장자(長子)였던 라후라가
내성불후 법을받아 법의아들 되었도다
오는세상 한량없는 부처님들 친히뵙고
부처님들 장자되어 일심으로 도닦으니
라후라가 행한밀행(密行) 오직나만 아느니라
지금나의 장자되어 중생에게 법을펴서
억천만의 무량공덕 능히닦아 이룩하고
불법속에 안주하여 위없는도 구하노라

이때 세존께서는 유학(有學)·무학(無學) 2천 명이 부드럽고 고요하고 청정한 생각을 품고 일심으로 부처님을 우러러 보고 있음을 아시고 아난에게 이르셨다.

"너는 유학과 무학 2천 명을 보느냐?"

"예, 이미 보았나이다."

"아난아, 이들은 장차 50세계(世界)의 티끌 수만

큼 많은 부처님들을 공양하고 공경하고 존중하면서 그 부처님들의 법을 지키고 보호한 다음에 시방세계에서 최후의 몸으로 한꺼번에 성불하리니, 이름은 모두가 보상(寶相)여래·응공·정변지·명행족·선서·세간해·무상사·조어장부·천인사·불세존이니라. 보상여래들의 수명은 모두가 1겁이요, 국토들의 장엄과 성문과 보살과 정법과 상법 등도 다 같으니라."

세존께서 게송으로 이르셨다.

앞에있는 이천명의 유학무학 성문에게
장차오는 세상에서 부처됨을 수기하니
한량없이 많은부처 공양하고 공경하며
그부처님 깊은법을 보호하고 지킨뒤에
시방세계 곳곳에서 각각정각(正覺) 이루지만
모두가다 한꺼번에 한이름을 갖느니라
한날한시 도량에서 무상지혜 깨달은뒤
보상(寶相)이라 이름하며 국토장엄 제자수효

정법상법 기간등도 모두가다 같으니라
이부처들 신통으로 시방중생 제도하여
이름두루 떨친다음 참열반에 드느니라

그때 유학과 무학 2천 명의 비구는 부처님의 수기 주심을 듣고 뛸듯이 기뻐하며 게송으로 아뢰었다.

밝고환한 등불이신 지혜로운 세존이여
수기주는 그음성을 저희들이 듣게되니
온마음이 환희롭고 즐거움이 가득하며
감로수를 마신듯한 상쾌함을 느낍니다

〈제9 수학무학인기품 끝〉

제10 법사품
第十 法師品

그때 세존께서 약왕보살(藥王菩薩)과 8만 대사(大士)들에게 이르셨다.

"약왕아, 이 대중 가운데 있는 한량없는 천 · 용 · 야차 · 건달바 · 아수라 · 가루라 · 긴나라 · 마후라가 · 인비인 · 비구 · 비구니 · 우바새 · 우바이, 그리고 성문을 구하는 이, 벽지불을 구하는 이, 부처가 되고자 하는 이들이 보이느냐?

이 무리들 중에 부처님 앞에서 묘법연화경(妙法蓮華經)의 가르침 한 게송 한 구절을 듣고, 오로지 일념으로 기뻐하는 이에게는 내 모두 수기를 주어 아뇩다라삼먁삼보리를 얻게 할 것이니라."

부처님께서 또 약왕보살에게 이르셨다.

"어떤 이가 여래가 멸도(滅度)한 뒤에 묘법연화경의 한 구절 한 게송만이라도 듣고 일념으로 기뻐하면 그에게도 장차 아뇩다라삼먁삼보리를 얻는다는 수기를 줄 것이니라.

또 약왕아, 어떤 이가 묘법연화경의 가르침의 한 게송이라도 받아 지녀서 읽고 외우고 사경하고 남에게 설하거나, 이 경을 마치 부처님을 공경하듯이 하여 온갖 꽃과 영락, 가루 향과 바르는 향과 사르는 향, 천개(天蓋)·깃발·의복·기악 등으로 공양하거나 합장하고 공경하면, 약왕아, 이러한 이들은 일찍이 10만억 부처님들께 공양하여 그 부처님들 밑에서 큰 서원(誓願)을 이루었으나, 중생들을 불쌍히 여기는 까닭에 이 인간 세상에 난 이들임을 분명히 알아야 하느니라.

약왕아, 만일 어떤 이가 '어떤 중생이 오는 세상에 성불하게 되는가?' 하고 묻거든, '이런

사람이 성불하게 된다'고 분명하게 대답하여라. 무슨 까닭인가? 선남자 선여인이 법화경을 한 구절이라도 받아 지녀서 읽고 외우고 사경하고 남에게 설하거나, 이 경에 꽃과 영락, 가루향과 바르는 향과 사르는 향, 천개·깃발·의복·기악 등으로 공양하고 합장하고 공경하면, 이러한 이는 일체 세간이 우러러 받들 것이요, 여래에게 공양하듯이 공양을 할 것이기 때문이다.

마땅히 알아라, 이 사람은 아뇩다라삼먁삼보리를 성취한 대보살이지만, 중생들을 어여삐 여기는 까닭에 스스로 인간 세상에 태어나기를 발원하여 묘법연화경을 잘 분별하고 설하는 것이니라. 하물며 이 경 전체를 다 받아 지니고 여러 가지로 공양하는 사람이야 말할 것이 있겠느냐?

약왕아 마땅히 알지니, 이 사람은 중생들을 가엾이 여겨 자신의 청정업보(淸淨業報)를 스스로 버리고 악한 세상에 태어나 법화경을 널리 설하고 있는 것이니라.

만일 선남자 선여인이 내가 멸도한 뒤에 단 한 사람에게라도 법화경의 한 구절을 설해 준다면, 이 사람은 곧 여래께서 보낸 여래의 사자(使者)요 여래의 일을 하는 이라는 것을 분명히 알아야 하느니라. 하물며 대중들 앞에서 이 경을 널리 설하는 이야 더 말할 것이 있겠느냐?

약왕아, 어떤 악인(惡人)이 나쁜 마음으로 1겁(劫)동안이나 부처님 앞에서 늘 부처님을 헐뜯고 욕하여도 오히려 그 죄는 가벼우며, 어떤 이가 단 한 마디 나쁜 말로 재가자든 출가자든 법화경을 읽고 외우는 이를 헐뜯는다면 그 죄는 매우 크고 무겁느니라.

약왕아, 잘 알아라. 법화경을 읽고 외우는 이는 여래의 장엄으로 자신을 장엄하는 이로서 여래의 어깨에 올라가 있는 사람이니, 그가 이르는 곳마다 따라가며 예배를 하면서 일심으로 합장하고 공경하고 공양하고 존중하고 찬탄하되, 꽃과 영락, 가루 향과 바르는 향과 사르는 향, 천개·깃발·의복·음식·기악 등 인간 세상의 가장 뛰어난 공양물로 공양을 해야 하느니라. 또한 천상의 보배를 그 위에 흩뿌리고, 천상의 보배덩이를 바쳐야 하느니라.

왜냐하면 이 사람이 기쁜 마음으로 법을 설할 때, 그 설법을 잠깐이라도 들으면 마침내 아뇩다라삼먁삼보리를 얻게 되기 때문이니라."

세존께서 거듭 게송으로 이르셨다.

불도속에 머물면서 자연지(自然智)를 이루려면
법화경을 수지한이 부지런히 공양하라
부처님의 일체종지(一切種智) 속히얻기 원하거든
법화경을 수지한이 부지런히 공양하라
만일어떤 이가있어 법화경을 수지하면
그가바로 부처님이 보내주신 사자(使者)이니
중생들을 불쌍하게 생각하는 보살이다

법화경을 수지한이 원하는곳 어디든지
마음대로 태어나나 청정국토 다버리고
불행속의 중생위해 이악세(惡世)에 태어나서
최상법(最上法)인 법화경을 널리널리 설하나니
하늘꽃과 하늘향과 하늘나라 보배옷등
묘한보물 다모아서 공양해야 하느니라
내가멸도 하고난뒤 악한세상 되었을때
법화경을 수지한이 부처님을 공양하듯
마음깊이 정성다해 합장하고 공경하며
여러가지 좋은음식 가지가지 의복으로
그불자를 공양하며 잠시라도 법들어라
미래세에 법화경을 수지하고 있는이는
여래의일 행하도록 내가보낸 사람이다
일겁이나 되는세월 항상악한 마음품고
부처님을 욕했을때 받는무량 죄업보다
법화경을 수지하여 읽고외는 이를향해
잠시악담 하였다면 그죄업이 더욱크다
만약불도(佛道) 구하는이 내앞에서 합장하고

일겁동안 한량없는 게송으로 찬탄하면
그사람이 얻는공덕 한량없이 많겠지만
법화경을 수지한이 잠시라도 찬탄하면
이사람이 얻는복덕 이것보다 더욱크다
팔십억겁 한결같이 가장좋은 물건음성
향기맛과 감촉모아 공양하는 것보다도
법화경을 수지한이 정성다해 공양한뒤
잠시라도 법들으면 더큰이익 얻느니라
약왕이여 그대에게 사실대로 이르노니
내가설한 경전중에 법화경이 으뜸이다

부처님께서 약왕보살에게 이르셨다.

“내가 과거에 이미 설하였고 지금도 설하고 앞으로도 설할 경전이 무량천만억이나 되지만, 그 모든 경전 중에 법화경이 가장 믿기 어렵고 이해하기 어렵느니라.

약왕아, 이 경전은 제불의 비밀 법장〔諸佛秘要之藏(제불비요지장)〕이니, 함부로 사람들에게 퍼뜨리지 말

라. 모든 부처님께서 수호하는 경전으로, 예로부터 아직껏 드러내어 놓고 설한 적이 없었느니라. 여래가 현존해 있을 때에도 이 경전에 대해 원망하고 미워하는 이가 많거늘, 여래가 멸도한 다음에야 어떠하겠느냐?

약왕아, 여래가 멸도한 뒤에, 이 경을 사경하고 독송하고 공양하고 남을 위해 설하는 이는 여래의 옷을 입고 있는 것과 같나니, 다른 국토에 계시는 여러 부처님들도 보호하고 지켜주느니라. 이 사람에게는 대신력(大信力)과 지원력(志願力)과 선근력(善根力)이 있나니, 마땅히 알아라. 그는 여래와 함께 지내는 이요, 여래가 손으로 머리를 쓰다듬어 주는 이이니라.

약왕아, 어디에서든지 이 경을 설하거나 읽거나 외우거나 쓰거나, 이 경전이 있는 곳에는 지극히 높고 큰 칠보탑을 세워 아름답게 꾸밀 것이요, 오히려 사리는 봉안하지 않아도 되느니라. 왜냐하면 이 경전 속에 이미 여래의 전신(全身)

이 계시기 때문이니라.

그러므로 이 탑을 꽃과 향과 영락·천개·깃발·기악·노래 등으로 공양하고 공경하고 존중하고 찬탄해야 하나니, 만일 어떤 이가 이 탑에 예배하고 공양하면, 그가 아뇩다라삼먁삼보리에 가까이 있다는 것을 알아야 하느니라.

약왕아, 재가인이든 출가인이든 보살도를 행하는 사람들로서 이 법화경을 보고 듣고 독송하고 사경하여 지니고 공양하지 않는다면 그는 보살도를 잘 행하지 못하는 이요, 이 경전을 얻어 듣고 능히 실천하여야 보살도를 잘 행하는 이라고 할 수 있느니라.

불도를 구하는 중생 가운데 법화경을 보고 들은 뒤에 믿고 이해하고 수지하는 이가 있으면, 마땅히 알아라. 그는 아뇩다라삼먁삼보리에 가까이 다가서 있느니라.

약왕아, 비유컨대 어떤 목마른 사람이 물을

구하기 위해 높은 언덕에서 우물을 판다고 하자. 이때 마른 흙이 보이면 아직 물길이 멀리 있음을 알고 공을 들여 계속해서 팔 것이다. 그러다가 차츰 젖은 진흙이 많아짐을 보게 되면 드디어 물이 가까이에 있음을 알게 되느니라.

보살 또한 이와 같아서, 만약 보살로서 이 법화경을 듣지도 못하고 이해하지도 못하고 닦아 익히지도 못한다면, 그는 아직 아뇩다라삼먁삼보리에서 멀리 있다는 것을 알아야 하고, 만일 법화경을 듣고 이해하고 깊이 생각하고 닦아 익힌다면, 그는 아뇩다라삼먁삼보리에 가까이 있느니라. 왜냐하면 일체 보살의 아뇩다라삼먁삼보리는 모두 이 경전에 속하여 있기 때문이니라.

이 경전은 방편문(方便門)을 열고〔開(개)〕 모든 법의 진(眞)실상(實相)을 보여주나니〔示(시)〕, 법화경장(法華經藏)은 깊고 견고하고 심오하여 능히 도달하는 이가 드물지만, 지금 부처님께서 보살들을 교화하여 성취시키기 위해 열어 보이는 것〔開示〕이니라.

약왕아, 만일 어떤 보살이 이 법화경을 듣고는 놀라고 의심하고 두려워한다면, 마땅히 알아라. 그는 증상만(增上慢)을 품은 오만한 자이니라.

약왕아, 만일 선남자 선여인이 여래가 멸도한 뒤에 사부대중을 위해 이 법화경을 설하고자 하면, 마땅히 어떻게 해야 하겠느냐?

이 선남자 선여인은 여래의 방에 들어가〔入如來室〕 여래의 옷을 입고〔著如來衣〕 여래의 자리에 앉아〔坐如來座〕 사부대중에게 이 경전을 널리 설해야 하나니, 여래의 방은 일체 중생에 대한 대자비심(大慈悲心)이요, 여래의 옷은 부드럽고 온화하고 인욕하는 마음인 유화인욕심(柔和忍辱心)이며, 여래의 자리는 모든 것이 공한 일체법공(一切法空)이니라. 그러므로 이 가운데 편안히 머문 다음에 게으르지 않은 마음으로 모든 보살과 사부대중을 위해 법화경을 널리 설해야 하느니라.

약왕아, 그리하면 내 어느 국토에 있을지라도, 설법자를 위해 신통력으로 만든 사람을 보내어서 설법 들을 이들을 모으게 할 것이요, 신통력으로 만든 비구·비구니·우바새·우바이들을 보내어서 그 설법을 듣게 하리니, 그러면 그들은 그 설법을 듣고 믿고 순종하고 따를 뿐 거역하지 않느니라.

또 만일 설법자가 한적한 수행처에 있으면 천·용·귀신·건달바·아수라 등을 보내어 설법을 듣게 할 것이요, 내가 비록 다른 국토에 있을지라도 설법자로 하여금 때때로 내 몸을 보게 할 것이며, 만일 그가 이 경의 한 구절이라도 잊게 되면 내 즉시 그에게 설하여 분명히 알게 할 것이니라."

세존께서 거듭 게송으로 이르셨다.

나쁜마음 남김없이 버리고자 할진대는
모름지기 법화경의 가르침을 들을지니

이경전은 듣고믿고 수지하기 어렵지만
비유컨대 목마른이 언덕에서 우물팔때
마른흙이 나올지면 물이아직 먼줄알고
젖은흙이 나타나면 물가까움 알수있다
약왕이여 알지어다 많고많은 모든사람
법화경을 못듣는이 부처지혜 아주멀고
법화경을 듣게되면 성문법(聲聞法)을 끝마치며
으뜸가는 이경전을 듣고생각 하는이는
불지혜(佛智慧)에 가까웠음 분명하게 알지어다
법화경을 설하려면 여래방에 들어가서
여래옷을 착용하고 여래자리 높이앉아
대중에게 걸림없이 자세하게 설할지니
대자비(大慈悲)로 방을삼고 유화인욕(柔和忍辱) 옷을삼고
법의공(法空)함 자리삼아 법화경을 설법하라
이경전을 설할때에 누가와서 욕하거나
칼과막대 돌등으로 찌르거나 던지어도
부처님을 생각하며 능히참고 또참아라
한량없이 많고많은 천만억의 국토마다

청정하고 아주강한 나의몸을 나타내어
오랜억겁 중생위해 법화경을 설했노라
만일내가 멸도한뒤 누가이경 설한다면
비구들과 비구니와 우바새와 우바이를
내가모두 보내어서 그법사를 공양하고
많은중생 인도하여 법듣도록 할것이다
만일어떤 사람있어 악한마음 가지고서
칼과막대 기와돌로 해치면서 욕을하면
신통으로 만든사람 보내어서 지켜주고
또한만일 그법사가 사람소리 안들리는
적막한곳 혼자살며 법화경을 독송하면
나는이때 청정하고 빛나는몸 나타내어
한구절만 잊게되도 즉시설해 알게한다
덕을갖춘 어떤이가 대중위해 설법하고
한적한곳 거주하며 법화경을 독송하면
그모든이 나의몸을 볼수있게 되느니라
또법사가 한적한곳 머물면서 설법하면
천용야차 귀신보내 법문듣게 하느니라

부처님의 옹호속에 그법사가 유창하고
걸림없이 법설하니 대중모두 기뻐한다
이법사와 함께하면 보살도를 빨리얻고
법사따라 잘배우면 제불친견 하느니라

〈제10 법사품 끝〉

제11 견보탑품
第十一 見寶塔品

그때 부처님 앞에 높이 5백 유순(由旬)이요 둘레 250유순이나 되는 칠보탑이 땅에서 솟아올라와 공중에 머물렀다.

그 칠보탑은 갖가지 보물로 장식되어 있었으니, 5천의 난간과 천만 개의 감실(龕室)이 있고, 무수한 깃발과 보배 영락이 드리워져 있으며, 수만 억의 보배 방울이 달려 있었다. 또 사면에서는 다마라발전단향의 향기가 풍겨 나와 온 세계를 가득 메웠으며, 금·은·유리·자거·마노·진주·매괴 등의 칠보로 만든 탑 위의 천개(天蓋)는 우뚝 솟아 사천왕천의 궁전에까지 이르렀다.

삼십삼천(三十三天)에서는 천상의 만다라꽃을 비 내리듯이 뿌려 보탑에 공양하였고, 천·용·야차·건달바·아수라·가루라·긴나라·마후라가·인비인(人非人)들은 갖가지 꽃과 향과 영락과 천개와 음악 등으로 보탑에 공양하면서 공경하고 존중하고 찬탄하였다.

그때 칠보탑 속에서 찬탄하는 큰 음성이 울려나왔다.

"착하고 훌륭하도다. 석가모니 세존이여. 평등한 대지혜요〔平等大慧(평등대혜)〕 보살을 가르치는 법이요〔敎菩薩法(교보살법)〕 부처님들이 보호하고 살피는〔佛所護念(불소호념)〕 묘법연화경을 대중을 위해 설했나니, 석가 세존의 설하신 바는 모두가 진실되도다."

그때 사부대중은 큰 보탑이 공중에 머물러 있음을 보고 탑 속에서 들려오는 음성을 듣고는, 모두가 법의 환희로움을 얻고 매우 드문 일이라 생각하여, 자리에서 일어나 합장하고 한쪽으로 물러나 있었다.

그때 대요설보살(大樂說菩薩)은 일체 세간의 천인과 인간과 아수라 등의 마음속 의심을 알고 부처님께 여쭈었다.

"세존이시여, 무슨 까닭으로 보탑이 땅에서 솟아올랐으며, 그 속에 큰 음성이 울려 나온 것입니까?"

부처님께서 대요설보살에게 이르셨다.

"이 보탑 속에는 여래의 전신(全身)이 계시느니라. 아득한 옛날, 동쪽으로 한량없는 천만억의 세계를 지나면 보정(寶淨)이라는 나라가 있었고, 그 나라에 다보(多寶)라는 부처님이 계시나니, 그 부처님은 보살도를 행할 때 큰 서원을 세웠느니라.

'내가 만일 성불하고 멸도한 뒤에, 시방 국토 어디서든 법화경을 설하는 곳이 있으면, 나의 탑이 그 앞에 솟아올라 법화경의 가르침을 듣고, 그 설법을 증명하면서 훌륭하다고 찬탄하리라.'

그 부처님은 성불한 뒤 멸도를 할 때가 다

가오자, 천인과 인간과 비구들에게 이렇게 이르셨느니라.

'내가 멸도를 한 뒤 나의 전신에 공양을 하고자 하면 마땅히 하나의 큰 탑을 세워야 하느니라.'

다보여래는 시방세계 어디서든 법화경을 설하는 곳이 있으면 신통력과 원력으로 그 앞에 보탑을 솟아나게 하고, 탑 안에 계시면서 훌륭하다고 찬탄을 하시느니라.

대요설아, 여기 이 다보여래탑은 법화경을 듣기 위해 땅에서 솟아오른 것이며, 지금 '훌륭하다'는 찬탄을 하고 계심이니라."

이때 여래의 신력을 입은 대요설보살이 부처님께 아뢰었다.

"세존이시여, 원하옵건대 저희로 하여금 다보여래의 모습을 친견할 수 있게 하여 주옵소서."

부처님께서 대요설보살에게 이르셨다.

"이 다보여래께는 깊고도 중대한 원이 있느니라.

'법화경을 듣기 위해 내 보탑을 제불 앞에 나타내었을 때 나의 몸을 사부대중에게 보이고자 한다면, 시방세계에서 설법하고 있는 그 부처님의 분신불(分身佛)들을 모두 한 자리에 모이게 한 다음에야 나의 몸을 나타내어 보이리라.'

대요설아, 내 이제 시방세계에서 설법을 하고 있는 나의 분신불들을 모두 모을 것이다."

대요설보살이 부처님께 아뢰었다.

"세존이시여, 저희들 또한 세존의 분신불들을 친견하여 예배하고 공양하기를 원하옵니다."

이에 부처님께서 미간의 백호(白毫)로부터 한줄기 광명을 발하시자, 곧 5백만억 나유타(那由他) 항하사만큼 많은 동방의 국토들에 있는 부처님들이 보였다. 그 국토들의 땅은 모두 파리(玻璃)로 이루어져 있었고, 보배 나무와 보배 옷으로 장엄되어 있었으며, 천만억의 무수한 보살들이 그 안에 가득하고, 보배 휘장과 보배 그물이 둘러쳐져 있었다. 또 그 국토의 부처님들은 크고 묘한 음성으로 법을 설하셨고, 한량없이 많은 천만억 보살들이 국토마다 가득 차 중생들을 위해 설법을 하고 있는 것이 보였다.

남쪽·서쪽·북쪽과 사유(四維)와 상·하 등, 부처님의 백호 광명이 비치는 곳의 모습은 모두 이와 같았다.

그때 시방의 분신불들이 여러 보살들에게 각기 이르셨다.

"선남자들아, 내 이제 저 사바세계의 석가모니불이 계신 곳으로 가서 함께 다보여래의 보탑에 공양할 것이다."

그러자 사바세계가 곧 청정하게 변하였다. 땅은 유리로 되고, 보배나무가 즐비하게 들어섰으며, 여덟 갈래로 뚫린 길은 황금줄로 장식되어 있었다. 또 촌이나 도성의 모든 집이 없어졌고 바다·강·시내·산·숲도 없어졌다. 큰 보배향이 타오르고 만다라꽃이 땅을 덮었으며, 그 위로 보배 그물과 장막이 둘러쳐져 있고 갖가지 보배 방울이 매달려 있었다.

또 이 법회에 참석하는 대중을 제외한 나머지 중생들은 모두 다른 국토로 옮겨졌다.

이때 모든 분신불이 각기 대보살 한 명을 시자(侍者)로 삼아 사바세계의 보배나무 아래로 오셨다. 높이 5백 유순이나 되는 보배나무에는 가지와 잎과 꽃과 과일이 차례차례 달려 있었고, 그 나무들 아래에는 큰 보석으로 장식된 높이 5유순의 사자좌(獅子座)가 마련되어 있었다.

사바세계로 오신 분신불들이 각기 그 자리에 결가부좌(結跏趺坐)하여 차례로 앉게 되자 삼천대천세계(三千大千世界)가 가득 찼다. 그러나 한쪽 방향에서 온 석가모니 분신불조차도 다 앉지 못하셨다.

이에 석가모니불은 모든 분신불들을 다 앉게 하고자 팔방의 2백만억 나유타 국토를 청정하게 만들었는데, 지옥·아귀·축생과 아수라가 없어졌고, 천인과 인간들은 다른 국토로 옮겨졌다.

신통력으로 만든 이 국토들 또한 유리로 되어 있었고, 그 위에는 보배 나무가 즐비하였다. 높이 5백 유순이나 되는 보배 나무들에는 가지와 잎과 꽃과 열매가 차례로 달려 있었고, 그 나무들 아래에는 보석들로 장식된 높이 5유순의 사자좌가 마련되어 있었다. 또 바다와 강과 목진린타산·마하목진린타산·철위산(鐵圍山)·대철위산(大鐵圍山)·수미산(須彌山) 등과 같은 큰 산이 없는, 하나의 불국토〔一佛國土〕가 이루어졌다. 그 땅은 평평하고 반듯하였는데, 위로는 보배로 짠 휘장이 덮여 있고 갖가지 깃발이 달려 있었다. 또 큰 보배향이 타오르고 여러 하늘의 귀한 꽃들이 땅을 두루 덮고 있었다.

석가모니불은 모든 분신불이 다 와서 앉을 수 있게 하고자, 또 다시 팔방의 2백만억 나유타 국토를 바꾸어 청정하게 만들었는데, 그곳에도 지옥·아귀·축생과 아수라는 없었고, 천인들과 인간들은 다른 국토로 옮겨졌다.

신통력으로 만들어진 그 국토들 또한 유리로 되어 있었고, 그 위에는 보배 나무가 즐비하였다. 높이 5백 유순이나 되는 보배 나무에는 가지와 잎과 꽃과 열매가 차례로 달려 있었고, 그 나무들 아래에는 갖가지 보석으로 장식된 높이 5유순의 사자좌가 마련되어 있었다. 또 바다와 강과 목진린타산·마하목진린타산·철위산·대철위산·수미산 등의 큰 산들이 없는 하나의 불국토가 이루어졌다. 그 땅은 평평하고 반듯하였는데, 그 위로는 보배로 짠 휘장이 덮여 있고 갖가지 깃발이 달려 있었다. 또 큰 보배향이 타오르고, 여러 하늘의 귀한 꽃들이 땅을 두루 덮고 있었다.

그때 동방의 백천만억 나유타의 항하사만큼 많은 국토에 있던 석가모니 분신불들이 이곳으로 모였으며, 이와 같이 차례로 시방의 모든 분신불들이 다 오시어 팔방에 앉으셨다. 마침내 각 방위마다 4백만억 나유타 국토의 부처님들로 가득 채워졌다.

각기 보배 나무 아래 사자좌에 앉으신 분신불들은 석가모니불께 문안을 여쭙고자 데리고 온 시자의 두 손에 보배 꽃을 가득 안겨 주시며 이르셨다.

"선남자야, 기사굴산의 석가모니불이 계신 곳으로 가서 이렇게 여쭈어라.

'병환 없고 걱정 없고 기력이 안락하시옵니까? 보살과 성문들도 다 안온하옵니까?'

그리고는 이 보배 꽃을 뿌려 부처님께 공양한 뒤 다시 이렇게 아뢰어라.

'저 아무 부처님은 이 보배탑이 열리기를 바라고 있나이다.'"

모든 부처님들은 시자를 보내어 이와 같이 하였다.

그때 석가모니불은 모든 분신불들이 다 모여 각기 사자좌에 앉아 계신 것을 보시고, 보탑을 열기를 바란다는 부처님들의 말씀을 들은 다음, 곧바로 자리에서 일어나 허공에 머무셨으며, 모든 사부대중은 자리에서 일어나 합장하고 일심으로 부처님을 우러러 보았다.

석가모니불께서 오른손으로 칠보탑의 문을 열자, 마치 굳게 잠겨 있던 성문의 빗장이 벗겨지는 것과 같은 큰 소리가 났다.

그 순간 법회에 참여한 모든 대중은 보탑 속의 사자좌 위에서 선정(禪定)에 드신 듯이 고요히 앉아계신 다보여래를 보게 되었다.

또 "훌륭하고 거룩합니다. 석가모니불이 법화경을 잘 설하시기에 이 경을 듣고자 이곳에 왔습니다."하는 말씀도 듣게 되었다.

과거 무량 천만억 겁 전에 멸도하신 부처님께서 이와 같이 말씀하시는 것을 본 사부대중은 일찍이 없었던 일이라 감탄하면서, 하늘의 보배꽃더미를 다보불과 석가모니불 위에 뿌렸다.

그때 다보불께서는 보탑안 당신의 자리 반을 석가모니불께 내어주며 이르셨다.

"석가모니불이여, 이 자리에 앉으십시오."

이에 세존께서는 곧 탑 속으로 들어가 그 자리에 결가부좌를 하고 앉으셨다.

대중들은 두 여래께서 칠보탑 안의 사자좌에 결가부좌로 앉아 계신 것을 보고 저마다 생각하였다.

'두 부처님의 자리는 너무나 높고 멀구나. 원컨대 여래께서는 신통력으로 저희도 허공에 머물 수 있게 하여주소서.'

이에 석가모니불이 신통력으로 대중들 모두를 허공에 머물 수 있게 하셨다. 그리고는 큰 음성으로 사부대중에게 이르셨다.

"누가 있어 이 사바세계에서 묘법연화경을 널리 잘 설할 수 있겠는가? 지금이 바로 그때

이니라. 나는 머지않아 열반에 들 것이기에 이 묘법연화경을 부촉(付囑)하려 하노라.”

세존께서는 이 뜻을 거듭 밝히고자 게송으로 이르셨다.

성주(聖主)이신 다보불은 멸도(滅度)한지 오래지만
보탑속에 계시면서 법을위해 오셨거늘
어찌하여 부지런히 법을아니 구하는가
이부처님 멸도한지 무수겁을 지났지만
모든곳은 찾아가서 항상법문 듣는뜻은
법화경의 설법처를 찾기힘든 까닭이요
‘열반에든 뒤에라도 법화경을 설법하면
꼭찾아가 들으리라’ 서원했기 때문이다
또한나의 분신으로 항하모래 만큼많은
한량없는 부처님은 여기와서 법도듣고
오래전에 열반하신 다보여래 뵙기위해
아주좋은 그국토와 일체모든 제자들과
천인인간 용과신의 온갖공양 다버리고

불법길이 남게하려 이곳으로 왔느니라
그분신불 앉게하려 나는신통 나타내어
무량중생 옮긴다음 청정국토 만들었다
연못들을 맑고맑은 연꽃으로 장엄하듯
보배나무 아래마다 부처님들 이르러서
사자좌에 앉으시어 광명으로 장엄하니
어둔밤에 타오르는 횃불처럼 환히밝고
몸에서난 묘한향기 시방세계 가득하며
향기맡은 모든이들 환희로움 넘치나니
큰바람이 작은가지 뒤흔들듯 함과같은
크고좋은 방편으로 불법오래 남게한다
대중에게 이르노니 내가멸도 하고나서
누가이경 호지(護持)하고 독송하고 설할건가
지금이곳 불전(佛前)에서 스스로들 맹세하라
여기계신 다보불은 멸도한지 오래이나
큰서원을 세웠기에 사자후를 하셨도다
다보불과 나는물론 여기모인 분신불은
하나같이 그깊은뜻 모두알고 있느니라

불자들중 누가있어 이경능히 지킬건가
큰서원을 당장발해 길이길이 간직하라
누구든지 법화경을 능히지켜 보호하면
나를향해 공양함이 되는것은 물론이요
법화경을 위하기에 보탑속에 계시면서
시방세계 다니시는 다보불도 공양하고
시방모든 세계들을 광명으로 장엄하는
여기오신 분신불도 공양함이 되느니라
또한이경 설하는이 나를보게 될것이요
다보불과 분신불도 친견하게 되느니라
선남자여 큰서원은 일으키기 어렵나니
신중하게 생각하고 거듭생각 할지어다
항하모래 만큼많은 다른경전 다설함도
이경하나 설함보다 어렵다고 할수없고
수미산을 들어다가 수도없는 여러곳의
불국토를 옮기는것 어렵다고 할수없다
발가락을 놀리어서 대천세계 들어다가
먼국토에 던지는일 어렵다고 할수없고

가장높은 하늘올라 한량없는 다른경전
중생위해 설법해도 어려운일 아니지만
부처님이 멸도한뒤 미래악한 세상에서
법화경을 설하는것 실로가장 어렵도다
만일어떤 사람있어 맨손으로 허공잡고
자유롭게 노닐어도 어려운일 못되지만
내멸도후 법화경을 그가직접 사경하고
남들에게 쓰게함은 그지없이 어렵도다
어떤사람 큰땅덩이 발톱위에 올려놓고
범천까지 올라가도 어려운일 아니지만
부처님이 멸도한뒤 악한세상 태어나서
이경잠깐 읽는것은 실로매우 어렵도다
건초더미 짊어지고 겁화(劫火)속에 뛰어들어
몸과풀이 안타는것 어려운일 못되지만
내가열반 보인뒤에 법화경을 가지고서
단한사람 가르치기 훨씬힘든 일이로다
팔만사천 법문들과 십이부(十二部)의 경전들을
남김없이 받아지녀 두루널리 설법하고

이름듣는 중생모두 육신통을 다얻도록
교화하고 인도함은 어려운일 아니지만
내멸도후 어떤이가 법화경을 받아지녀
깊은이치 묻는다면 이게훨씬 어렵도다
어떤이가 설법하여 항하모래 만큼많은
천만억의 무량중생 아라한이 되게하고
육신통을 얻게함은 어려운일 아니지만
내멸도후 어떤이가 법화경을 능히받아
잘받들고 지닌다면 이는실로 어렵도다
나는불도(佛道) 위하기에 한량없는 국토에서
처음부터 지금까지 많은경전 설했으나
그가운데 법화경이 참되고도 제일이니
능히받아 지닌다면 부처님몸 지님일세
선남자여 내멸도후 법화경을 수지하여
읽고쓰고 외우고자 하는이가 있을지면
지금바로 내앞에서 분명하게 맹세하라
이경갖기 어렵나니 잠시라도 수지하면
내가몹시 기뻐하고 제불들도 기뻐한다

이사람은 제불들이 틀림없이 칭찬하니
이것이곧 용맹이요 이것이곧 정진이며
이이름이 지계이고 두타행을 닦음이니
가장높은 무상불(無上佛)을 더욱빨리 이루노라
미래오는 세상에서 법화경을 수지하면
이사람은 참불자로 좋은땅에 머무르고
부처님이 멸도한뒤 법화경뜻 이해하면
모든천인 인간들의 세간안(世間眼)이 될것이니
공포많은 세상에서 잠깐동안 설하여라
일체천인 인간들이 모두와서 공양한다

〈제11 견보탑품 끝〉

제12 제바달다품
第十二 提婆達多品

그때 부처님께서 모든 보살과 천인과 인간과 사부대중에게 이르셨다.

"나는 과거 한량없는 겁 동안 법화경을 구함에 있어 조금도 싫증을 냄이 없었느니라. 많은 겁 동안 국왕으로 있었을 때에도 위없는 깨달음을 구하겠다는 서원을 세워 물러난 적이 없었으며, 육바라밀(六波羅蜜)을 성취하기 위해 부지런히 보시를 행하였느니라. 그때 코끼리·말·칠보·왕국·궁성·처자·노비·종 등은 물론이요, 머리·눈·골수·몸·손·발, 심지어는 목숨까지도 아까워하는 마음없이 보시하였느니라.

당시 사람들의 수명은 매우 길어 한량이 없

었는데, 왕은 법을 구하기 위해 왕위를 태자에게 물려주고, 북을 크게 치며 사방에 영을 내렸느니라.

'누구든 나에게 대승법(大乘法)을 설해 주면, 그를 평생 동안 받들어 모시며 시중을 들리라.'

그때 한 선인(仙人)이 와서 왕에게 말했느니라.

'나에게 대승법이 있으니 이름이 묘법연화경입니다. 만일 내 뜻을 거스르지 않고 섬긴다면 설하여 주리다.'

왕은 선인의 말을 듣고 뛸 듯이 기뻐하며 그를 따라가서, 받들어 모시면서 필요한 것을 공급해 주었느니라. 과일을 따고, 물을 긷고, 땔감을 준비하여 밥을 짓고, 심지어는 몸으로 앉는 의자를 대신하면서도 조금도 싫어하지 않았느니라. 이렇게 섬기기를 1천 년 동안 하였으나, 법을 구하였던 까닭에 부지런히 모시고 부족함이 없게 하였느니라."

세존께서 거듭 게송으로 이르셨다.

내과거겁 생각하니 대승법을 구하고자
비록국왕 되었지만 오욕락(五欲樂)을 탐착않고
북을치며 사방으로 구법(求法)의뜻 전했노라
'그누구든 나를위해 대승법을 설해주면
평생동안 종이되어 지성다해 섬기리라'
바로그때 아사(阿私)선인 왕에게와 말했노라
'내가지닌 미묘한법 세간에는 다시없다
만일이법 닦겠다면 그대위해 설하리라'
선인의말 들은왕은 그지없이 기뻐하며
그선인을 따라가서 필요한것 공급하되
나물캐고 나무하고 과일따고 밥지으며
어느시간 할것없이 부지런히 섬겼어도
미묘법에 뜻을두니 몸과마음 편했도다
모든중생 위하여서 대승법을 구함일뿐
내한몸의 오욕락을 위한것이 아니기에
큰나라왕 되어서도 법을널리 구하였고
성불하여 너희위해 설법하게 되었도다

부처님께서 비구들에게 이르셨다.

“그때의 왕은 지금의 나요, 그때의 선인은 지금의 제바달다(提婆達多)이니라. 제바달다라는 선지식(善知識)이 있었기에, 나는 육바라밀과 자비희사(慈悲喜捨), 삼십이상(三十二相)과 팔십종호(八十種好)를 갖춘 자금색(紫金色)의 몸, 십력(十力)·사무소외(四無所畏)·사섭법(四攝法)·십팔불공법(十八不共法)·신통력·도력(道力) 등을 갖추게 되었고, 위없는 바른 깨달음을 이루어서 중생들을 널리 제도할 수 있었나니, 이 모두가 제바달다라는 선지식으로 인해 가능할 수 있었느니라.

사부대중에게 이르노라. 제바달다는 미래세의 한량없는 겁을 지난 뒤에 반드시 성불하리니, 이름은 천왕(天王)여래·응공·정변지·명행족·선서·세간해·무상사·조어장부·천인사·불세존이요, 그 세계의 이름은 천도(天道)라고 할 것이니라. 이 천왕불은 20중겁 동안 세상에 머물면서 중생들에게 널리 미묘한 법을 설하리니, 그때 항하사만큼 많은 중생이 아라한과(阿羅漢果)를 얻게 되며, 한량없는 중생이 연각심(緣覺心)을 발하고 무생법인(無生法忍)을 얻어 불퇴전의 경지에 이르게 되느니라.

천왕불이 열반에 든 뒤에 정법(正法)은 20중겁(中劫)동안 세상에 머무르고, 사람들은 전신사리(全身舍利)로 높이 60유순에 둘레 40유순이 되는 칠보탑을 세우게 되느니라. 그때 모든 천인과 인간이 모여들어 갖가지 꽃과 가루 향과 사르는 향과 바르는 향, 옷·영락·깃발·천개·기악·노래 등으로 칠보탑에 공양하고 예배하여, 한량없는 중생이 아라한과를 얻거나 벽지불이 되며, 불가사의할 정도로 많은 중생들이 보리심을 발하여 불퇴전의 경지에 이르게 되느니라."

부처님께서 비구들에게 이르셨다.

"미래세의 선남자 선여인이 묘법연화경의 제바달다품을 듣고 깨끗한 마음으로 믿고 공경하여 의혹을 품지 않게 되면, 지옥·아귀·축생에 떨어지지 않음은 물론이요, 시방의 부처님 처소에 나되 태어나는 곳마다 늘 이 법화경을 든게 되느니라. 또 인간 세상이나 천상에 나면 훌륭하고 묘한 즐거움을 얻게 되며, 부처님 앞에 나면 연꽃 위에 홀연히 태어나는 연화화생(蓮華化生)을 하게 되느니라."

그때 하방세계에서 다보여래를 따라 온 지적(智積)이라는 보살이 있었다. 그가 다보불께 인사하고 본국으로 돌아가려 하자, 석가모니불께서 지적보살에게 이르셨다.

"선남자야, 잠깐 기다려라. 여기에 문수사리(文殊師利)라는 보살이 있으니, 만나서 묘법(妙法)을 논한 다음에 본국으로 돌아가거라."

그때 문수사리보살은 큰 수레바퀴만한 1천 잎의 연꽃 위에 앉아 있었고, 동행한 보살들 또한 보배 연꽃 위에 앉아 있었다. 그들은 큰 바다 속의 사갈라용궁(娑竭羅龍宮)으로부터 솟아올라, 허공에 뜬 채 영축산(靈鷲山)으로 와서 연꽃에서 내렸다. 그리고 두 분 부처님 앞에 이르러, 발에 머리를 대고 공손히 예배드린 다음, 지적보살에게 가서 서로 인사하고 한쪽으로 물러나 앉았다.

지적보살이 문수사리보살에게 여쭈었다.

"인자(仁者)시여, 용궁에 가서 교화한 중생의 수가 얼마나 됩니까?"

문수사리보살이 답하였다.

"그 수가 무량하여 다 말할 수 없고, 마음으로도 다 헤아릴 수가 없습니다. 잠시만 기다리십시오. 저절로 알게 될 것입니다."

이 말이 채 끝나기도 전에 보배 연꽃 위에 앉은 무수히 많은 보살들이 바다로부터 솟아올라 영축산으로 와서 허공에 머물렀는데, 이 모든 보살은 문수사리보살이 교화하고 제도한 이들이었다. 그들 중 이전에 보살행을 닦은 이들은 육바라밀을 설하였고, 이전에 성문이었던 보살은 허공에서 성문의 수행법에 대해 설하였는데, 지금 모두가 대승(大乘)과 공(空)의 이치를 잘 알고 수행하는 이들이었다.

문수사리보살이 지적보살에게 말하였다.

"내가 바다에서 교화한 것이 이와 같습니다."

지적보살이 게송으로 찬탄하였다.

큰지혜와 큰위덕과 위대하신 용맹으로
무량중생 교화함을 대중에게 보이시며
실상(實相)의뜻 설하시고 일승법을 열어보여
널리중생 제도하고 보리(菩提)얻게 하십니다

문수사리보살이 말하였다.

"나는 바다 속에서 오직 묘법연화경만을 설했습니다."

지적보살이 문수사리보살에게 여쭈었다.

"이 경은 매우 깊고 미묘하여 모든 경들 가운데 보배요, 세상에서 보기가 매우 어렵습니다. 만일 중생이 이 경에 의지해서 부지런히 정진하고 닦는다면 속히 성불할 수 있겠습니까?"

"있습니다. 사갈라 용왕의 딸은 이제 겨우 여덟 살인데, 지혜롭고 영리하여 중생들의 근기와 행(行)과 업(業)을 잘 알고 있습니다. 또 다라니(陀羅尼)를 얻어서 부처님들께서 설하신 깊고 비밀스러운 가르침〔秘藏(비장)〕을 다 받아 지녔으며, 깊은 선정에 들어 모든 법을 다 요달하였고, 찰나 사이에 보리심을 일으켜 불퇴전에 이르렀습니다. 말솜씨가 걸림이 없고, 중생을 사랑하기를 마치 어린자식 생각하듯 합니다. 또 공덕이 다 갖추어져 마음으로 생각하고 입으로 설하는 바가 미묘하고 광대하고, 자비롭고 어질고 겸손하며, 뜻이 온화하고 고상하여 능히 바른 깨달음에 이를 수 있었습니다."

이에 지적보살이 말하였다.

"제가 알기로, 석가여래께서는 한량없는 겁 동안 힘들고 괴로운 수행〔難行苦行(난행고행)〕을 하여 공을 쌓고 덕을 쌓았으며, 보리도(菩提道)를 구하기를 잠시도 쉬지 않았습니다. 삼천대천세계를 살펴보면 석가 보살이 중생을 위해 몸과 목숨을 버리지 않은 곳이라고는 겨자씨만큼도 찾아볼 수 없습니다. 이렇게 하신 뒤에야 보리도를 성취하셨는데, 용녀가 잠깐 동안에 정각(正覺)을 이루었다고 하시니 믿지 못하겠습니다."

이 말이 채 끝나기도 전에 용왕의 딸이 홀연히 그 자리에 나타나 머리 숙여 예배하고, 한쪽으로 물러나 게송으로 찬탄하였다.

죄와복을 통달하고 시방(十方)두루 비추시고
미묘하온 청정법신 삼십이상 갖췄으며
팔십가지 모습으로 그법신을 장엄하니
천인인간 다받들고 용과신이 공경하며
일체세간 중생모두 한결같은 마음으로
거룩하고 높은분을 정성다해 받드나니
깨달음을 이루는일 부처님만 아십니다
저도이제 대승법을 이세상에 널리펴서
괴로움속 빠진중생 남김없이 건지리다

그때 사리불(舍利弗)이 용녀에게 이르셨다.

"네가 오래지 않아 위없는 도〔無上道(무상도)〕를 얻는다 하나, 아무래도 그 말을 믿기가 어렵구나. 왜냐하면 여인의 몸은 더러워 법기(法器)가 될 수 없기 때문이다. 그런데 어떻게 무상보리를 얻을 것인가? 게다가 부처님 되는 길은 멀고도 아득해서, 무량겁 동안 부지런히 고행을 하면서 갖가지 바라밀행(波羅蜜行)을 갖추어 닦은 연후에야 비로소 이룰 수 있는 것이다.

또 여인의 몸으로는 다섯 가지 장애〔五障(오장)〕가 있으니, 첫째는 범천왕(梵天王)이 되지 못하고, 둘째는 제석천(帝釋天)이, 셋째는 마왕(魔王), 넷째는 전륜성왕(轉輪聖王), 다섯째는 불신(佛身)을 이룰 수가 없다. 그러니 어찌 여인의 몸으로 속히 성불할 수 있겠는가?"

그때 용녀는 한 개의 보배구슬을 가지고 있었는데, 그 가치가 삼천대천세계만 하였다. 그것을 부처님께 바치자 부처님께서는 바로 받으셨다. 그러자 용녀가 지적보살과 사리불존

자에게 여쭈었다.

"제가 보배구슬을 바치자 부처님께서는 곧바로 받으셨나이다. 어떻습니까? 지금 이 일은 잠깐 사이에 일어난 일입니까?"

"그렇다. 아주 잠깐 사이로다."

"제가 신통력으로 성불하는 것을 보십시오. 이보다 더 빠를 것입니다."

그 자리에 있던 대중들이 용녀를 보니, 잠깐 사이에 홀연히 남자로 변하여 보살행을 갖춘 다음, 남쪽의 무구세계(無垢世界)로 가서 보배 연꽃 위에 앉아 등정각(等正覺)을 이루고는, 삼십이상과 팔십종호를 갖추고 시방의 모든 중생들을 위해 널리 묘한 법을 설하는 것이었다.

이에 사바세계의 보살과 성문과 천룡팔부신(天龍八部神)과 인비인(人非人) 등은, 용녀가 성불하여 그 자리에 함께한 천인과 인간들에게 널리 법을 설하는 것을 멀리서 보며 크게 기뻐하고 공경하고 예배하였다. 또 한량없는 중생들이 이 법문을 듣고 깨달아 불퇴전의 경지에 이르렀고, 한량없는 중생이 성불하리라는 수기를 받았으며, 무구세계가 여섯 가지로 진동하였다.

또 사바세계의 3천 중생들은 불퇴전의 경지에 머물게 되었고, 3천 중생들은 보리심을 일으켜 수기를 받았으며, 지적보살과 사리불과 법회에 참여한 대중들 모두는 묵묵히 믿고 받아들였다.

〈제12 제바달다품 끝〉

제13 지품
第十三 持品

그때 약왕보살마하살(藥王菩薩摩訶薩)과 대요설보살마하살(大樂說菩薩摩訶薩)은 권속 2만 보살들과 함께 세존께 맹세하였다.

"오직 원하옵나니 세존이시여, 심려하지 마옵소서. 부처님께서 열반에 드신 뒤에 저희는 반드시 법화경을 받들어 지니고 읽고 설하겠나이다. 뒷날 악한 세상의 중생들은 선근이 점점 줄어들고 잘난 체하는 증상만(增上慢)이 늘어나, 이익과 공양을 탐하고 착하지 않은 일만 하여, 해탈과 멀어지고 교화하기 어려워질지라도, 저희는 큰 인내를 발휘하여 이 법화경을 독송하고 수지하고 설하고 사경하고 갖가지로 공양하되, 몸과 목숨을 아끼지 않겠나이다."

그때 수기를 얻은 5백 아라한들도 부처님께 아뢰었다.

"세존이시여, 저희 또한 다른 국토에서 이 법화경을 널리 설할 것을 서원하옵니다."

또 수기를 얻은 유학(有學)과 무학(無學) 비구 8천명도 자리에서 일어나 합장하고 부처님께 맹세하였다.

"세존이시여, 저희들도 다른 국토에서 이 법화경을 널리 설하겠나이다. 왜냐하면 사바세계 사람들 대부분이 악하고 증상만이 강하고 공덕이 천박하고 성을 잘 내고 마음이 혼탁하고 아첨을 잘하고 진실 되지 않기 때문입니다."

이때 세존의 이모인 교담미(憍曇彌) 마하파사파제(摩訶波闍波提) 비구니는 유학의 비구니와 무학의 비구니 6천명과 함께 자리에서 일어나 일심으로 합장한 채 잠시도 한눈을 팔지 않고 부처님의 존안을 우러러 보았다. 이에 세존께서 교담미에게 이르셨다.

"어찌하여 그토록 근심스러운 얼굴로 여래

를 보느냐? 내가 그대의 이름을 따로 말하여 아뇩다라삼먁삼보리를 얻으리라는 수기를 주지 않을까 걱정하는 것이냐? 교담미여, 나는 이미 모든 성문들에게 다 수기를 주었느니라. 지금 그대의 수기 사실을 자세히 알고 싶어 한다면 설하여 주겠노라.

그대는 미래세 6만 8천억 부처님의 법 가운데서 대법사가 될 것이요, 이 6천 명의 비구니들도 다 함께 법사가 될 것이다. 이렇게 하여 점차로 보살도를 다 갖추어 반드시 성불하리니, 이름은 일체중생희견(一切衆生喜見)여래·응공·정변지·명행족·선서·세간해·무상사·조어장부·천인사·불세존이니라. 교담미여, 이 일체중생희견불과 6천 보살들은 차례로 수기하고 차례로 아뇩다라삼먁삼보리를 얻게 되느니라."

이때 라후라(羅睺羅)의 어머니인 야수다라(耶輸陀羅) 비구니는 생각하였다.

'부처님께서 수기하실 때 왜 내 이름만은 언

급하지 않는 것일까?'

부처님께서 야수다라에게 이르셨다.

"그대는 장차 백천만억 부처님의 법 가운데서 보살행을 닦아 대법사가 되어 점차로 불도를 이룬 뒤에 훌륭한 국토에서 성불하리니, 이름은 구족천만광상(具足千萬光相)여래·응공·정변지·명행족·선서·세간해·무상사·조어장부·천인사·불세존이요, 수명은 무량아승지겁이니라."

수기를 얻은 마하파사파제 비구니와 야수다라 비구니는 그 권속들과 함께 매우 기뻐하며 게송으로 아뢰었다.

도사(導師)이신 세존께서 천인인간 편케하니
수기받은 저희들도 마음편안 하옵니다

비구니들은 다시 부처님께 아뢰었다.

"부처님이시여, 저희들도 다른 국토에서 이 법화경을 널리 설하겠나이다."

그때 부처님께서는 80만억 나유타에 이르는 보살마하살들에게 눈길을 주셨다. 이 보살들은 모두 불퇴전의 경지인 아비발치(阿鞞跋致)에 머물러 법륜을 굴리고, 온갖 다라니를 다 얻은 이들이었다. 그들은 곧 자리에서 일어나 부처님 앞으로 나아가 합장하고 일심으로 생각하였다.

'부처님께서 우리들에게 이 법화경을 받아 지니고 설하라고 분부하시면 부처님의 가르침대로 널리 펴리라.'

그리고는 다시 생각하였다.

'지금 부처님께서 말없이 계실 뿐 분부하지 않으시니, 우리는 어떻게 해야 하는가?'

마침내 보살들은 공손하게 부처님의 뜻을 따름과 동시에 자신들의 본래 서원을 원만히 이루고자 부처님 앞에서 사자후(獅子吼)로 맹세하였다.

"부처님이시여, 저희들은 여래께서 열반에 드신 뒤에 시방세계를 두루 돌아다니며 중생들로 하여금 이 법화경을 사경하고 수지독송하고 그 뜻을 해설하겠으며, 법대로 수행하고 잘 기억하여 잊지 않겠나이다. 이 모두는 부처님의 위신력이오니, 바라옵건대 부처님께서는 다른 국토에 계실지라도 멀리서 보시옵고 수호하여 주옵소서."

보살들은 함께 게송을 아뢰었다.

멸도뒤의 두렵고도 악한세상 머무르며
저희이경 설하리니 염려하지 마옵소서
지혜없는 사람들이 나쁜말로 욕을하고
칼몽둥이 휘둘러도 저희능히 참으리다
악세(惡世)비구 삿되고도 간사스런 마음으로
못이룬것 증득했다 거짓되이 말하면서
나잘났다 우쭐대며 아만심을 부리오니
고요한곳 있으면서 누더기옷 걸쳐입고
참된도를 행한다며 떠들면서 선전하고
다른사람 무시하고 재물이익 탐착하며
세속에서 살고있는 이들에게 설법하여

신통이룬 나한처럼 세상공경 받나이다
이런이들 마음악해 세속일만 생각하고
뒤에숨어 거짓으로 저희허물 말합니다
이비구들 하나같이 재물이익 탐하면서
외도학설 연구한뒤 제스스로 경전지어
세상사람 현혹하고 이름명예 구하면서
법화경을 해설하고 널리편다 하옵니다
또한우리 비방코자 대중속에 머무르며
국왕대신 바라문과 거사들과 비구에게
저희들을 비방하되 '삿된견해 지닌이가
외도들의 가르침을 설한다'고 하옵니다
그렇지만 저희들은 세존공경 하옵기에
이와같은 비방들을 능히참을 것입니다
또한저희 경멸하여 '그대모두 부처이다'
빈정대며 말하여도 싫다않고 참으리다
두려웁기 그지없는 탁한겁의 세상에서
악한귀신 몸에들어 꾸짖으며 욕을해도
부처님을 믿는우리 법화경을 설하고자

인욕이란 갑옷입고 어려운일 잘참으며
몸과목숨 모두바쳐 무상도(無上道)를 아끼면서
미래세상 어디서든 세존분부 지키리다
두렵고도 탁한세상 야차같은 악비구(惡比丘)가
근기따라 설법하는 부처방편 알지못해
가지가지 욕설들과 비아냥을 내뱉으며
우리더러 '탑과절을 떠나가라' 내쫓아도
부처님의 분부하심 명심하고 생각하여
이와같은 온갖수모 능히참아 내오리다
시골도시 할것없이 법구하는 이있으면
어디든지 찾아가서 법화경을 설하리다
우리들은 세존사자(使者) 대중속에 머물면서
두려움이 전혀없는 좋은설법 하오리니
바라건대 여래시여 아무걱정 마옵소서
여기계신 시방불과 석가모니 부처님은
이와같이 서원하는 저희마음 잘아시리

〈제13 지품 끝〉

묘법연화경 제5권

제14 안락행품
第十四 安樂行品

그때 문수사리(文殊師利) 법왕자(法王子) 보살마하살(菩薩摩訶薩)이 부처님께 여쭈었다.

"부처님이시여, 부처님을 존경하고 따르는 보살들도 미래의 악한 세상에서 이 법화경을 지키고 보호하고 읽고 설하겠다〔護持讀說(호지독설)〕는 큰 서원을 일으킴은 심히 어려운 일이옵니다. 부처님이시여, 보살마하살은 미래의 악한 세상에서 이 법화경을 어떻게 설해야 하옵니까?"

부처님께서 문수사리보살에게 이르셨다.

"보살마하살이 미래의 악한 세상에서 법화경을 설할 때에는 반드시 네 가지 법에 안주(安住)해야 하느니라."

첫째는 보살의 행할 것〔行處〕과 친근해야 할 것〔親近處〕에 잘 머무른 다음에 중생들에게 법화경을 설해야 하느니라.

문수사리여, 어떤 것을 일러 보살마하살의 행할 것〔行處〕이라고 하는가?

인욕의 경지에 머물러 늘 부드럽고 평화롭고 착하고 순할 뿐〔柔和善順〕, 갑자기 난폭해지거나 놀라지 아니하며,

어떤 것에 대해서도 집착함이 없이 모든 것의 참모습〔如實相〕을 잘 관조하고,

그 모든 것에 대해 함부로 생각하거나 분별하지 않는 것을 일러 '보살마하살의 행할 것〔行處〕'이라 하느니라.

어떤 것을 일러 보살마하살이 친근히 해야 할 것〔親近處〕이라고 하는가?

보살마하살은 국왕·왕자·대신·관리 등을 가까이하지 말아야 하고, 일체 외도와 바라문과 극단적인 고행주의자, 속된 글을 쓰거나 외

도의 서적을 찬양하는 자, 극단적인 쾌락주의자와 염세주의자는 가까이하지 말아야 하느니라.

또한 모든 나쁜 놀이와 격투와 씨름, 유흥장에서 즐기는 갖가지 변덕스러운 놀이들을 가까이하지 말아야 하고, 천하게 행동하는 자와 돼지·양·닭·개를 도살하거나 생업과 관계없이 사냥을 하고 물고기를 잡는 등의 갖가지 악한 행위를 하는 자는 가까이하지 말아야 하느니라. 만일 이와 같은 자들이 찾아오거든 그들을 위해 설법은 하되 아무것도 바라지 말라.

또 성문도(聲聞道)를 구하는 비구·비구니·우바새·우바이를 가까이하거나 방문하지 말고, 그들의 방이나 경행하는 곳이나 강당에서 함께 머물지 말며, 혹 찾아오거든 근기에 따라 설법은 하되 아무것도 구하지 말지니라.

문수사리야, 또한 보살마하살은 여인의 몸

에 대해 애욕을 품은 채 설법을 하여서는 아니 되며, 여인 보기를 좋아하지도 말라. 남의 집에 가더라도 젊은 여인이나 처녀·과부 등에게 먼저 이야기하지 말며, 다섯 종류 성불구자인 오종불남(五種不男)도 가까이하지 말지니라. 혼자서는 다른 사람의 집에 들어가지 말지니, 만일 까닭이 있어 혼자 들어가게 되었을 때는 일심으로 부처님을 생각할지니라. 만일 여인에게 설법을 하게 되거든 치아를 드러내고 웃거나 가슴을 드러내어 보이지 말라. 법을 위함이라 할지라도 깊이 친하지 말아야 하거늘, 다른 일이야 말할 것이 있겠느냐?

나이 어린 제자와 사미(沙彌)와 어린아이 기르기를 좋아하지 말고, 그들과 함께 한 스승을 섬기는 것도 좋아하지 말라.

이상이 가까이하지 말아야 할 것이며 친근해야 할 것은 다음과 같으니라.

늘 좌선하기를 좋아하고 한적한 곳에서 마

음 닦기를 즐겨야 하나니〔修攝其心〕, 문수사리야, 이를 일러 '첫 번째 친근처(親近處)'라 하느니라.

또 보살마하살은 모든 것의 진실한 모습이 공(空)임을 관찰하기 때문에, 전도(顚倒)되지도 않고 동요하지도 않고 물러서지도 않고 옮겨가지도 않느니라〔不顚倒 不動 不退 不轉〕. 마치 허공과 같아서 일정한 성품이 없기 때문에 언어로 표현할 수 없을뿐더러, 생기지도 않고 나오지도 않고 일어나지도 않으며〔不生 不出 不起〕, 이름도 없고 모양도 없고 실제로 소유할 수도 없으며, 한량없고 끝도 없고 걸림도 없고 막힘도 없지만, 오직 인연으로 인해 있게 되고 전도된 생각에 의해 생겨나는 것이라고 관찰해야 하느니라.

이와 같이 법의 모습을 항상 즐겨 관(觀)하는 것〔常樂觀如是法相〕이 보살마하살이 '두 번째로 친근히 해야 할 것〔親近處〕'이니라."

부처님께서는 거듭 게송으로 이르셨다.

만일어떤 보살있어 미래악한 세상에서
자신있게 법화경을 설하기를 바란다면
行處 親近處
행처들과 친근처를 잘알아야 하느니라
먼저국왕 왕자대신 관리들을 비롯하여
나쁜장난 하는이와 천한행동 하는이와
외도들과 바라문과 속된이들 멀리하라
자칭도인 행세하고 소승법에 탐착하여
벗어나지 못하는이 친근하지 말것이요
계를파한 비구들과 이름뿐인 아라한과
잘웃으며 희롱하기 좋아하는 비구니와
오욕락에 탐착한채 열반도를 구하려는
우바새와 우바이는 친근하지 말지니라
만일이런 사람들이 좋은마음 가지고서
보살처소 찾아와서 부처의도 물거들랑
주저말고 두려움이 없는선한 마음으로
그무엇도 바라잖고 법화경을 설해주라
과부거나 처녀거나 남자답지 못한이는
가까이에 두지말고 거리감을 둘것이며

가축들을 도살하고 사냥하고 고기잡아

살생으로 이익보는 사람들도 친근말고

고기팔고 여색팔아 살아가는 사람이나

흉악스런 싸움꾼과 음흉스런 놀이꾼과

음기(氣)많은 여인들도 친근하지 말지니라

홀로외진 곳에서는 여인에게 설법말며

만일설법 할지라도 웃지말고 장난말라

마을찾아 걸식할때 딴비구와 함께가고

만일홀로 가게되면 일심으로 염불하라

이것이곧 보살들의 행할것과 친근할것

이두경계 잘지키면 안락하게 설법한다

보살들은 뛰어난법 보통의법 열등한법

유위의법 무위의법 진실한법 허망한법

그어떠한 법이라도 집착하면 아니되고

이는여자 저는남자 분별해도 아니된다

모든법에 집착않고 앎과견해 다놓으면

이를일러 보살들의 행처(行處)라고 칭하노라

이세상의 모든것은 본래부터 공하여서

常住
일어남도 상주함도 소멸됨도 없음이니
親近處
이를바로 아는것이 지혜인의 친근처다
잘잘못이 뒤바뀌고 분별많이 하는이는
모든것을 있다없다 진실이다 거짓이다
생겨나지 아니한다 생겨난다 말하지만
고요한데 머물면서 마음닦는 보살들은
수미산과 다름없이 편안하게 머무른다
모든것을 관찰하되 본래실재 아니함이
마치텅빈 허공같아 견고함과 평등함과
나타남과 움직임과 물러남이 전혀없는
一相 親近處
일상속에 머무름을 친근처라 하느니라
내가열반 보인뒤에 만일어떤 비구있어
행처들과 친근처를 적절하게 지키면서
법화경을 설법하면 두려움이 없느니라
또한보살 수행할때 고요한방 들어가서
法
올바르게 생각하고 이치따라 법관한뒤
선정에서 나와서는 왕과왕자 신하들과
백성들과 바라문등 많은이를 위하여서

법화경을 설해주고 법을열어 교화하면
그마음이 안온하여 두려움이 없느니라
문수사리 보살이여 이를일러 보살들이
법가운데 안주하여 후세사람 위하면서
법화경을 설법하는 첫번째의 법이니라

"또한 문수사리야, 여래가 열반에 든 다음의 말법(末法)세상에서 이 법화경을 설하고자 한다면 마땅히 두 번째 안락행(安樂行)에 머물러야 하느니라.

곧 법화경을 입으로 설하거나 읽을 때는 다른 사람이나 다른 경전의 허물을 말하기를 즐기지 말며,
다른 법사들을 가벼이 여겨 업신여기지 말며,
다른 사람의 잘잘못과 장단점을 말하지 말며,
성문들의 이름을 지적하여 그의 허물을 말하지도 칭찬하지도 말고 원망하지도 미워하지도 말지니라.

이와 같이 안락한 마음으로 잘 닦아서, 듣

는 모든 이의 뜻을 어기지 말 것이며, 누가 어려운 질문을 하더라도 소승법으로 답하지 말고 오직 대승법으로 해설하여 그들로 하여금 일체종지(一切種智)를 얻을 수 있게 해야 하느니라."

세존께서 거듭 게송으로 이르셨다.

보살들아 어느때나 편안하게 설법하라
청정하고 밝은곳에 법의자리 마련하고
맑은물로 목욕하여 더러운때 씻어내고
새옷입어 안과밖을 깨끗하게 만든다음
법상위에 편히앉아 물음따라 설법하라
비구들과 비구니와 우바새와 우바이와
국왕들과 왕자들과 신하들과 백성에게
부드러운 표정으로 미묘한뜻 설해주고
어려운것 질문하면 이치따라 대답하되
인연담과 비유로써 자세하게 설하여라
이와같은 방편으로 모두발심 시켜주고
점차이익 더해주어 불도(佛道)속에 들게하라

뜻과생각 속에있는 게으름을 제거하고
근심걱정 멀리떠나 자비로써 설법하며
위없는도 밤낮으로 부지런히 항상설해
여러가지 인연들과 한량없는 비유로써
중생들을 깨우치고 기쁨가득 안겨주되
의복이나 침구좌복 음식들과 약품들을
하나라도 바라거나 얻으려고 하지말라
이와같이 일심으로 설법을한 인연으로
佛 道
불도성취 하옵기를 지성으로 서원하고
중생들도 불도성취 하게되기 바랄지니
安 樂 供 養
이를일러 큰이익의 안락공양 이라한다
내멸도후 법화경을 잘설하는 비구라면
질투하고 성내거나 번뇌장애 전혀없고
그어떠한 근심이나 걱정들이 없느니라
욕하는이 또한없고 두려움도 전혀없고
칼등으로 해치거나 내쫓는이 없으리니
인욕으로 편안하게 머무르기 때문이다
지혜있는 사람이면 이와같이 마음닦아

내가말한 것과같은 안락행에 머무나니
그사람이 얻는공덕 천만억겁 지나도록
아무리잘 표현해도 다말할수 없느니라

"세 번째로 문수사리야, 법이 사라져가는 후(後)말세(末世)에 이 법화경을 받아 지니고 읽고 외우는 보살마하살은 질투하거나 아첨하거나 속이려는 마음을 품지 말 것이며, 불도를 배우는 이를 업신여기거나 욕하거나 그의 장단점을 들추어내지 말지니라.

비구·비구니·우바새·우바이 중에 성문의 경지를 구하는 이나 벽지불의 경지를 구하는 이나 보살의 경지를 구하는 이에게, '그대들은 도에서 아주 멀리 떨어져 있어 결코 부처님의 일체종지(一切種智)를 얻지 못한다. 그 까닭이 무엇인가? 게으르고 도를 구하는 데 너무 태만하기 때문이다'라는 등의 말을 하여 그들로 하여금 의심하고 후회하게 만들지 말라. 또 다툴 여지가 있는 법들에 대해 쓸데없이 논하지 말라.

오직 일체 중생들에 대하여 큰 자비심을 일으키고, 부처님들에 대해 자비로운 아버지라는 생각을 일으키며, 보살들에 대해 큰 스승이라는 생각을 일으켜라. 시방의 대보살들을 항상 마음 깊이 공경하고 예배하면서, 일체 중생들에게 평등하게 법을 설하되 법에 맞게 설할 뿐 더 설하지도 덜 설하지도 말며, 법을 깊이 사랑하는 이일지라도 특별히 더 설하지 않아야 하느니라.

문수사리야, 뒷날 법이 멸하려 하는 말세에 이 세 번째 안락행을 성취한 행자는 법화경을 설할 때 번뇌나 시끄러운 일 없이 좋은 도반(道伴)을 만나 함께 이 경을 독송하게 되느니라.

또한 많은 대중이 그의 설법을 들으러 올 것이요, 들은 뒤에는 능히 지닐 것이요, 지닌 뒤에는 외울 것이요, 외운 뒤에는 설할 것이요, 설한 뒤에는 스스로 사경하고 남에게도 쓰게

하면서, 법화경에 대해 공양하고 공경하고 존중하고 찬탄하게 되느니라."

세존께서 거듭 게송으로 이르셨다.

법화경을 설하려면 질투성냄 교만심과
아첨하고 남속이는 삿된마음 다버리고
한결같이 성실하게 곧은행을 닦아갈뿐
다른사람 경멸커나 법에대해 논쟁말고
남을향해 성불하지 못한다는 말을하여
의혹속에 빠져들게 하여서도 아니된다
법화경을 설할때는 온화하게 능히참고
자비심을 일으켜서 부지런히 교화하라
'중생들이 가엽다'며 시방세계 다니면서
도행하는 대보살을 대법사로 생각하고
부처님을 으뜸가는 아버지로 여기면서
교만심을 쳐부수고 거침없이 설법하라
세번째법 이러하니 지혜있는 사람들이
굳게지켜 일심으로 안락하게 행할지면

한량없는 중생들이 공경하고 받드노라

"네 번째는 문수사리야, 법이 사라져가는 후 말세에 이 법화경을 받아 지니는 보살은 재가 출가불자에게 대자비심을 일으킬 뿐 아니라, 불자가 아닌 이들에게도 대자비심을 품고 이렇게 생각해야 하느니라.

'이들은 큰 과오를 범하고 있다. 여래께서 방편으로 근기에 따라 설법하신 것을 듣지도 못하고 알지도 못하고, 깨닫지도 못하고 묻지도 못하고, 믿지도 못하고 이해하지도 못하고 있다. 이들이 비록 이 법화경에 대해 묻지도 못하고 믿지도 못하고 이해하지도 못하고 있으나, 내가 아뇩다라삼먁삼보리를 얻게 되면 그들이 어디에 있든 신통력과 지혜의 힘으로 이끌어서 이 법 가운데 머무르게 하리라.'

문수사리야, 여래가 열반에 든 뒤에 이 네 번째 법을 성취한 보살마하살은 이 경을 설할

때 허물을 범하지 않게 되나니, 비구·비구니·우바새·우바이·국왕·왕자·대신·백성·바라문·거사 등이 언제나 공양하고 공경하고 존중하고 찬탄하느니라. 또 허공의 천인들도 법을 듣기 위해 늘 따라다니며 모시느니라.

만일 시골이나 도시나 한적한 숲 속에 있을 때 어떤 사람이 찾아와 트집을 잡거나 비난을 할지라도, 천인들이 밤낮으로 수호하여 듣는 이들을 환희롭게 하나니, 과거·현재·미래의 모든 부처님들이 이 법화경을 신통력으로 보호하고 있기 때문이니라.

문수사리야, 저 수많은 국토에서는 법화경의 이름조차 듣기 어렵거늘, 하물며 얻고 보고 수지독송함이랴. 문수사리야, 비유를 들리라.

⑥ 계주유髻珠喩

강력한 전륜성왕이 그의 위엄과 힘으로 여러 나라를 항복시키고자 할 때, 작은 나라의 왕들이 그의 명에 따르지 않게 되면 전륜성왕은 많은 군사를 일으켜 그들을 토벌하느니라.

그때 전륜성왕은 크게 기뻐하면서 전쟁 유공자에게 공에 따라 상을 주되, 논밭이나 집·마을·도시를 주기도 하고, 의복·장신구를 주기도 하고, 갖가지 진귀한 보물인 금·은·유리·자거·마노·산호·호박이나 코끼리·말·수레·노비·백성들을 주기도 하지만, 오직 상투 속에 있는 명주(明珠)만은 주지 않느니라. 무슨 까닭인가? 세상에서 전륜성왕의 정수리에만 있는 단 하나의 구슬이므로, 그것을 주면 왕의 권속 모두가 반드시 크게 놀라고 이상하게 여길 것이기 때문이니라.

문수사리야, 여래 또한 이와 같아서, 선정과 지혜의 힘으로 법(法)의 국토를 얻은 삼계(三界)의 왕이지만, 마왕들이 순순히 항복하지 않기 때문에 여래의 어질고 성스러운 장군들이 그들과 싸움을 하게 되느니라. 이때 여래는 환희심으로 여러 가지 경전을 설하여 그들의 마음을 기쁘게 만드나니, 선정·해탈·오근(五根)·오력(五力) 등 갖가지 귀한 법과 열반의 성(城)을 주면서 멸도(滅道)를 얻었음을 일러주어 그들을 인도하고 마음을 크게 환희롭게 만드느니라. 그러나 이 법화경만은 설하지 않느니라.

문수사리야, 저 전륜성왕은 병사들 중에 가장 큰 공을 세운 이를 보고 크게 기뻐하면서도, 오랫동안 상투 속에 감추어 두고 함부로 사람들에게 보여 주지 않았던 그 명주는 나중에야 주느니라.

여래 또한 그와 같나니, 여래는 삼계의 대법왕이 되어 바른 법으로 일체 중생을 교화하다가, 어질고 훌륭한 군사가 오음마(五陰魔)·번뇌마(煩惱魔)·사마(死魔)와 싸워서 삼독을 없애고 마의 그물을 찢어 삼계를 벗어나는 것을 보고 크게 기뻐하면서, 일체 세간에서 믿기 보다는 원망하기가 쉽기 때문에 일찍이 설하지 않았던 이 법화경을 비로소 설하여, 중생들로 하여금 일체지(一切智)를 얻게 하느니라.

✿

문수사리야, 이 법화경은 모든 여래의 가르침 중에서 제일의 법문이요, 모든 가르침들 중에서 그 뜻이 가장 깊기 때문에 마지막에 가서야 설하나니, 이는 마치 저 힘센 왕이 오래도록 간직해 왔던 명주를 마지막에 내어 주는 것과 같으니라.

문수사리야, 이 법화경은 제불여래(諸佛如來)가 비밀스럽게 감추어 두었던 법장(法藏)이요 모든 경전 중에 최상의 것이므로, 오래도록 간직한 채 함부로 설하지 아니하다가, 오늘에야 비로소 너희에게 설하는 것이니라."

세존께서 거듭 게송으로 이르셨다.

항상인욕 실천하고 일체중생 애민(哀愍)하며
부처님들 찬탄하신 법화경을 설하여라

오는세상 후말세에 이경전을 지닌이여
재가자든 출가자든 보살여부 가림없이
자비심을 일으킨뒤 이와같이 생각하라
'많은중생 법화경을 듣지않고 믿지못해
큰과오를 범하지만 내가불도 이룬다음
여러가지 방편으로 이경전을 설법하여
법화경법 가운데에 머무르게 할것이다'
비유하여 말하노니 힘이강한 전륜성왕
전쟁에서 공을세운 군사에게 상을주되
코끼리말 수레등과 몸을꾸밀 장신구와
많은논밭 가옥들과 촌락성읍 떼어주고
의복보석 노비재산 기뻐하며 나눠준다
또한가장 잘싸우고 어려운일 행한장수
상투속에 감춰뒀던 명주꺼내 상주노라
부처님도 이와같이 모든법의 왕이되어
인욕잘해 이룬힘과 지혜보장(智慧寶藏) 활짝열어
대자비로 법에따라 어둔세상 교화할때
고통받던 사람들이 해탈법을 구하고자

여러종류 마군들과 싸우는것 보시고는

이중생들 이끌고자 여러가지 법설하고

큰방편을 두루열어 여러경전 설하다가

그중생들 힘얻었음 확실하게 보게되면

마지막에 그들위해 법화경을 설하시니

전륜왕이 상투풀어 명주꺼내 줌과같다

이법화경 훌륭함이 모든경중 으뜸이라

내가홀로 간직할뿐 보여주지 않았으나

지금바로 때가되어 너희에게 설하노라

내열반에 든다음에 부처님법 구하면서

편안하게 법화경을 설하기를 원하거든

앞서말한 네가지의 안락행법(安樂行法) 따르거라

법화경을 읽는이는 근심걱정 항상없고

각종병환 전혀없어 얼굴빛이 아름답고

빈궁함과 천박함과 추악함이 없느니라

중생들이 좋아하되 어진성현 보듯하며

하늘나라 동자들이 찾아와서 시중들고

칼몽둥이 독약들의 해를입지 않게되며

만일누가 욕설하면 욕한입이 막히노라
두려움이 없기로는 사자왕과 다름없고
그지혜의 밝은광명 태양처럼 빛나도다
또한능히 꿈속에서 묘한일만 보게되니
위엄있게 사자좌에 앉아계신 제불들이
비구들에 둘러싸여 설법하심 볼것이요
항하모래 수와같은 용과귀신 아수라들
일심으로 합장하고 공경하는 그속에서
너희들이 그들위해 설법함을 볼것이다
또한금빛 부처님들 한량없는 광명놓아
일체세간 모든것을 남김없이 비추시며
맑고고운 음성으로 모든법을 설하시니
사부대중 모두위해 높은법을 설하실때
너희또한 그가운데 머무르게 될것이요
합장하고 일심으로 부처님을 찬탄하고
법을듣고 환희하여 부처님께 공양하며
다라니와 불퇴지혜(不退智慧) 증득함을 볼것이다
불도깊이 깨달은것 부처님이 아시고서

최정각(最正覺)을 이룬다는 수기주고 설하나니
'선남자야 너는장차 다가오는 세상에서
한량없는 큰지혜로 불(佛)의대도(大道) 얻은다음
청정하고 크고넓은 그대불국 정토에서
대중에게 설법함을 보게된다' 하시니라
또한다시 그대들은 산림속에 들어가서
좋은법을 닦고익혀 진실상을 증득하고
깊은선정 속에들어 시방불을 친견한다
몸은모두 금빛이요 백복(百福)으로 장엄하신
시방세계 부처님께 법을얻어 듣고나서
남을위해 설법하는 좋은꿈들 꾸게된다
또꿈속에 왕이되어 큰궁전과 권속들과
오욕락을 다버리고 도량으로 나아가서
보리수의 밑에놓인 사자좌에 높이앉아
도(道)구한지 칠일만에 부처지혜 모두얻고
위없는도 성취한뒤 자리에서 일어나서
사부대중 깨우치는 큰법륜을 굴리나니
천만억겁 지나도록 무루묘법(無漏妙法) 설하여서

한량없는 많은중생 제도하여 마친다음
마침내는 최후맞아 등불들이 다꺼지고
연기마저 사라지는 참된열반 들게된다
뒤에오는 악세에서 법화경을 설하는이
얻게되는 큰이익과 공덕들은 이같노라

〈제14 안락행품 끝〉

제15 종지용출품
第十五 從地踊出品

그때 다른 국토에서 온 8항하사만큼 많은 보살마하살이 대중 속에 있다가 자리에서 일어나 합장 예배하고 부처님께 아뢰었다.

"부처님이시여, 저희는 부처님께서 열반에 드신 다음, 이 사바세계에 머물면서 부지런히 법화경을 지키고 보호하고 독송하고 사경하고 공양하고자 하옵니다. 만일 허락하신다면 이 땅에서 법화경을 널리 설하겠나이다."

부처님께서 보살마하살들에게 이르셨다.

"그만두어라, 선남자야. 그대들이 이 가르침을 지키고 보호할 필요는 없다. 그 까닭이 무엇인가? 이 사바세계에는 6만 항하사만큼 많은 보살마하살들이 있고, 또 그 보살들에게는 각기 6만 항하사만큼 많은 권속들이 있나니, 그들이 내가 열반에 든 뒤 이 법화경을 지키고 보호하고 독송하고 널리 설할 것이기 때문이니라."

부처님께서 이와 같이 설하시자, 사바세계 삼천대천국토(三千大千國土)들이 다 진동하면서 열리더니, 그 속으로부터 천만억의 한량없는 보살마하살들이 동시에 솟아 올라왔다. 이 보살들의 몸은 모두 황금색이요 삼십이상을 갖추고 있었으며, 한없이 밝은 빛을 발하고 있었다. 이 보살들은 모두 사바세계 아래의 허공에 머물러 있다가 석가모니불의 음성을 듣고 솟아올라온 것이었다.

이 보살들은 대중을 이끄는 지도자로서 제각기 6만 항하사만큼 많은 권속들을 거느리고 있었다.

또 5만·4만·3만·2만·1만 항하사만큼 많

은 권속들을 거느린 보살들의 수는 더욱 많았으며, 1항하사만큼 많은 권속들이나 그것의 반 또는 사분의 일, 천만억 나유타분의 일에 이르는 권속을 거느린 보살들의 수는 더더욱 많았다. 또 천만억 나유타에 이르는 권속을 거느린 보살들이나, 억만 또는 천만·백만·일만 권속을 거느린 보살들의 수가 더 많음은 말할 필요조차 없었다. 또 일천·일백·일십 명의 권속을 거느린 보살들이나 다섯·넷·셋·둘·하나의 제자를 거느린 보살, 그리고 홀로 한적한 곳에서 수행하는 것을 즐기는 보살들의 수는 더욱 많아서, 숫자나 비유로는 다 헤아릴 수가 없었다.

이 모든 보살들은 땅으로부터 솟아 올라와 다보여래와 석가모니불이 계신 공중 높이에 떠있는 칠보탑으로 나아갔다. 그리고는 두 분 세존의 발에 머리를 대고 예배를 드린 다음, 보배나무 아래의 사자좌에 앉아 계신 모든 부처님들의 발에 머리를 대고 예배를 드렸다. 그리고는 오른쪽으로 세 번을 돌고 합장 공경하면서, 모든 보살의 찬탄법에 맞추어 찬탄을 한 다음, 한쪽으로 물러나 기쁜 마음으로 두 분 세존을 우러러보았다.

이 모든 보살마하살들이 땅에서 올라와 보살의 찬탄법대로 부처님들을 찬탄할 때까지 50소겁(小劫)이 경과하였으나, 그 동안 석가모니불은 말없이 앉아 계셨고 사부대중 또한 잠자코 있었으니, 부처님의 신통력으로 인해 50소겁이 대중들에게는 한나절과 같이 느껴졌다.

그때 사부대중들은 부처님의 신통력 덕분에 수많은 보살들이 한량없는 백천만억 국토의 허공에 가득 차 있는 것을 볼 수 있었다.

이 보살들 중에는 네 명의 지도자〔導師(도사)〕가 있었으니, 첫째 이름은 상행(上行)이요 둘째는 무변행(無邊行), 셋째는 정행(淨行), 넷째는 안립행(安立行)이었다. 이 네 보살은 대중들 중에서 가장 으뜸가는 지도자요 스승이었다. 네 보살은 대중들 앞으로 나와 합장하고 석가모니불을 우러러보며 문안을 드렸다.

"세존이시여, 병없고 걱정없이 안락하게 지내십니까? 제도하는 중생들이 가르침을 잘 받아들이고 있습니까? 세존을 피로하게 하지는 않습니까?"

네 명의 대보살은 거듭 게송으로 여쭈었다.

세존이여 병이없고 근심없이 안락하며
중생교화 하시느라 피로하지 않습니까
중생들이 가르침을 제대로잘 이해못해
부처님을 피로하게 만들지는 않는지요

이에 세존께서 보살들에게 이르셨다.

"이와 같고 이와 같다〔如是如是(여시여시)〕. 여래는 안락하고 병도 없고 근심도 없느니라. 또 중생들도 교화하기가 쉬워 피로하지 않느니라. 왜냐하면 이 중생들은 세세생생 나의 교화를 받아 왔고, 과거에 많은 부처님들을 공경하고 존중하면서 갖가지 선근을 심었기 때문이니라. 이 중생들은 처음 나를 보고 내 설법을 듣고는 곧바로 여래의 지혜를 믿고 이해하였으며, 여래의 지혜를 얻는 길로 들어섰느니라. 단 일찍부터 소승만을 배운 자는 제외되지만, 이들 또한 내가 지금 법화경을 듣게하여 부처님의 지혜 속으로 들어가게 하느니라."

이때 대보살들이 게송으로 아뢰었다.

대웅(大雄)이신 세존이여 정말훌륭 하십니다
중생들을 근기따라 쉽게교화 하시옵고
깊고깊은 부처지혜 능히묻고 들은다음
믿고지녀 행한다니 저희들도 기쁩니다

세존께서도 대중의 지도자인 대보살들을 찬탄하였다.

"착하고 훌륭하도다, 선남자들아. 너희가 여래를 따라 능히 기쁜 마음을 일으키는구나."

이때 미륵보살(彌勒菩薩)과 8천 항하사만큼 많은 보살들 모두는 마음속으로 생각하였다.

'우리는 예로부터 지금까지 이와 같은 대보살마하살들이 땅에서 올라와 세존 앞에서 합장하고 공양하며 문안을 드리는 것을 본 적도 없었고 듣지도 못하였다.'

이때 미륵보살마하살은 8천 항하사만큼 많은 보살들의 마음속 생각을 알았으며, 아울러 자신의 의문스러웠던 바도 풀고자 부처님을 향해 합장하고 게송으로 여쭈었다.

한량없는 수천만억 보살대중 모인것을
아직본적 없사오니 어디에서 오셨으며
모인인연 무엇인지 양족존(兩足尊)은 설하소서
큰몸에다 큰신통과 부사의한 지혜있고
뜻과생각 견고하고 큰인욕을 지녔으며

중생들이 좋아하니 어디에서 왔나이까
한분한분 보살들이 거느리는 권속들은
그수효가 한량없는 항하사수(恒河沙數) 같습니다
그중육만 항하사수 만큼많은 대보살은
각기육만 항하사수 대중들을 데려와서
일심으로 부처님의 위없는도 구하고자
부처님께 공양하고 이경보호 하옵니다
또한오만 항하사수 권속지닌 보살수는
앞의보살 수보다도 더욱많을 뿐아니라
사만삼만 이만일만 일천일백 에서부터
일항하사 만큼되는 권속지닌 대보살들
그것의반 삼분의일 사분의일 에서부터
억만분의 일정도의 권속지닌 대보살들
수천수만 나유타의 권속지닌 대보살들
일만억명 제자들을 거느리는 대보살들
억명의반 권속들을 거느리는 보살등등
그수효는 갈수록더 많아지고 있습니다
또한백만 일만내지 일천에서 일백명과

오십에서 십을지나 셋둘하나 거느렸고
권속없이 다니기를 즐겨하여 홀몸으로
세존앞에 나온이는 앞수보다 더많으니
이와같이 많은대중 헤아리려 하다가는
항하사수(恒河沙數) 겁지나도 알아낼수 없나이다
대위덕(大威德)과 정진력을 함께갖춘 이보살들
어느누가 설법하여 능히교화 하였으며
누구따라 발심했고 어떤불법(佛法) 찬양했고
어떤경전 공부했고 어떤불도 익혔을까
신통력과 지혜가큰 이와같은 대보살들
사방의땅 갈라지며 그속에서 나왔는데
예전에는 이런일을 본적조차 없나이다
세존이여 그보살들 어디에서 오신건지
저희에게 그국토의 이름설해 주옵소서
저희들도 여러국토 두루다녀 보았으나
이런대중 본적없고 한사람도 모르오니
그들홀연 땅속에서 솟은인연 설하소서
지금이큰 모임속의 백천만억 보살들도

한결같이　이인연을　모두알기　원하오니
한량없는　덕을지닌　으뜸가는　세존이여
보살들의　옛인연과　미래인연　설하시어
대중의심　명쾌하게　모두풀어　주옵소서

그때 한량없는 천만억 국토로부터 와서 팔방의 보배나무 아래의 사자좌에서 결가부좌를 하고 계신 석가모니의 분신불들을 모시고 있던 시자들도, 무수한 보살대중이 삼천대천세계 사방의 땅에서 솟아올라와 허공에 머물러 있는 것을 보고는, 저마다 그들이 모시고 있는 부처님께 여쭈었다.

"세존이시여, 이 무량무변 아승지의 보살 대중들은 어느 곳에서 왔나이까?"

이에 분신불들이 시자들에게 이르셨다.

"선남자들이여, 잠시만 기다려라. 여기 한 보살마하살이 있으니 그 이름은 미륵이요, 석가모니불께서 다음 세상에 성불하리라 수기를 주셨느니라. 그 보살이 이 일에 대해 물었으므로 석가모니불께서 곧 대답을 하실 것이요, 너희들도 자연히 들어 알게 될 것이다.”

그때 세존께서 미륵보살에게 이르셨다.

“착하고 훌륭하도다, 아일다(阿逸多)(미륵보살)야. 나에게 이 큰 일에 대해 잘 물었도다. 너희는 일심으로 정진의 갑옷을 입고 확고한 뜻을 발하여라. 여래는 이제 제불(諸佛)의 지혜와 제불의 자유자재한 신통력과 제불의 용맹과 위엄을 나타내어 이 일에 대해 설하고자 하노라.”

세존께서는 거듭 게송으로 이르셨다.

내가이일 설하리니 세심하게 주의하고
일심으로 집중하여 절대의심 갖지말라
부처지혜 생각으로 헤아릴수 없음이니
너희오직 믿음내고 인욕속에 머물지면
전에듣지 못했던법 이제모두 들으리라
너희에게 내가미리 안심하라 이르노니

털끝만한 의심이나 두려움을 품지말라
부처말씀 진실하고 지혜또한 한없으며
제일법(第一法)이 깊고깊어 분별할수 없느니라
이제이일 설하리니 일심으로 경청하라

세존께서는 게송을 읊으신 뒤 미륵보살에게 이르셨다.

"내 이제 대중들과 그대에게 이르노라. 아일다야, 한량없고 수없는 대보살마하살이 땅에서 솟아올라오는 것을 너희는 일찍이 보지 못했을 것이다.

나는 이 사바세계에서 아뇩다라삼먁삼보리를 이룬 뒤에 이 모든 보살들을 교화하고 인도하여 그 마음을 조복(調伏)받고 위없는 도심(道心)을 일으키게 하였느니라.

이 보살들은 모두 이 사바세계 아래의 허공에 살면서 모든 경전을 읽고 외우고 통달하고, 잘 생각하고 잘 분별하여 바르게 기억하고 있느니라.

아일다야, 이 모든 선남자들은 대중들 가운데 있으면서 많이 설하기를 즐기기 보다는, 늘 고요한 곳에서 힘써 정진하기를 멈추지 않았느니라. 또 사람이나 천인들 가까이에 머물지 않고 깊은 지혜를 즐겨 닦아 언제나 걸림 없이 자재롭나니, 항상 모든 부처님의 법을 좋아하여 일심으로 정진하면서 위없는 지혜를 구하였느니라."

세존께서는 거듭 게송으로 이르셨다.

아일다야 잘알아라 이수많은 대보살은
무수한겁 이전부터 부처지혜 닦았으니
모두내가 교화하여 대도심(大道心)을 발한이다
그들모두 내아들로 사바세계 머물면서
두타행(頭陀行)을 즐겨닦아 시끄러운 대중피해
고요한곳 머물면서 설법거의 않느니라
이와같은 많은아들 나의도를 배워익혀

밤낮없이 정진하고 부처님법 구하면서
사바세계 아래있는 허공중에 머무나니
뜻과생각 견고하고 힘써지혜 구하기에
두려운맘 전혀없이 묘한법문 설하노라
또한내가 부다가야 보리수의 아래앉아
最正覺 無上法輪
최정각을 성취하고 무상법륜 굴리면서
道心
그들모두 교화하여 도심불러 일으켰고
不退轉
마침내는 불퇴전의 높은경지 얻었기에
틀림없이 장차모두 성불하게 되느니라
내가말한 이진실을 일심으로 믿을지니
이대중들 옛날부터 내가교화 했느니라

그때 미륵보살마하살과 무수한 보살들은 일찍이 없었던 이상한 일이므로 마음속으로 의심하고 생각하였다.

'세존께서는 어떻게 그 짧은 기간 동안 이와 같은 무량무변 아승지 수의 보살들을 교화하시어 아뇩다라삼먁삼보리의 도에 머물게 하셨

을까?’

그리고는 곧 부처님께 여쭈었다.

“세존이시여, 여래께서는 태자였을 때 석가족(釋迦族)의 왕궁에서 나와 가야성 근처의 도량에 앉으시어 아뇩다라삼먁삼보리를 얻으셨나이다. 그때부터 지금까지가 40여 년밖에 지나지 않았거늘, 세존께서는 어떻게 그 짧은 기간 동안 이렇게 큰 불사(佛事)를 행하셨나이까? 어떠한 부처님의 힘과 공덕으로 이 한량없는 대보살들을 교화하여 아뇩다라삼먁삼보리를 이룰 수 있게 하셨나이까?

세존이시여, 이 대보살들의 수는 어떤 이가 천만억겁 동안 셀지라도 다 셀 수가 없고, 그 끝을 알 수가 없나이다. 이 보살들은 아주 오랜 옛날부터 한량없고 가이없는 부처님들 밑에서 갖가지 선근을 심어 보살도(菩薩道)를 성취하였을 것이요, 늘 청정하게 수행했을 것이옵니다. 세존이시여, 그러므로 이 일을 세상 사람들은 믿기가 어렵나이다.

비유하자면 안색이 곱고 머리가 검고 나이 25세밖에 안 된 젊은이가 백세 노인을 가리키면서 '이 사람은 나의 아들이다'라고 한다거나, 백세 노인이 젊은이를 가리키면서 '저 분은 나의 아버지요, 나를 낳아 기르셨다'고 한다면 누구도 믿기 어려울 것이니, 부처님께서 말씀하신 일 또한 이와 같나이다.

사실 세존께서 도를 얻으신 지는 오래되지 않았습니다. 그리고 이 대보살들은 이미 한량없는 천만억겁 동안 불도를 얻기 위하여 힘써 정진하였기에 한량없는 백천만억 가지 삼매(三昧)와 큰 신통을 얻었을 것이옵니다. 또 오래도록 청정한 행을 닦고 갖가지 선법(善法)을 차례로 잘 익혔기에 문답에 능할 뿐 아니라, 사람들 중의 보배요 일체 세간에서 보기 드문 이가 되었을 것이옵니다.

그런데 지금 세존께서는 '내가 불도를 얻고

난 다음에 그들을 발심시켜서 교화하고 인도하여, 아뇩다라삼먁삼보리를 향해 나아가도록 하였다'고 하셨나이다. 세존께서 성불하신 지가 오래되지 않았는데 어떻게 이와 같은 큰 공덕을 지었나이까?

저희는 부처님께서 근기에 따라 설법하는 것과 부처님의 말씀에 거짓이 없다는 것, 부처님께서 모든 것을 막힘없이 환히 아는 분이라는 것을 굳게 믿고 있나이다. 그러나 새로 발심한 신발의(新發意)보살들은 부처님께서 열반에 드신 뒤에 이 말을 들으면 믿지 아니하여 법을 파괴하는 죄를 짓게 되지 않을까 두렵나이다.

원하옵건대 세존이시여, 부디 이 일에 대해 분명하게 설하시어 저희의 의심을 없애 주시고, 미래세의 모든 선남자들이 이 이야기를 듣고 의심을 내지 않게 하여 주시옵소서."

미륵보살은 이 뜻을 거듭 밝히고자 게송으로 아뢰었다.

석가족의 나라에서 태어나신 부처님은
출가하여 부다가야 보리수밑 앉으시어
큰깨달음 이룬지가 오래되지 않습니다
그런데도 여기있는 불자들수 한량없고
하나같이 신통깊고 보살도를 잘익혀서
물속에핀 연꽃처럼 세간법에 물안드니
불도(佛道)오래 닦지않고 어찌이와 같으리까
지금많은 보살들이 땅속에서 솟아올라
공경스런 마음으로 세존앞에 있사오니
부사의한 이런일을 우리어찌 믿으리까
성불한지 얼마되지 아니하신 세존께서
이다지도 많은보살 제도했다 하오시니
대중의심 사라지게 진실설해 주옵소서
비유하면 나이이제 스물다섯 젊은이가
흰머리에 주름잡힌 백세노인 가리키며
'저사람은 내가낳은 나의아들 이다'하고
늙은이도 젊은이를 아버지라 말한다면
젊은아비 늙은아들 세상사람 믿으리까

세존또한 성불한지 오래되지 않았는데
여기많은 보살들은 뜻이굳고 떳떳하니
옛날부터 보살도를 행한것이 아닐까요
힘든문답 쉽게하고 두려움도 없사오며
인욕심이 확고하고 위엄덕망 갖췄기에
시방제불 아낌없이 그들찬탄 하옵니다
또한설법 잘하지만 대중속에 안머물고
항상선정 즐기면서 부처의도 구하고자
사바아래 허공중에 머문다고 했나이다
저희들은 세존말씀 의심하지 않사오나
미래중생 위하시어 그까닭을 설하소서
법화경을 의심하여 믿지않는 사람들은
삼악도에 떨어지니 자세하게 설하소서
한량없는 보살들을 과연어찌 교화하여
짧은세월 그사이에 발심하게 하였으며
불퇴전의 경지까지 이르도록 했나이까

〈제15 종지용출품 끝〉

제16 여래수량품
第十六 如來壽量品

그때 부처님께서 여러 보살과 모든 대중에게 이르셨다.

"선남자들아, 너희는 마땅히 진실을 밝히는 여래의 성실한 말을 믿고 이해해야 하느니라."

그리고는 다시 이르셨다.

"너희는 마땅히 진실을 밝히는 여래의 성실한 말을 믿고 이해해야 하느니라."

그리고 또다시 이르셨다.

"너희는 마땅히 진실을 밝히는 여래의 성실한 말을 믿고 이해해야 하느니라."

이에 미륵보살을 선두로 한 보살 대중들은 모두 합장하고 부처님께 아뢰었다.

"세존이시여, 간절히 원하오니 설하여 주옵소서. 저희 모두는 반드시 부처님의 말씀을 믿고 받들겠나이다."

이와 같이 세 번을 아뢴 다음 또 다시 청하였다.

"간절히 원하오니 설하여 주옵소서. 저희 모두는 반드시 부처님의 말씀을 믿고 받들겠나이다."

이때 세존께서는 모든 보살이 세 번씩이나 청하고도 그치지 않는 것을 보고 이르셨다.

"너희는 여래의 비밀스러운 신통력에 대해 잘 들을지니라. 일체 세간의 천인과 인간과 아수라의 무리들은 모두 '금생에 석가모니불이 석가족의 궁궐에서 나와 가야성에서 멀지 않은 도량에 앉아 아뇩다라삼먁삼보리를 얻었다'고 말하고 있다. 그러나 선남자들아, 실로 나는 무량무변 백천만억 나유타 겁 전에 성불하였느니라.

비유하면 어떤 사람이 5백천만억 나유타 아승지에 이르는 삼천대천세계를 모두 부수어 티끌로 만든 다음, 동쪽으로 5백천만억 나유타 아승지의 국토를 지날 때마다 티끌 하나를 떨어뜨리되, 이와 같이 동쪽으로 계속 가면서 그 가루를 다 떨어뜨렸다면, 선남자들아 너희는 어떻게 생각하느냐? 그 모든 세계들의 수를 생각으로나 계산으로 알아낼 수 있겠느냐?"

미륵보살 등이 부처님께 아뢰었다.

"부처님이시여, 그 모든 세계들은 한량없고 가이없어 산수로 계산할 수가 없고, 마음의 힘으로도 알 수가 없나이다. 또 일체 성문·벽지불의 무루지(無漏智)로 생각하여도 그 수를 알 수 없으며, 불퇴전(不退轉)에 머물러 있는 저희들 역시 도저히 알 수가 없나이다. 세존이시여, 그 세계들은 무량하고 끝이 없나이다."

이에 부처님께서 대보살들에게 이르셨다.

"선남자들아, 이제 너희에게 분명히 이르노니, 티끌을 떨어뜨린 곳과 떨어뜨리지 않은 곳 모두를 합친 세계들을 다 티끌로 만들어서 그 티끌 하나를 1겁으로 친다 해도, 내가 성불한 때는 이보다 백천만억 나유타 아승지겁이나 더 오래 되었느니라.

그때부터 나는 늘 이 사바세계에 있으면서 설법하고 교화하였으며, 또 다른 백천만억 나유타 아승지의 국토에서도 중생들을 인도하여 이롭게 하였느니라.

선남자들아, 그러는 동안 나는 연등불(燃燈佛)을 비롯한 여러 부처님에 대해 설하였고, 그 부처님들이 열반에 드시는 것도 설하였나니, 이는 모두 중생교화를 위해 방편으로 설한 것이니라.

선남자들아, 만일 어떤 중생이 나에게 찾아오면, 나는 불안(佛眼)으로 그의 신심(信心)과 근기(根機)의 날카롭고 둔함을 관찰하여 제도해야 할 바를 따라 다양하게 설하나니, 각각의 세계에서 혹은 이름을 다르게 설하고 나이를 다르게 설하고 열반에 든다고 설하는 등, 갖가지 방편으로 미묘한 법을 설하여 중생들로 하여금 환희심을 발하게 만드느니라.

선남자들아, 작은 법을 즐기고 덕이 박하고 번뇌가 많은 중생들을 보게 되면, 여래는 그들을 위해 '나는 젊어서 출가하여 아뇩다라삼먁삼보리를 이루었다'고 설했느니라.

사실 내가 성불한 것은 아주 오래전의 일이지만, 중생들을 교화하여 불도를 깨닫게 하고자 방편으로 이와 같이 설한 것이니라.

선남자들아, 여래가 설한 경전은 모두 중생을 해탈시키기 위한 것이니, 어떤 때는 자신의 모습을 설하고 어떤 때는 다른 부처님의 모습을 설하며, 어떤 때는 자신의 모습을 보여 주고 어떤 때는 다른 부처님의 모습을 보여 주며, 어떤 때는 자신의 일을 보여 주고 어떤 때는 다른 부처님의 일을 보여주나니, 그 설한 바는 모두 진실할 뿐 헛됨이 없느니라.

그 까닭이 무엇인가? 여래는 본래의 모습이 태어남도 죽음도 아니요, 사라짐도 나타남도 아니요, 윤회도 열반도 아니요, 참됨도 헛됨도 아니요, 같은 것도 다른 것도 아닌 삼계(三界)의 모습을 있는 그대로 꿰뚫어 보기〔如實知見〕 때문이니라.

중생이 삼계를 보는 것과 여래가 삼계를 보는 것이 다르나니, 여래는 밝게 보아 그릇됨이 없느니라. 그러나 중생은 갖가지 성품〔種種性〕과 갖가지 욕망〔種種欲〕과 갖가지 행위〔種種行〕와 갖가지 기억과 분별〔種種憶想分別〕을 가지고 있느니라.

여래는 이러한 중생들에게 여러 가지 선근(善根)이 자라나도록 하기 위해 갖가지 인연과 비유와 적절한 말로 다양하게 설법하면서, 중생 교화의 불사를 하기를 잠시도 쉰 적이 없었느니라.

이와 같이 내가 성불한 지는 매우 오래 전이

요, 수명이 무량 아승지겁이기에 이 세상에 항상 머물러 멸하지 않았느니라.

선남자들아, 내가 옛적에 보살도를 행하여 이룬 수명은 아직도 다하지 않았나니, 위에서 말한 수명의 두 배나 남아 있느니라. 그러므로 멸도할 까닭이 없으나 중생들을 교화하기 위한 방편으로 '장차 멸도하리라' 하는 것이니라.

그 까닭이 무엇인가? 만일 여래가 세상에 오래 머물 것이라고 말하면, 덕이 적은 사람들이 선근을 심지 않아 빈궁하고 천박하고 오욕(五欲)에 탐착하고 분별과 망상의 그물에 걸리게 되기 때문이니라. 또 여래가 이 세상에 영원히 머무는 것을 보면 곧 교만하고 방자하고 싫증내고 게을러져서, 여래를 만나기 어렵다는 생각과 여래를 공경하는 마음을 내지 않을 것이기 때문이니라.

그러므로 여래는 방편으로, '비구들아, 부처님들이 세상에 출현하심은 참으로 드문 일이다'라고 설하나니, 박덕한 사람은 무량 백천만 억 겁을 지난다 해도 부처님을 겨우 만나볼 수 있거나 거의 만나볼 수 없느니라.

이러한 연고로 나는 '비구들아, 여래를 만나기가 심히 어렵다'고 설하나니, 이 말을 들은 중생은 부처님 만나기가 어렵다는 생각을 하여, 마음으로 부처를 사모하고 갈망하면서 선근을 심게 되느니라. 그러므로 여래는 실로 멸도하지 않지만 '멸도한다'고 말하는 것이니라.

선남자야, 제불여래의 법이 모두 이와 같나니, 중생을 제도하기 위한 것이요, 진실할 뿐 헛됨이 없느니라. 비유를 들리라.

⑦ 의자유醫子喩

어떤 훌륭한 의사가 있었으니, 지혜롭고 총명하여 처방을 잘 해주고 좋은 약을 만들어 여러 가지 병을 잘 치료하였으며, 아들 또한 많아 십 명 이십 명 내지 백 명에 이르렀느니라.

어느 날 아버지가 일이 있어 먼 타국으로 간 사이에 여러 아들들이 실수로 독약을 먹고 땅바닥에 쓰러져 몸부림치며 괴로워했느니라. 때마침 그 아버지가 집에 돌아와서 보니, 이미 본심(本心)을 잃은 아들도 있고 본심을 잃지 않은 아들도 있었으나, 아버지를 보고는 모두들 크게 기뻐하여 무릎을 꿇고 절을 하며 안부를 물었느니라.

'편안히 다녀오셨습니까? 저희들이 어리석어 독약을 잘못 먹었으니 치료를 해 주십시오. 제발 목숨을 살려 주십시오.'

자식들의 고통이 어떠한지를 알고 있는 아버지는 처방에 따라 빛깔도 좋고 향도 좋고 맛도 좋은 여러 가지 약초를 구하여, 돌절구에 넣어 찧고 체로 쳐서 환(丸)을 지어 아들들에게 주며 말했느니라.

'이 약은 빛깔도 좋고 향기도 좋고 맛도 있으니 어서 먹어라. 차츰 고통이 없어지고 다시

는 아프지 않을 것이다.'

그 모든 아들 중에 본심을 잃지 않은 아들들은 이 약의 빛깔과 향기가 좋은 것을 보고 곧바로 먹어 병이 다 나았으나, 본심을 잃은 아들들은 아버지가 돌아온 것을 보고 기뻐하면서 문안을 드리고 치료해 줄 것을 사정하였으면서도 약은 먹으려 들지 않았느니라. 왜냐하면 독기가 몸 속 깊이 퍼져 본심을 잃어버린 까닭에 빛깔 좋고 향기 좋은 그 약을 좋지 않게 느꼈기 때문이니라.

이에 아버지는 생각했느니라.

'이 아들들은 참으로 불쌍하구나. 나를 보고 기뻐하며 치료해 달라고 했으면서도, 독약이 퍼져 마음이 뒤집혀서 이 좋은 약을 먹으려 하지 않다니. 내 이제 방편을 베풀어 이 약을 먹게 하리라.'

그리고는 이렇게 말했느니라.

'너희는 마땅히 알아라. 나는 이미 노쇠하여

죽을 때가 다 되었다. 이 좋은 약은 여기 놓아 둘테니 안심하고 먹어라. 꼭 낫게 될 것이다.'

이렇게 타일러 놓고 아버지는 다른 나라에 가서 아들들에게 사람을 보내어, '너희 아버지는 돌아가셨다'고 전했느니라.

이때 그 자식들은 아버지가 세상을 떠나셨다는 말을 듣고 몹시 근심을 하며 생각했느니라.

'만일 아버지께서 계신다면 우리를 불쌍히 여겨 도와주고 보호해 주시련만, 이제 우리를 버려두고 타국에서 돌아가셨으니, 외로운 우리는 믿고 의지할 데가 없구나.'

그리고는 늘 슬퍼하며 지내다가 돌연 본심을 되찾아, 그 약이 빛깔도 향기도 맛도 좋음을 알고 먹으니, 독약의 기운이 사라져 병이 완쾌되었으며, 아버지는 아들들의 병이 다 나았다는 소식을 듣고 다시 돌아와서, 아들들에게 자신의 살아있는 모습을 보여주었느니라.

선남자들아, 너희들의 생각은 어떠하냐? 과연 이 의사에게 거짓말을 하였다고 탓할 수 있겠느냐?"

"아니옵니다, 세존이시여."

부처님께서 이르셨다.

"나 또한 이와 같아서, 부처를 이룬 지가 무량무변 백천만억 나유타 아승지 겁 전이지만, 중생을 위하는 까닭에 방편으로 '마땅히 멸도하리라' 말하나니, 이러한 나에게 '거짓말을 한 허물이 있다'고 분명하게 말할 수 있는 사람은 없느니라."

세존께서 거듭 게송으로 이르셨다.

내가부처 이룬지를 겁의수로 따져보면
한량없는 백천만억 아승지겁 넘느니라
그이후로 나는줄곧 가르침을 설하여서
무량중생 교화하여 불도(佛道)속에 들게했고
중생제도 하기위해 방편열반 보였지만

滅度
실은멸도 하지않고 어느때나 신통으로
늘여기서 설법했고 이자리에 있었노라
顚倒
전도가된 중생들은 바로옆도 못보기에
내가멸도 했다하면 사리에다 공양하며
사모하고 갈망하는 마음다시 발하여서
깊은믿음 일으키고 바른뜻을 회복하여
일심으로 부처님을 뵈옵고자 발원하며
몸과목숨 아끼지를 않게되는 바로그때
영축산에 모여드는 대중에게 말했노라
'나는항상 여기있어 멸도하지 않았건만
방편으로 멸도함과 멸도않음 보였노라'
다른나라 중생들도 법을믿고 공경하면
내그곳에 나타나서 위없는법 설하건만
너희들은 이를몰라 내멸도만 말하노라
나는중생 고통속에 빠져있음 볼지라도
즉시모습 보이잖고 갈망하고 사모하는
마음품게 한다음에 나타나서 설법했다
이런신통 발휘하며 아승지겁 오랜세월

영축산과 여러곳에 늘머물러 있었노라
중생세계 겁(劫)다할때 큰불일어 타오르나
나의땅은 안온하여 천인인간 가득하다
동산수풀 여러집들 보배로써 꾸며졌고
꽃과열매 가득하여 중생들이 즐겨노니
여러천인 북을치고 악기들을 연주하며
부처님과 대중에게 만다라꽃 비내린다
나의청정 불국토는 훼손됨이 없건마는
중생들이 보기에는 모두가다 타버려서
근심걱정 두려움이 가득한듯 보이노라
죄가많은 이런중생 악한업의 인연으로
아승지겁 지나도록 삼보(三寶)이름 못듣지만
모든공덕 잘닦아서 유화(柔和)하고 정직한이
이곳에서 설법하는 나를볼수 있느니라
그들에겐 '부처수명 무량하다' 설하지만
부처님을 오랜만에 만나뵙는 이들에겐
'부처님을 친히뵙기 어렵다'고 하느니라
나의지혜 이와같고 광명또한 한없으며

내 수명의 무량함은 오래 닦은 결과이다
지혜로운 너희들은 모든 의심 끊을지니
부처 말씀 진실할 뿐 헛됨 전혀 없느니라
좋은 방편 지닌 의사 미친 자식 구하고자
실은 살아 있으면서 '죽었노라' 말을 해도
거짓말을 하였다는 죄를 묻지 못하듯이
나 역시도 이 세간의 자비로운 아버지로
망상 속에 빠진 중생 고난에서 구하고자
실은 항상 머물지만 '멸도한다' 말하노라
내가 항상 있다는 것 중생들이 보게 되면
교만함과 방자함과 게으름을 부리면서
오욕락에 깊이 빠져 삼악도로 나아간다
나는 항상 저 중생들 행하는 도 다 알기에
제도할 바 근기 따라 갖가지로 설법하되
어찌하면 저 중생을 무상도(無上道)에 들게 하여
속히 성불 시킬건가 항상 생각 하느니라

〈제16 여래수량품 끝〉

제17 분별공덕품
第十七 分別功德品

그때 세존의 수명이 이와 같이 길다는 이야기를 들은 그 모임속의 무량무변 아승지 중생들은 큰 이익을 얻었다.

세존께서 다시 미륵보살마하살에게 이르셨다.

“아일다야, 내가 여래의 수명이 한없이 길다는 것을 설할 때 6백8십만억 나유타 항하사만큼 많은 중생들은 무생법인(無生法忍)을 얻었으며, 또 그 수의 1천 배나 되는 보살마하살은 ‘들은 가르침을 명심하여 잊지 않는 문지다라니문(聞持陀羅尼門)’을 얻었느니라. 그리고 일세계(一世界)의 티끌 수만큼 많은 보살마하살은 자유자재하게 설법하는 능력〔樂(요)

說無礙辯才(설무애변재))을 얻었으며, 다시 일세계의 티끌 수만큼 많은 보살마하살은 '공의 도리를 깨닫는 백천만억 선다라니(旋陀羅尼)'를 얻었느니라.

또 삼천대천세계의 티끌 수만큼 많은 보살마하살은 능히 불퇴전의 법륜을 굴릴 수 있게 되었고, 2천개 중천세계(中千世界)의 티끌 수만큼 많은 보살마하살은 능히 청정한 법륜을 굴릴 수 있게 되었으며, 소천세계(小千世界)의 티끌 수만큼 많은 보살마하살은 이 세상을 일곱 번 오간 다음의 여덟 번째 생에 아뇩다라삼먁삼보리를 얻을 수 있게 되었느니라.

또 네 사천하(四天下)의 티끌 수만큼 많은 보살마하살은 이 세상을 세 번 오간 다음의 네 번째 생에 아뇩다라삼먁삼보리를 얻을 수 있게 되었고, 세 사천하의 티끌 수만큼 많은 보살마하살은 이 세상을 두 번 오간 다음의 세 번째 생에 아뇩다라삼먁삼보리를 얻을 수 있게 되었고, 두 사천하의 티끌 수만큼 많은 보살마하살은 이 세상을 한 번 오간 다음의 두 번째 생에 아뇩다라삼먁삼보리를 얻을 수 있게 되었고, 한 사천하의 티끌 수만큼 많은 보살마하살은 다음 생에 아뇩다라삼먁삼보리를 얻을 수 있게 되었으며, 일세계를 여덟 개 합한 팔(八)세계(世界)의 티끌 수만큼 많은 보살마하살은 아뇩다라삼먁삼보리를 얻고자 하는 마음을 일으켰느니라."

부처님께서 수많은 보살마하살이 큰 법의 이익을 얻었다고 설하실 때, 허공에서 만다라꽃과 마하만다라꽃을 비오듯이 내려, 한량없는 백천만억의 보배나무 아래 사자좌에 앉아 계신 부처님들과 칠보탑 안의 사자좌에 앉아 계신 석가모니불과 오래 전에 멸도하신 다보여래께 꽃비를 뿌렸으며, 대보살들과 사부대중에게도 꽃비를 뿌렸다. 그리고 전단향 가루와 침수향 가루도 비 오듯이 뿌렸다.

또 허공에서는 하늘의 북이 저절로 울려 그

깊고도 묘한 소리가 멀리까지 퍼졌으며, 천 가지나 되는 하늘 옷이 비 오듯이 내렸다. 또 진주영락·마니주영락·여의주영락 등 갖가지 영락을 탑이 있는 허공과 지상의 팔방(八方)을 합친 아홉 방위에 가득히 드리웠으며, 수많은 보배 향로에서는 값으로 따질 수 없는 귀한 향이 타올랐고, 그 향기가 대중속으로 고루 퍼지면서 공양하였다.

또 한분한분 부처님들 위에는 보살들이 깃발과 천개를 들고 차례로 줄지어 서서 범천에까지 이르렀는데, 보살들은 아름다운 음성으로 부처님들을 찬탄하는 노래를 끊임없이 불렀다.

그때 미륵보살마하살이 자리에서 일어나 오른쪽 어깨를 드러내고 부처님을 향해 합장한 채 게송으로 아뢰었다.

'세존의힘 위대하고 수명한량 없다'하신

이제까지 듣지못한 부처님의 희유법과
사람따라 얻는이익 분별하여 설함듣고
온몸에서 환희로움 넘쳐남은 물론이요
어떤이는 불퇴전(不退轉)의 높은자리 머무르고
어떤이는 가르침을 기억하는 능력얻고
어떤이는 자유자재 설법하는 변재얻고
어떤이는 공의도리 아는지혜 얻습니다
대천세계 티끌수의 많고많은 보살들은
불퇴전의 법륜능히 굴릴수가 있게되고
중천세계 티끌수의 많고많은 보살들은
모두가다 청정법륜 굴릴수가 있게되며
소천세계 티끌수의 많고많은 보살들은
여덟생(生)만 지나가면 성불할수 있나이다
네사천하(四天下) 세사천하 두사천하 보살들은
사생(四生)삼생(三生) 이생(二生)만에 각각성불 하게되며
한사천하 티끌수의 많고많은 보살들은
한생만에 부처님의 일체지혜 얻나이다
이들모두 불(佛)수명의 무량하심 듣고믿어

번뇌없는 청정과보 얻을수가 있었으며
팔세계(八世界)의 티끌만큼 많고많은 중생들도
부처수명 영원함을 듣고나서 깊이믿고
'부처님이 되겠다'는 무상발심(無上發心) 했나이다
세존께서 한량없는 부사의한 법설하여
중생에게 이익주심 허공처럼 끝없으니
하늘에선 만다라의 꽃비들이 내려오고
항하모래 수와같은 한량없는 제석범천
새들처럼 다니면서 전단향과 침향으로
정성다해 부처님께 공양하고 있나이다
허공에는 하늘북이 묘한소리 절로내고
천만가지 하늘옷이 빙빙돌며 내려오고
많은보배 향로마다 아주귀한 향피우니
향기절로 퍼져나가 부처님께 공양하며
수도없는 대보살들 칠보들로 잘꾸며진
높고묘한 억만가지 깃발들과 천개들고
차례차례 줄을서니 범천까지 다다르며
한분한분 제불앞의 보배로된 기둥에다

승리자의 깃발달고 천만가지 게송으로
부처님을 찬탄하니 전에없던 일입니다
부처님의 그수명이 무량하다 말씀듣고
일체모든 중생들이 환희하고 있사오며
부처이름 들은중생 널리이익 얻게되고
일체선근 구족하여 위없는도 익힙니다

그때 부처님께서 미륵보살마하살에게 이르셨다.

"아일다야, 어떤 중생이 여래의 수명이 이와 같이 길고 영원하다는 이야기를 듣고 한 생각만이라도 믿고 이해하게 되면 그가 얻는 공덕은 한량이 없느니라.

만일 선남자 선여인이 아뇩다라삼먁삼보리를 얻고자 반야바라밀(般若波羅蜜)을 제외한 다섯 바라밀인 단바라밀(檀波羅蜜)(보시바라밀) · 시라바라밀(尸羅波羅蜜)(지계바라밀) · 찬제바라밀(羼提波羅蜜)(인욕바라밀) · 비리야바라밀(毗梨耶波羅蜜)(정진바라밀) · 선정바라밀(禪定波羅蜜)을 80만억 나유타 겁 동안 행할지라도, 이 공덕은 앞의 공덕의 백분의 일 천분의 일 백천만억분의 일에도 못 미치나니, 숫자나 비유로는 도저히 표현할 수 없느니라.

곧 앞의 공덕을 지닌 선남자 선여인은 아뇩다라삼먁삼보리에서 물러나지 않게 되느니라."

세존께서 거듭 게송으로 이르셨다.

만일어떤 사람있어 부처지혜 구하고자
팔십만억 나유타겁 오바라밀(五波羅蜜) 행하면서
부처님과 연각제자 여러보살 대중에게
좋은음식 좋은의복 좋은침구 제공하고
전단(栴檀)으로 절을짓고 동산숲을 꾸미는등
가지가지 미묘한것 남김없이 보시하되
많은겁을 다채운뒤 불도에로 회향하고
빈틈없이 청정하게 계율모두 지키면서
위없는도 항상구해 부처님께 칭찬받고
인욕행을 잘닦아서 부드러움 얻었기에
나쁜일들 닥쳐와도 마음아니 움직이고

삿된법에 빠진이가 교만심을 품고와서
빈정대고 괴롭혀도 능히참아 이겨내며
뜻과생각 견고히해 부지런히 정진하되
한량없는 억겁동안 일심으로 도를닦고
셀수없는 오랜겁을 고요한곳 머물면서
앉았거나 경행할때 항상마음 거둬잡아
공부를한 공덕으로 여러선정 이루어서
팔십억만 긴겁동안 산란없이 머무르며
一心福
일심복을 잘지키고 가장높은 도를구해
일체지혜 얻는선정 이룩하게 되었다면
이사람의 백천만억 오랜겁에 행한공덕
이미앞서 설한대로 그지없이 많으니라
그렇지만 선남자나 선여인이 이법듣고
나의수명 무량함을 한순간만 믿는다면
그가받는 복의양이 저보다더 많으니라
조그마한 의심이나 망설이는 생각없이
잠깐동안 마음깊이 믿고받아 들이는복
이와같이 한량없고 끝없음을 알지니라

한량없는 세월동안 도를닦는 보살들은
나의수명 길다는말 들어믿고 이해하여
머리위로 법화경을 받들고서 서원한다
'오는세상 장수하며 중생들을 제도하되
여기계신 석가족의 거룩하온 세존처럼
두려움이 전혀없는 사자후를 할것이요
오는세상 모든이의 깊은존경 받으면서
이도량에 머무르며 무량수명 설하리라'
마음깊이 도구하고 정직하고 청정하며
불교법문 많이듣고 본래뜻을 이해하는
이와같은 사람들은 의심품지 않느니라

"또 아일다야, 만일 어떤 이가 부처님의 수명이 아주 길다는 말을 듣고 그 뜻을 잘 이해하면, 이 사람이 얻는 공덕은 한량이 없어서 능히 여래의 위없는 지혜를 일으키게 되느니라. 하물며 이 법화경을 듣고 사람들에게 널리 설해 주거나 스스로 받아 지니거나 남에게 받아 지니게 하거나 스스로 사경하거나 남에게 사경하게 하면서, 꽃·향·영락·깃발·천개·향유(香油)·등불을 법화경에 공양하는 이가 얻는 공덕이랴? 이 사람이 얻는 공덕은 무량무변하여 능히 일체종지(一切種智)를 갖추게 되느니라.

아일다야, 만일 선남자 선여인이 '나의 수명이 아주 길다'는 말을 듣고 마음 깊이 믿고 이해하면, 그 사람은 부처님이 늘 기사굴산(영축산)에 머물면서 대보살들과 성문들에게 둘러싸여 설법하는 모습을 볼 수 있게 되느니라.

또 이 사바세계의 땅이 유리로 되어 있어 평탄하고 반듯하며, 염부단금(閻浮檀金) 줄로 경계선을 표시한 여덟 갈래 길에는 보배나무가 즐비하고, 보배로 지은 집과 누각에 보살들이 살고 있는 모습을 보게 되리니, 만일 이러한 광경을 보게 되면 마땅히 깊이 믿고 이해한 결과임을 알지니라.

또 여래가 열반에 든 뒤에 어떤 이가 이 법

화경을 듣고 비방함 없이 수희하는 마음을 일으키면, 마땅히 알아라. 그는 깊이 믿고 이해할 수 있는 사람이니라. 하물며 이 법화경을 독송하고 수지하는 사람이야 말할 것이 있겠느냐? 이 사람은 여래를 머리 위에 모시고 있는 것과 같으니라.

아일다야, 이러한 선남자 선여인은 따로 나를 위해 탑과 절을 세우거나 승방을 짓거나 비구들에게 의복·음식·탕약·침구를 공양하지 않아도 되느니라. 왜냐하면 이 법화경을 수지독송하는 선남자 선여인은 이미 탑을 세우고 승방을 짓고 비구들을 공양한 것이 되기 때문이니라.

또 여래의 사리를 모신 크고 높은 칠보탑을 범천에까지 이르도록 높이 세우고, 갖가지 깃발과 천개와 보배 방울들을 달고, 꽃과 영락, 가루 향과 바르는 향과 사르는 향을 공양하고, 북을 치고 통소·피리·공후를 연주하고,

여러 종류의 춤을 추고 아름다운 음성으로 노래를 하면서 무량 천만억겁 동안 부처님을 찬탄하고 공양하는 것과 같으니라.

아일다야, 만일 내가 열반에 든 다음에 법화경을 듣고 수지하여 스스로 사경하고 남에게 사경토록 하면, 수백 수천 비구들이 거처할 수 있게 동산과 숲과 목욕하는 연못과 경행할 수 있는 길과 참선하는 굴, 의복·음식·침구·탕약 등을 모두 갖추고 붉은 전단나무로 만든 32채의 불전과 승당을 만들되, 그것 백천만억채를 비구들과 나에게 공양하는 공덕과 같으니라.

그러므로 내가 멸도한 뒤 법화경을 수지독송하고 남에게 설하거나, 스스로 사경하고 남에게도 사경하게 하면서 경전에 공양하면, 따로 탑을 세우거나 승방을 짓거나 비구들에게 공양할 필요가 없다고 말하는 것이다.

하물며 이 법화경을 받아 지니면서 보시·지

계·인욕·정진·선정·지혜의 육바라밀을 겸하여 행한다면 더 말할 것이 있겠느냐? 그 사람의 덕은 가장 높고 한량없고 끝이 없느니라.

마치 허공의 동·서·남·북과 사유(四維)와 상하가 한량없고 끝이 없는 것처럼, 이 사람의 공덕 또한 한량없고 끝이 없어 보다 빨리 일체종지에 이르게 되느니라.

만일 이 법화경을 수지독송하고 남에게 설하거나, 스스로 사경하고 남에게도 사경하게 하는 이는 능히 탑을 세우고 승방을 짓는 이가 될 것이요, 여러 성문 비구들을 공양하고 찬탄하는 이가 되느니라.

또한 백천만억 가지 찬탄하는 방법으로 보살의 공덕을 찬탄하는 이가 되고, 갖가지 인연법으로 법화경의 가르침을 뜻에 맞게 해설할 수 있게 되느니라.

또 계율을 청정하게 지키는 이가 되고, 부드럽고 온화한 이들과 함께 살며, 인욕하여 성냄이 없고, 뜻과 생각이 견고한 이가 되며, 늘 좌선하기를 귀히 여겨 갖가지 깊은 선정을 이루게 되고, 용맹정진하여 갖가지 선법(善法)을 잘 받아 지닐 수 있게 되며, 어려운 질문에 잘 대답할 수 있는 지혜로운 이가 되느니라.

아일다야, 내가 열반에 든 뒤에 선남자 선여인이 이 법화경을 수지독송하게 되면 이와 같은 훌륭한 공덕들을 갖추게 되느니라. 그들은 이미 도량으로 나아가 보리수 아래 앉아 있는 것과 같고, 아뇩다라삼먁삼보리에 가까워졌다는 것을 마땅히 알아야 하느니라.

아일다야, 이러한 선남자 선여인이 앉거나 서거나 거니는 곳이라면 그 어디에든 마땅히 탑을 세워야 할 것이요, 천인과 사람들 모두가 여래의 탑을 대하듯이 공양해야 할 것이니라."

세존께서 거듭 게송으로 이르셨다.

만일내가 멸도한뒤 법화경을 수지한이
받게되는 무량복(無量福)은 앞서설한 바와같고
모든공양 다행하여 마친것과 같으니라
사리모셔 탑세우되 칠보로써 장식하고
탑꼭대기 높이솟아 범천까지 이르는데
천만억의 보령(寶鈴)달아 묘한소리 내게하고
한량없이 오랜세월 사리탑에 공양하되
꽃과향과 영락들과 하늘옷을 비롯하여
아름다운 음악으로 묘한소리 공양하고
향유등불 두루켜서 밝은빛을 공양하는
모든공덕 다합해야 악한말법 세상에서
법화경을 수지하는 복과같아 지느니라
법화경을 잘지니면 우두전단 향나무로
서른두칸 전당있는 승방들을 마련하여
좋은음식 좋은의복 좋은침구 다갖추고
백천대중 거처하는 꽃동산과 목욕할곳
경행할수 있는곳과 참선하는 선방들을
아름답게 장엄하여 현존하는 부처님께

공양하는 공덕들을 모두얻게 되느니라
만일믿고 이해하며 법화경을 수지하고
독송하고 사경하고 다른이도 사경시켜
사경을한 경전에다 꽃과향을 뿌리거나
향기로운 기름으로 항상밝게 불밝히면
이공양을 하는이들 한량없는 공덕얻어
끝이없는 허공처럼 많은복을 얻느니라
더더욱이 법화경을 일심으로 모시면서
보시지계 인욕정진 선정등을 함께닦고
성내지도 아니하고 악한말도 않으면서
사리탑을 공경하고 비구들께 겸손하며
자만심을 멀리떠나 지혜롭게 사유하고
난해한것 물어와도 화를내지 않으면서
뜻에맞게 해설하면 그공덕이 어떠하리
이런행을 닦는사람 그공덕이 한없나니
이런공덕 성취를한 큰법사를 보게되면
하늘꽃을 뿌려주고 하늘옷을 입혀주고
부처님을 뵈온듯이 머리숙여 예배하며

'머지않아 부처이룰 도량으로 나아가서
번뇌없고 집착없는 무루무위(無漏無爲) 법을얻어
천인인간 모두에게 큰이익을 주시리라'
이와같이 생각하며 그법사가 머무르고
경행하고 앉고눕고 법화경을 설한곳에
탑을세워 장식하고 갖가지로 공양하라
이불자가 머무는곳 부처님들 수용(受用)하니
나도또한 그곳에서 앉고눕고 거니노라

〈제17 분별공덕품 끝〉

묘법연화경 제6권

제18 수희공덕품
第十八 隨喜功德品

그때 미륵보살마하살이 부처님께 여쭈었다.

"세존이시여, 선남자 선여인이 이 법화경을 듣고 수희(隨喜)하면 얼마나 많은 복을 받나이까?"

그리고는 다시 게송으로 여쭈었다.

세존께서 멸도한뒤 이경듣고 수희하면
그가받게 되는복이 얼마만큼 크옵니까

부처님께서 미륵보살에게 이르셨다.

"아일다야, 예를 들겠노라. 여래가 멸도한 다음에 비구·비구니·우바새·우바이, 지혜 있는 어른과 아이가 법화경을 듣고 수희하면서 법회장을 나와, 승방이나 한적한 곳·도시·시골·바닷가·들판 등으로 가서 자신이 들은 것을 부모·친척·스승·착한 벗·선지식 등에게 능력껏 설하였느니라. 그리고 그에게서 설법을 들은 이들도 수희하면서, 다시 다른 곳에 가서 그 가르침을 전하고, 그 가르침을 들은 이들 또한 수희하면서 다시 다른 이들에게 전하였으며, 이렇게 거듭 전하여 50번째 사람에게 이르렀느니라.

아일다야, 이 50번째 선남자 선여인의 수희공덕에 대해 말할 것이니 잘 듣도록 하여라.

만일 4백만억 아승지 세계의 육도(六道) 중생들, 곧 난생(卵生)·태생(胎生)·습생(濕生)·화생(化生)과 형체 있는 유형(有形) 중생, 형체 없는 무형(無形)중생, 의식(意識) 있는 유상(有想)중생, 의식 없는 무상(無想)중생, 의식이 있는 것도 의식이 없는 것도 아닌 비유상비무상(非有想非無想)중생, 발이 없는 중생, 두 발 가진 중생, 네 발 가진 중생, 발이 많은 중생들 모두에게 어떤 사람이 복을 구하기 위해 그들이 원하는 대로 오락기구 등을 공급하되, 그 하나하나의 중생에게 염부제(閻浮提)에 가득 찰 만큼의 금·은·유리·자거·마노·산호·호박 등 갖가지 진귀하고 묘한 보물과 코끼리·말·수레, 칠보로 지은 궁전과 누각을 80년 동안이나 계속 보시한 다음 생각하였느니라.

'나는 그들이 원하는 모든 오락기구 등을 다 보시하였다. 그러나 이 중생들의 나이가 이미 여든이 넘어 주름이 많고 백발이 되었으니 머지않아 죽게 될 것이다. 나는 이제부터 불법(佛法)으로 그들을 가르쳐 인도하리라.'

그리고는 곧 중생들을 모아 불법을 펴서 교화하고 가르치고 이익 되게 하고 기쁘게 하여, 모두에게 수다원도(須陀洹道)·사다함도(斯陀含道)·아나함도(阿那含道)·아라한도(阿羅漢道)를 일시에 얻게 하고, 온갖 번뇌를 다 끊고 선정에 깊이 들어 자재로움과 팔해탈(八解脫)을 얻게 하였다면, 너희들은 어떻게 생각하느냐?

이 큰 시주(施主)가 받는 공덕이 많겠느냐 적겠느냐?"

미륵보살이 부처님께 아뢰었다.

"세존이시여, 이 사람의 공덕은 매우 많아서 한량없고 끝이 없나이다. 이 시주가 그 중생들에게 물질적으로 보시한 것만 하여도 공덕이 무량한데, 하물며 그들로 하여금 아라한과까지 얻게 함이겠습니까?"

부처님께서 미륵보살에게 이르셨다.

"내 지금 너에게 분명히 말하노라. 이 사람이 갖가지 물질을 4백만억 아승지 세계에 사는 육도 중생들에게 보시하고 또 그들로 하여금 아라한과를 얻게 한 공덕은, 50번째 사람이 법화경의 한 게송을 듣고 수희한 공덕의 백천만억분의 일에도 미치지 못하나니, 그 공덕의 차이는 계산을 하거나 비유로는 결코 알 수가 없느니라.

아일다야, 이 50번째 사람이 법화경을 듣고

수희한 공덕도 끝이 없고 가이없는 아승지와 같거늘, 하물며 법회에서 최초로 법화경을 듣고 수희한 이의 공덕이랴? 그 복은 너무나 훌륭하여 도저히 비교할 수가 없느니라.

또 아일다야, 어떤 사람이 법화경을 듣고자 승방으로 나아가 앉아서든 서서든 잠깐이라도 듣고 받아 지니면, 이 인연 공덕으로 다시 태어날 때는 가장 좋고 아름다운 코끼리 또는 말이 끄는 수레나 진귀한 보배로 된 가마를 타고 천궁에 오르게 되느니라.

또 어떤 사람이 법화경을 설하는 곳에 앉아 있다가 찾아온 사람에게 앉아서 듣도록 청하거나 자기의 자리를 나누어 앉게 하면, 이 사람은 그 공덕으로 다시 태어날 때 제석천의 자리나 범천왕의 자리 또는 전륜성왕의 자리에 앉게 되느니라.

아일다야, 또 어떤 사람이 '법화경을 설하니 함께 가서 듣자'고 권하여 그 사람으로 하여금 잠시라도 법화경을 듣게 한다면, 그 공덕으로 다음 생에 다라니를 얻은 보살들이 있는 곳에 태어나느니라. 또한 그는 근기가 예리하고 지혜로우며, 백천만번 태어나도 벙어리가 되지 않고 입에서 냄새가 나지 않으며, 혀나 입에 병이 없으며, 이는 검지도 누렇지도 성글지도 빠지지도 않고 덧니나 옥니가 없느니라.

또 입술은 아래로 처지거나 위로 말려 올라가지도 않고 거칠거나 헐지도 않으며, 갈라지거나 비뚤어지지 않고 두텁거나 크거나 검지 않은 등, 보기 싫은 모습이 일체 없느니라.

코는 납작하거나 비뚤어지지 않고, 얼굴은 검거나 좁거나 길거나 오목하지도 않는 등, 흉한 모습이 없느니라.

입술과 혀와 이가 모두 잘생기고, 코가 길고 곧고 높으며, 얼굴 모양이 원만하고, 눈썹이 높고 길며, 이마가 반듯하고 넓은 등 훌륭한 인상을 모두 갖추게 되고, 태어날 때마다 부처님을 친견하여 법을 듣고, 그 가르침을 믿고 받아 지니게 되느니라.

아일다야, 한 사람에게 권유하여 법화경을 듣게 한 공덕도 이와 같거늘, 하물며 일심으로 듣고 설하고 독송하고, 대중들에게 분별하여 일러주고, 설한대로 수행하는 이의 공덕이랴?"

세존께서 거듭 게송으로 이르셨다.

어떤사람 법회에서 이경듣고 수희하여
그가운데 한게송을 남을위해 설해주고
이와같이 거듭전해 오십번째 교화받은
그사람이 얻는복을 내가이제 설하리라
큰시주가 팔십년을 한량없는 중생에게
그네들의 원하는것 남김없이 베풀다가
그중생들 백발되고 주름가득 잡힌데다
이빨빠져 성글었고 바싹마른 모양보며
그시주는 생각했다 '죽을날이 머잖으니
이제그들 가르쳐서 좋은과보 얻게하리'

그리고는 방편으로 열반법을 설한다음
'세상일은 허망하기 물거품과 연기같다
그대들은 멀리하고 싫어하는 마음내라'
阿羅漢果
그리고는 그들에게 아라한과 얻게하고
六神通 三明 八解脫
육신통과 삼명얻고 팔해탈을 얻게해도
오십번째 그사람이 법화경의 한게송을
얻어듣고 감격하여 수희할때 얻는복덕
앞시주의 복덕보다 한량없이 더많나니
그어떠한 비유로도 표현할수 없느니라
더더욱이 법회에서 처음듣고 기뻐한이
그사람의 공덕이야 어찌모두 말로하랴
만일어떤 사람이든 누군가를 이끌어서
'법화경은 미묘하여 천만억겁 지내어도
만나보기 어렵도다' 이와같이 일러주며
잠깐경을 듣게하면 그의복은 어떠할까
세세생생 입병없고 치아들은 단정하며
두입술은 균형잡혀 아름답고 윤기나며
혀는길고 빛깔좋고 마르거나 짧지않고

코는높고 길고곧고 이마넓고 반듯하며

얼굴전체 단정하여 보는이들 기뻐하며

입에서는 어느때나 우담바라 향기난다

또어떤이 법화경을 설법하는 절에가서

잠시라도 경을듣고 환희하면 어찌될까

다음세상 천상이나 인간세상 태어나서

아름다운 코끼리나 말이끄는 수레들과

보배가마 올라타고 천궁(天宮)으로 올라간다

법화경을 설할때에 자리안내 잘해주고

나의자리 나눠주면 이복지은 인연으로

제석범천 전륜성왕 높은자리 얻으리니

지극정성 일심으로 법화경을 들은다음

깊은뜻을 해설하고 설한대로 수행하면

그가받는 크나큰복 헤아릴수 없느니라

〈제18 수희공덕품 끝〉

제19 법사공덕품
第十九 法師功德品

그때 부처님께서 상정진보살마하살(常精進菩薩摩訶薩)에게 이르셨다.

"만일 선남자 선여인이 이 법화경을 수지하여 독송하고 해설하고 사경을 하면, 이 사람은 8백가지 눈의 공덕과 1천2백가지 귀의 공덕, 8백가지 코의 공덕, 1천2백가지 혀의 공덕, 8백가지 몸의 공덕, 1천2백가지 뜻의 공덕을 얻게 되며, 이 공덕으로 장엄하기 때문에 육근(六根)이 다 청정하여 지느니라.

이 선남자 선여인은 부모에게서 받은 청정한 육안(肉眼)으로 삼천대천세계의 안과 밖에 있는 모든 산과 숲과 강과 바다를 다 보게 되느니

라. 또 아래로는 아비지옥(阿鼻地獄)에서부터 위로는 유정천(有頂天)에 이르기까지 다 보게 되고, 그 가운데 사는 모든 중생과 그들이 짓는 인(因)과 연(緣)과 업(業)과 함께 과보(果報)로 태어나는 곳도 다 보고 알게 되느니라."

세존께서 거듭 게송으로 이르셨다.

대중앞에 두려움이 전혀없는 마음으로
이법화경 설할때의 받는공덕 어떠할까
이사람은 팔백가지 공덕지닌 눈얻나니
공덕으로 장엄함에 그눈매우 청정하여
부모가준 두눈으로 삼천세계 가운데의
미루산(彌樓山)과 수미산과 철위산을 비롯하여
다른모든 산과숲과 큰바다와 강과하천
남김없이 모두모두 볼수있게 될것이요
아비지옥 에서부터 유정천에 이르도록
그가운데 있는중생 모든일을 다보나니
천안(天眼)에는 못미치나 육안(肉眼)능력 이같도다

"상정진아, 만일 선남자 선여인이 이 법화경을 수지하여 독송하고 해설하고 사경을 하면 1천2백가지 귀의 공덕을 얻나니, 그 청정한 귀로 삼천대천세계의 아비지옥에서 유정천에 이르기까지 모든 세계 안팎의 갖가지 말과 소리를 다 듣게 되느니라.

곧 코끼리 소리·말의 소리·소의 소리·수레 소리·우는 소리·탄식 소리·나팔 소리·북소리·종 소리·방울 소리·웃음 소리·말하는 소리·남자 소리·여자 소리·동자 소리·동녀(童女) 소리·바른 소리·그릇된 소리·괴로워하는 소리·즐거워하는 소리·범부의 소리·성인의 소리·기뻐하는 소리·슬퍼하는 소리·천인들의 소리·용의 소리·야차의 소리·건달바의 소리·아수라의 소리·가루라의 소리·긴나라의 소리·마후라가의 소리·불 소리·물 소리·바람 소리·지옥의 소리·축생의 소리·아귀의 소리·비구의 소리·비구니의 소리·성문의 소리·벽지불의 소리·보살의 소리·부처님의 소리를 다 듣게 되느니라.

비록 하늘귀인 천이(天耳)를 얻지는 못하였으나, 부모에게서 받은 청정한 보통 귀로 모든 소리를 다 듣고 갖가지 소리를 모두 분별하여 알 수 있으며, 그 귀는 손상이 되지 않느니라."

세존께서 거듭 게송으로 이르셨다.

부모님께 받은귀가 깨끗하고 맑고밝아
삼천대천(三千大千) 세계소리 남김없이 다듣나니
코끼리와 말과소와 수레소리 비롯하여
종소리와 방울소리 나팔소리 북소리며
거문고와 공후소리 퉁소피리 소리들과
맑고고운 노랫소리 모두듣되 애착않고
많고많은 사람소리 모두듣고 이해한다
천인들의 말소리와 천상음악 다들으며
남자소리 여자소리 동자소리 동녀소리
험한산천 계곡속의 가릉빈가 소리하며

공명조(共命鳥)등 모든새의 소리들을 듣느니라
지옥중생 고통받고 형벌받는 소리들과
배가고픈 아귀들이 먹을것을 찾는소리
많고많은 아수라들 바닷가에 모여살며
서로서로 말을할때 울려나는 큰소리를
법화경을 설하는이 여기편히 머물면서
먼곳소리 다듣지만 귀의능력 손상없다
시방세계 새와짐승 대화하는 소리들을
법화경을 설한이는 여기에서 모두듣고
범천세계 비롯하여 광음천(光音天)과 변정천(遍淨天)과
유정천의 말소리도 여기에서 다듣노라
일체모든 비구들과 많고많은 비구니들
경전읽고 외우거나 남을위해 설하는말
법사여기 머물면서 남김없이 다듣노라
또한여러 보살들이 경전읽고 외우거나
남을위해 설법하고 깊은뜻을 해설하는
여러음성 남김없이 모두얻어 잘들으며
일체중생 교화하는 모든부처 대성존(大聖尊)이

갖가지큰 법회에서 설하시는 미묘법을
법화경을 수지한이 남김없이 다듣노라
삼천대천 모든세계 안과밖의 소리들과
아비지옥 에서부터 유정천에 이르도록
그가운데 나는소리 빠짐없이 다들어도
귀의기능 손상없이 모든소리 분별하니
법화경을 수지하면 천이(天耳)에는 못미치나
그타고난 귀로서도 이런공덕 얻느니라

"상정진아, 만일 선남자 선여인이 법화경을 수지하여 독송하고 해설하고 사경을 하면 8백 가지 코의 공덕을 얻으리니, 그 청정한 코로 삼천대천세계의 위아래와 안팎의 갖가지 향기를 다 맡을 수 있게 되느니라.

곧 수만나(須曼那)꽃 향기·사제(闍提)꽃 향기·말리(茉莉)꽃 향기·첨복(瞻蔔)꽃 향기·바라라(波羅羅)꽃 향기, 붉은 연꽃·푸른 연꽃·흰 연꽃 향기, 꽃나무와 과일나무 향기, 전단향·침수향·다마라발전단향(多摩羅跋栴檀香)·다가(多伽)

라향(羅香)·천만 가지 혼합된 향·가루 향·둥근 향·바르는 향의 향기를 여기에 있으면서 다 맡고 분별할 수 있느니라.

또 갖가지 중생의 향기를 잘 분별하나니, 코끼리·말·소·양의 향기와 남자·여자·동자·동녀의 향기, 풀·나무·숲의 향기와 가까이 혹은 멀리 있는 향기들을 다 맡고 착오 없이 잘 분별하느니라.

또 이 법화경을 지니는 이는 몸은 여기에 있어도 천상의 갖가지 향기들을 맡을 수 있나니, 도리천의 바라질다라수(波利質多羅樹)와 구비다라수(拘鞞陀羅樹) 향기, 만다라꽃·마하만다라꽃·만수사꽃·마하만수사꽃의 향기, 전단향·침수향과 갖가지 가루향과 각종 꽃들의 향기, 그리고 하늘의 이와 같은 갖가지 향기가 서로 섞여 내는 향기 등 모르는 향기가 없느니라.

또 모든 천인들의 향기를 맡나니, 제석천이 훌륭한 궁전에서 오욕락을 즐길 때의 향기와

묘법당(妙法堂)에서 도리천(忉利天)의 천인들에게 설법을 할 때의 향기, 여러 동산에서 노닐 때의 향기들을 비롯하여 남녀 천인들의 여러 향기도 다 맡고 아느니라. 그리고 차츰 위로 올라가 범천과 유정천 천인들의 몸에서 나는 향기까지 다 맡고, 모든 천인들이 사르는 향 내음도 다 아느니라.

또 성문의 향기·벽지불의 향기·보살의 향기·부처님들의 향기를 맡고 그들이 있는 곳을 아느니라.

그리고 이러한 향기들을 다 맡되 착오 없이 하나하나를 잘 분별하여 알 뿐 아니라, 다른 사람에게 설명할 때에도 틀림이 없느니라."

세존께서 이 뜻을 거듭 밝히고자 게송으로 이르셨다.

이사람의 청정한코 세계속에 존재하는
모든향기 다맡고서 분별할줄 아느니라
수만나향 사제꽃향 다마라향 전단향과

침수향과 계향(桂香)등의 꽃과과일 향기맡고
중생들의 온갖향기 남김없이 다아나니
남자여자 있는곳을 향기맡아 알아내며
대전륜왕 소전륜왕 왕자들과 여러군신
궁인들이 있는곳을 향기맡아 알아내며
몸에지닌 귀한보배 땅에묻힌 보물들과
전륜왕의 보녀(寶女)들을 향기맡아 알아내며
사람들의 장신구와 입는옷과 영락들과
향수들의 향기맡아 그주인을 아느니라
법화경을 지닌이는 천인들이 앉고걷고
유희하고 신통부림 향기맡아 알아내며
각종나무 꽃과과일 모든기름 냄새들을
여기에서 맡고서는 그들있는 장소안다
깊은산골 험한계곡 전단나무 꽃핀곳과
그가운데 있는중생 향기맡아 알아내며
철위산과 큰바다와 땅속중생 사는곳을
법화경을 지닌이는 향기맡아 아느니라
아수라의 남자여자 그들모든 권속들이

투쟁하고 장난함을 향기맡아 알아내며
거칠고도 넓은들판 좁고험한 골짜기의
사자이리 코끼리와 호랑이와 들소물소
그모두가 사는곳을 향기맡아 알아내며
뱃속에든 어린애가 남아인가 여아인가
온전한가 아니한가 향기맡아 알아내며
향기맡는 이힘으로 태아장래 성공여부
어머니의 순산까지 정확하게 아느니라
향기맡는 이힘으로 남녀들이 생각하는
탐진치심 비롯하여 착한행실 알아내며
땅속깊이 감추어진 금은등의 보물들과
銅 器
동기속에 담긴것을 향기맡아 알아내며
여러가지 영락들이 진귀한지 천한지와
나온곳과 있는곳을 향기맡아 분별한다
하늘나라 많은꽃들 만다라꽃 만수사꽃
바리질다 나무들도 향기맡아 알아내고
하늘나라 여러궁전 상중하의 차별들과
보배꽃을 장엄한것 향기맡아 알아내며

하늘동산 좋은궁전 각종누각 법당에서
노래하고 춤추는것 향기맡아 알아내며
천인들이 법듣거나 오욕락을 즐기거나
오고가고 앉고누움 향기로써 알아내며
천녀들이 꽃향으로 치장을한 옷을입고
빙빙돌며 노닐어도 향기맡고 모두안다
이와같이 차츰올라 범천까지 올라가서
선정삼매 들고나옴 향기맡아 알아내며
광음천과 변정천과 유정천에 이르러서
그곳중생 나고죽음 향기맡고 아느니라
많은비구 대중들이 법에맞게 정진하되
앉고서고 경행하고 경전읽고 외우면서
혹은숲속 나무아래 용맹정진 좌선하면
법화경을 지닌이는 향기맡아 알아내며
견고한뜻 지닌보살 좌선하고 독송하고
남을위해 설법함을 향기맡아 알아내며
일체공경 받으면서 방방곡곡 계신세존
중생위해 설법함도 향기맡아 알아내며

부처님께 이경듣고 환희하는 중생들이
여법(如法)하게 수행함도 향기맡아 알아내니
비록무루(無漏) 법을얻은 보살에는 못미치나
법화경을 수지하면 이런코를 얻느니라

"또 상정진아, 만일 선남자 선여인이 이 법화경을 수지하여 독송하고 해설하고 사경을 하면, 1천 2백가지 혀의 공덕을 얻으리니, 좋은 음식·나쁜 음식·맛있는 음식·맛없는 음식, 쓰거나 떫은 그 어떤 것도 그의 혀에 닿기만 하면 모두 천상의 감로(甘露)와 같은 훌륭한 맛으로 변하느니라.

만일 이 혀로 대중들에게 법을 설하면 깊고 묘한 소리가 나와, 듣는 이의 마음이 환희롭고 즐겁게 되느니라. 또 천자(天子)와 천녀와 제석천과 범천왕들이 와서 깊고 묘한 음성으로 조리있게 설하는 법문을 들을 것이며, 용과 용녀·야차·야차녀·건달바·건달바녀·아수라·아수라녀·가루라·가루라녀·긴나라·긴나라녀·마후라가·마후라가녀들도 법을 듣기 위해 가까이 와서 공경하고 공양하느니라.

또 비구·비구니·우바새·우바이·국왕·왕자·신하와 그 권속들, 작은 전륜성왕과 큰 전륜성왕들도 그들의 일곱 가지 보물인 칠보(七寶)와 1천 명의 아들과 내외 권속들을 이끌고 그들의 궁전을 타고 와서 법문을 듣느니라.

이 보살은 설법을 잘하기 때문에, 바라문과 거사와 나라 안의 백성들이 목숨을 다하도록 따라다니면서 모시고 공양을 하며, 성문·벽지불·보살·부처님들도 이 사람 보기를 즐겨하느니라.

또한 부처님들은 그가 어디에 있든 그가 있는 곳을 향해 법을 설하여 주나니, 그는 능히 일체 불법을 다 수지하게 되고, 능히 깊고 묘한 설법을 할 수 있게 되느니라."

세존께서 이 뜻을 거듭 밝히고자 게송으로

이르셨다.

이사람의 청정한혀 나쁜맛을 모르나니
먹고씹는 음식모두 감로미(甘露味)로 변하노니
깊고맑은 음성으로 대중위해 설법하되
인연들과 비유로써 중생심(衆生心)을 이끄나니
듣는이들 환희하여 좋은공양 다올리고
천인들과 용과야차 아수라등 신중들이
공경하는 마음으로 함께와서 법듣는다
삼천대천 세계가득 묘한음성 채우기를
이법사가 발원하면 그뜻바로 이뤄지니
크고작은 전륜왕과 일천아들 권속들이
합장하고 공경하며 항상와서 설법듣고
여러하늘 용과야차 나찰이나 비사사도
항상기쁜 마음으로 항상즐겨 공양하며
범천왕을 비롯하여 마왕들과 자재천과
대자재천 등의천왕 그있는곳 찾아오고
제불들과 제자들이 설법하는 음성듣고

늘지키고 생각하고 몸을나타 내느니라

"또 상정진아, 만일 선남자 선여인이 법화경을 수지하여 독송하고 해설하고 사경을 하면, 8백가지 몸의 공덕을 얻느니라. 이 사람은 유리처럼 맑고 깨끗한 몸을 얻게 되고, 그를 보는 이는 모두가 기뻐하느니라.

그의 몸이 맑고 깨끗하므로, 삼천대천세계 중생들의 태어나고 죽는 모습과 귀하고 천하고 곱고 미운 모습, 좋은 곳에 태어나는 모습과 악도에 떨어지는 모습 등이 다 그의 몸에 나타나느니라.

또 철위산과 대철위산, 미루산과 마하미루산 등의 모든 산들과 그 가운데 사는 중생들이 다 그의 몸에 나타나고, 아비지옥에서부터 가장 높은 유정천에 이르기까지의 모든 세상과 그곳에 사는 중생들이 다 그 몸에 나타나며, 성문·벽지불·보살·부처님께서 설법하는 것이 그의 몸 가운데에 색상(色像)으로 나타나느니라."

세존께서 거듭 게송으로 이르셨다.

법화경을 수지하면 아주맑아 유리같이
청정한몸 지니나니 보는이들 기뻐한다
깨끗하고 맑은거울 모든형상 되비추듯
보살들의 맑은몸에 모든것이 나타나나
혼자서만 밝게알뿐 다른이는 볼수없다
삼천대천 세계속의 일체모든 천인들과
인간들과 아수라와 지옥아귀 축생들의
여러가지 모습들이 그의몸에 나타난다
모든하늘 궁전들과 철위산과 미루산과
큰바다의 모습들도 그몸안에 나타나네
제불들과 성문들과 참된불자(佛子) 보살들이
혼자거나 대중에게 설법하는 모습들이
청정무루(清淨無漏) 법성신(法性身)을 비록얻지 못했지만
항상맑은 그의몸에 남김없이 비치노라

"다시 상정진아, 만일 선남자 선여인이 여래가 멸도한 뒤에 법화경을 수지하여 독송하고 해설하고 사경을 하면, 1천 2백가지 뜻의 공덕을 얻게 되느니라.

그는 이러한 청정한 뜻〔意根〕을 지닌 까닭에 한 게송 한 구절만 들어도 그 속에 담긴 한량없고 끝없는 뜻을 통달하게 되고, 그 뜻을 다 이해한 다음에는 그 한 구절 한 게송에 대해 한 달로부터 넉 달 내지 1년 동안 설할 수 있느니라.

또 그가 이치에 맞게 설하는 모든 법은 실상에 어긋나지 않나니, 만일 세간의 경서나 세상을 사는 법을 설할 때에도 정법(正法)과 일치하게 되느니라.

또 삼천대천세계의 육도 중생들이 마음으로 생각하는 바〔心之所行〕와 그 마음이 움직이는 바〔心所動作〕와 마음속의 희론〔心所戱論〕들을 다 아느니라.

비록 무루지혜(無漏知慧)는 얻지 못하였지만 그 뜻〔意根〕이 청정하므로, 이 사람이 사유하고 헤아리고 말하는 것이 다 불법(佛法)이요 진실 아님이 없으며, 과거 부처님들이 설하신 바와 같으니라."

세존께서 거듭 게송으로 이르셨다.

그의뜻이 청정하고 밝고또한 예리하니
이미묘한 의근(意根)으로 상중하의 법을알고
한게송을 듣고서는 무량한뜻 통달한뒤
한달넉달 일년되면 조리있게 설법한다
세상안팎 천인들과 용과인간 야차들과
귀신등을 비롯하여 윤회하는 육도중생
마음속에 지닌생각 남김없이 모두아니
이는바로 법화경을 지닌공덕 때문이다
백복(百福)으로 장엄하신 시방세계 부처님들
중생위해 설법하면 모두듣고 받아지녀
무량한뜻 사유하고 한량없이 설법하되
망각착오 없는것도 이경지닌 때문이다

諸法
제법모습 모두알고 뜻따르고 차례알며
글과언어 통달하여 아는바를 잘설하니
이사람이 설하는법 과거불의 법문이요
이법문을 설하기에 두려움이 없느니라
법화경을 지닌이의 맑은뜻이 이같아서
무루법은 못얻어도 이런능력 갖추노라
법화경을 지니는이 높은경지 머물면서
기뻐하고 공경하는 일체모든 중생위해
천만가지 방편으로 좋은법문 설하나니
이것또한 법화경을 지닌공덕 때문이다

〈제19 법사공덕품 끝〉

제20 상불경보살품
第二十 常不輕菩薩品

그때 부처님께서 득대세보살마하살(得大勢菩薩摩訶薩)에게 이르셨다.

“마땅히 알아라. 법화경을 지닌 비구·비구니·우바새·우바이를 욕하거나 비방할 때 받게 되는 대죄보(大罪報)는 앞서 말한 바와 같으며, 법화경을 지닐 때 방금 설한 대로 눈·귀·코·혀·몸·뜻이 다 청정해지는 공덕을 얻느니라.

득대세야, 먼 옛날 무량무변하여 생각조차 할 수 없는 아승지 겁 전에 한 부처님이 계셨으니, 이름은 위음왕(威音王)여래·응공·정변지·명행족·선서·세간해·무상사·조어장부·천인사·불세존이요, 겁의 이름은 이쇠(離衰)이며, 나라 이름은 대성(大成)이었느니라.

위음왕불은 그 세상에서 천인들과 인간들과 아수라들을 위해 설법을 하셨나니, 성문이 되고자 하는 이에게는 사제법(四諦法)을 설하여 생로병사를 벗어난 열반에 이르게 하셨고, 벽지불이 되고자 하는 이에게는 십이인연법(十二因緣法)을 설하셨으며, 아뇩다라삼먁삼보리를 구하는 보살에게는 육바라밀법(六波羅蜜法)을 설하여 부처의 지혜에 이르도록 하였느니라.

득대세야, 이 위음왕불의 수명은 40만억 나유타 항하사만큼 많은 겁이요, 정법(正法)은 한 염부제의 티끌 수만큼 많은 겁 동안 머물렀으며, 상법(像法)은 사천하(四天下)의 티끌 수만큼 많은 겁 동안 머물렀느니라.

위음왕불께서 중생들을 이롭게 하시다가 멸도하시고 정법과 상법시대까지 다 지나간 다음, 이 국토에 다시 부처님이 출현하셨나니, 그 부처님의 이름 또한 위음왕여래·응공·정변지 · 명행족 · 선서 · 세간해 · 무상사 · 조어장부 · 천인사 · 불세존이었느니라. 이와 같이 2만억 부처님이 차례로 출현하셨는데, 그 이름이 모두 같았느니라.

첫 번째 위음왕불께서 멸도하시고 정법도 다한 뒤의 상법시대에는 증상만(增上慢)이 가득한 비구들이 큰 세력을 지니고 있었느니라. 그때 한 보살비구가 있었으니 이름이 상불경(常不輕)이었느니라.

득대세야, 어떠한 인연으로 이름을 상불경이라 하였는가? 이 보살비구는 비구 · 비구니 · 우바새 · 우바이 등 누구든지 보이기만 하면 그들을 향해 예배하고 찬탄하면서 이렇게 말했느니라.

'저는 그대들을 깊이 존경하며, 가벼이 여기지 않습니다. 왜냐하면 그대들 모두가 보살도를 행하여 부처님이 될 것이기 때문입니다.'

이 비구는 경전을 독송하지 않고 오로지 예

배만 하였나니, 사부대중을 멀리서 보게 되면 일부러 가서 예배하고 찬탄하며 말했느니라.

'저는 그대들을 가벼이 여기지 않습니다. 그대들은 장차 부처님이 되실 분입니다.'

그러자 사부대중 가운데 화를 잘 내고 부정한 이들은 나쁜 말로 욕을 하고 꾸짖었느니라.

'이 무지한 비구야. 도대체 어디에서 왔기에 우리를 가벼이 여기지 않는다 하고, 우리가 장차 부처님 된다고 수기를 하는 것이냐? 그따위 헛된 수기는 필요없다.'

그 비구는 여러 해 이와 같은 욕을 먹으면서도 화내지 않고 한결같이 말하였느니라.

'그대는 반드시 부처님이 될 것입니다.'

그가 이렇게 말을 할 때 사람들이 몽둥이를 휘두르거나 돌을 던지면, 멀리 피해 달아나면서 오히려 더 큰 소리로 외쳤느니라.

'저는 그대들을 가벼이 여기지 않습니다. 그

대들은 장차 부처님이 되실 분입니다.'

그가 항상 이렇게 말하였으므로 증상만을 품은 비구·비구니·우바새·우바이들은 그를 일러 상불경(常不輕)이라 하였느니라.

이 비구가 임종을 하려 할 때, 일찍이 위음왕불께서 설하신 법화경 20천만억 게송이 허공으로부터 들려와서 모두 수지하게 되었고, 이로 인해 눈·귀·코·혀·몸·뜻이 매우 청정하여졌느니라.

그리고 청정한 육근(六根)을 얻은 뒤에 수명이 2백만억 나유타로 늘어나, 그 세월동안 다른 사람들을 위해 법화경을 널리 설했느니라.

이에 증상만을 품었던 비구·비구니·우바새·우바이들은 그가 큰 신통력과 자유자재하게 설법하는 능력과 대선정력을 얻은 것을 보고는 믿고 따랐으며, 상불경보살은 천만억 중생들을 교화하여 아뇩다라삼먁삼보리에 이르게 하였느니라.

그는 목숨을 마친 다음 일월등명(日月燈明)이라는 이름의 2만억 부처님들을 만났으며, 그 부처님들 법 가운데에서 법화경을 설하였느니라.

그리고 이 인연으로 다시 운자재등왕(雲自在燈王)이라는 이름의 2천억 부처님들을 만났으며, 그 부처님들 법 가운데에서 이 법화경을 수지독송하고 사부대중에게 설하여 눈·귀·코·혀·몸·뜻이 완전히 청정하여졌나니, 이후 사부대중에게 두려움 없이 설법할 수 있게 되었느니라.

득대세야, 상불경보살마하살은 이와 같이 많은 부처님들을 공양하고 공경하고 존중하고 찬탄하면서 갖가지 선근을 심었고, 그 뒤에도 다시 천만억 부처님들을 만나 그 부처님들 법 가운데에서 법화경을 설하여 공덕을 성취하고 부처님이 되셨느니라.

득대세야, 네 생각은 어떠하냐? 그 상불경보살이 네가 모르는 다른 사람처럼 여겨지느냐? 그는 바로 지금의 나이니라.

내가 만일 과거세에 법화경을 수지독송하지도 남을 위해 설하지 않았다면 아뇩다라삼먁삼보리를 빨리 얻지 못하였을 것이나, 과거세의 부처님들 밑에서 법화경을 수지독송하고 남을 위해 설하였기 때문에 아뇩다라삼먁삼보리를 빨리 얻을 수 있었느니라.

득대세야, 그때 화를 내면서 나를 업신여겼던 비구·비구니·우바새·우바이들은 2백억 겁 동안이나 부처님들을 만나지도 법을 듣지도, 승려들을 보지도 못하였느니라. 그리고 천 겁 동안 아비지옥에서 큰 고통을 받았으며, 죗값을 다 치른 다음 다시 상불경보살을 만나 아뇩다라삼먁삼보리의 법을 배우게 되었느니라.

득대세야, 네 생각은 어떠하냐? 그때 그 보살을 늘 업신여겼던 사부대중이 다른 사람처럼 여겨지느냐?

지금 이 자리에 있는 발타바라(跋陀婆羅) 등의 5백 보살과 사자월(師子月) 등의 5백 비구니, 사불(思弗) 등의 5백 우바새가 바로 그들이니, 이제는 모두가 아뇩다라삼먁삼보리에서 물러나지 않게 되었느니라.

득대세야, 마땅히 알아라. 법화경은 보살마하살들을 크게 이롭게 하고 아뇩다라삼먁삼보리에 이르게 하는 경이니라. 그러므로 모든 보살마하살들은 여래가 멸도한 뒤에 늘 이 경전을 받아 수지독송하고 해설하고 사경을 해야 하느니라."

세존께서 거듭 게송으로 이르셨다.

아주오랜 과거세에 위음왕불(威音王佛) 계셨으니
신통지혜 한량없어 모든중생 인도하고
천인들과 용신들이 함께공양 하였노라
위음왕불 멸도하고 정법기간 지났을때
그이름이 상불경(常不輕)인 보살한분 계셨도다
그당시의 사부대중 그릇된법 집착하자

자비보살 상불경은 그들에게 찾아가서
'저는그대 가벼웁게 여기지를 않습니다
그대도를 잘닦으면 부처님이 되옵니다'
이말들은 여러대중 비방하고 욕을해도
자비보살 상불경은 참고받아 주었노라
숙세죗값 모두받고 임종할때 이르러서
법화경을 문득듣고 육근청정 이루었고
신통력을 얻었으며 수명매우 길어졌다
그는다시 중생위해 법화경을 설했나니
그른법에 집착한이 그의교화 힘입어서
佛 道
위가없는 불도속에 머무르게 되었도다
상불경은 임종뒤에 많은부처 만났으며
법화경을 설했기에 한량없는 복을얻고
공덕점차 갖추어서 빨리성불 하였노라
바로그때 상불경이 지금여기 있는나요
그릇된법 집착했던 비구등의 사부대중
장차성불 하리라는 상불경의 말듣고서
공부를한 인연으로 무량부처 친히뵈니

내앞에서 법을듣는 오백보살 비롯하여
이자리의 사부대중 그당시의 그들이다
나는과거 세상에서 이들모든 대중에게
제일가는 이경전을 듣고믿게 함으로써
열반길을 열어주고 열반으로 인도했고
세세생생 법화경을 지니도록 하였도다
무수억겁 지나가도 그사람들 틀림없이
법화경을 얻어듣고 수지하게 되느니라
그리고또 무수억만 부사의한 겁뒤에도
제불세존 어느때나 법화경을 설하시니
부처님의 열반뒤에 도를닦는 이들이여
법화경을 듣고나서 절대의혹 품지말고
한결같은 마음으로 이경널리 설하여라
세세생생 부처뵙고 빨리성불 하느니라

〈제20 상불경보살품 끝〉

제21 여래신력품
第二十一 如來神力品

그때 땅에서 솟아올라온 천세계(千世界)의 티끌수와 같이 많은 보살마하살들이 일심으로 합장하고 부처님의 거룩한 얼굴을 우러러보며 아뢰었다.

"세존이시여, 저희도 부처님께서 멸도하신 뒤에, 세존의 분신불(分身佛)들이 계시다가 멸도하신 곳으로 가서 이 법화경을 널리 설하겠나이다. 왜냐하면 저희 또한 이 진실하고도 청정한 큰 법을 얻어서 수지독송하고 해설하고 사경하고 공양하고자 하기 때문이옵니다."

그때 세존께서 예전부터 사바세계에 머물고 있던 문수사리 등의 무량 백천만억 보살마하살과 비구·비구니·우바새·우바이와 천·용·야차·건달바·아수라·가루라·긴나라·마후라가·인비인(人非人) 등의 모든 대중들 앞에서 큰 신통력을 나타내셨으니, 넓고 긴 혀를 내미시어 범천에까지 이르게 하고, 모든 털구멍에서 무수한 색과 무량한 광명을 발하여 시방세계를 두루 비추셨다. 그러자 수많은 보배 나무 아래의 사자좌에 앉아계시던 분신불들 또한 넓고 긴 혀를 내보이시고 무량한 광명을 발하셨다.

석가모니불과 보배 나무 아래의 분신불들은 백천년 동안 신통력을 나타낸 다음 넓고 긴 혀를 거두어 들이셨다. 그리고는 함께 큰 소리로 기침을 하고 손가락을 튕기니, 이 두 가지 소리가 시방의 부처님들 세계에까지 두루 미쳤고, 땅들은 여섯 가지로 진동하였다.

그 부처님들세계에 있는 천·용·야차·건달바·아수라·가루라·긴나라·마후라가·인비인 등은 부처님의 신통력에 힘입어, 이 사바세계의 무량무변 백천만억 보배 나무 아래의 사자좌에 앉아 계신 부처님들을 모두 볼 수 있었다.

또 석가모니불과 다보여래가 보탑(寶塔) 안의 사자좌에 함께 앉아 계신 모습도 볼 수 있었으며, 무량무변 백천만억 보살마하살들과 사부대중이 석가모니불을 둘러싸고 공경하는 모습도 볼 수 있었다. 그들은 이러한 모습을 보고 일찍이 보지 못한 것이라며 크게 환희하였다.

그때 천인들이 허공에서 큰 소리로 말하였다.

"무량무변 백천만억 아승지 세계를 지나가면 한 국토가 있으니 이름이 사바세계(娑婆世界)요, 그곳에 부처님이 계시니 이름이 석가모니입니다. 지금 보살마하살들을 위해 대승경전을 설하시니, 경의 이름은 묘법연화(妙法蓮華)로 보살을 가르치는 법이요 부처님들께서 보호하고 살피는 경입니다. 그대들은 마땅히 깊은 마음으로 수희(隨喜)해야 할 것이요, 또한 석가모니불께 예배하고 공양해야 합니다."

모든 불국토의 중생들은 허공에서 나는 이 소리를 듣고, 사바세계를 향하여 합장하고 염불을 하였다.

"나무석가모니불 나무석가모니불…."

그리고는 갖가지 꽃과 향과 영락과 깃발과 천개와 여러 장신구와 진귀한 보물과 훌륭한 물건들을 멀리 있는 사바세계를 향해 뿌렸다. 그러자 그 갖가지 공양물들이 시방세계로부터 마치 구름이 모이듯이 몰려와서 큰 보배 장막으로 변하여 사바세계에 계신 부처님들 위를 두루 덮었으며, 시방세계는 마치 하나의 불국토처럼 막힘없이 다 통하게 되었다.

그때 부처님께서 상행보살(上行菩薩)을 비롯한 보살대중들에게 이르셨다.

"부처님들의 신통력은 이와 같이 한량없고

가이없고 불가사의하다. 그러나 내가 이러한 신통력으로, 법화경의 유통을 부촉(咐囑)하기 위해 무량무변 백천만억 아승지겁 동안 이 경전의 공덕을 설할지라도 결코 다 설할 수 없느니라. 그러므로 중요한 것만 말하리라.

요컨대 여래가 지닌 모든 법과 여래의 모든 자재신통력(自在神通力)과 여래의 모든 비밀과 여래의 깊고 깊은 모든 일들을, 이 법화경에 잘 나타내어 보이고 설하였느니라. 그러므로 너희는 여래가 멸도한 뒤에 일심으로 법화경을 수지독송하고 해설하고 사경하면서, 경에 설한대로 수행해야 하느니라.

만일 너희가 있는 국토에서 어떤 이가 법화경을 수지독송하고 해설하고 사경하면서 경에 설한대로 수행하는 이가 있거나 법화경이 놓여 있는 곳이 있으면, 그곳이 동산이든 숲속이든 나무 밑이든 승방이든 속인의 집이든 전당이든 산골짜기든 광야든, 그 어디든지 마땅히 탑을 세우고 공양할지니라. 왜냐하면 그곳이 곧 제불께서 아뇩다라삼먁삼보리를 얻은 도량이요, 법륜을 굴린 도량이요, 열반에 드신 도량이기 때문이니라."

세존께서 거듭 게송으로 이르셨다.

신통으로 이세상을 구제하는 부처님들
중생들의 기쁨위해 무량신통 보였나니
범천까지 혀가닿고 무수한빛 발했도다
구도(求道)하는 이를위해 이런기적 나타낸뒤
모든부처 기침하고 손가락을 튕겼나니
그소리가 시방세계 불국토로 퍼지면서
그세계의 모든땅이 육종(六種)으로 진동했다
이는부처 멸도한뒤 법화경을 수지함을
제불들이 기뻐하여 신통나타 낸것이다
부촉하는 법화경을 수지하는 그사람은
무량한겁 찬미해도 부족하고 모자라니
그사람이 얻는공덕 끝이없고 한없음이

마치시방 허공끝을 알수없는 것과같다
법화경을 지닌이는 나의몸을 보게되고
다보불과 분신불들 남김없이 보게되며
오늘내가 교화를한 보살들도 보게된다
법화경을 지닌이는 나와나의 분신들과
멸도하신 다보불을 환희롭게 하는이요
시방세계 현재불과 과거미래 부처님들
친히뵙고 공양하여 환희롭게 하는이니
제불들이 도량에서 얻고이룬 비밀법을
법화경을 지닌이는 머지않아 얻느니라
법화경을 지닌이는 모든법의 깊은뜻과
이름들과 이야기를 무궁무진 잘설하니
허공중의 바람처럼 일체장애 없느니라
여래께서 멸도한뒤 부처님이 설한경의
인연들과 차례알아 뜻에맞게 설법하되
해와달의 밝은광명 모든어둠 걷어내듯
세간속에 있으면서 중생어둠 없애주고
무량보살 가르쳐서 일승법을 얻게하네

그러므로 지혜인은 이공덕과 이익듣고
내멸도한 다음에도 법화경을 수지하니
이사람의 성불함을 어찌의심 하겠는가

〈제21 여래신력품 끝〉

제22 촉루품
第二十二 囑累品

그때 세존께서는 법좌(法座)에서 일어나, 큰 신통력으로 오른손을 뻗어 한량없는 보살마하살들의 정수리를 어루만지며 이르셨다.

"나는 무량 백천만억 아승지겁 동안 이 얻기 어려운 아뇩다라삼먁삼보리법을 닦아 익혔노라. 내 이제 이를 너희에게 부촉(付囑)하노니, 너희는 마땅히 일심으로 이 법을 유포시켜 널리 이롭게 하라."

이와 같이 보살마하살들의 정수리를 어루만지며 세 번을 거듭 부촉한 다음, 또 이르셨다.

"나는 무량 백천만억 아승지겁 동안 이 얻기 어려운 아뇩다라삼먁삼보리법을 닦아 익혔노

라. 내 이제 이를 너희에게 부촉하노니, 너희는 마땅히 수지독송하고 이 법을 널리 펴서, 일체 중생으로 하여금 모두 듣고 알게 할지니라.

그 까닭이 무엇인가? 여래는 인색함이 없고 두려움이 없는 대자대비로 중생들에게 불지혜(佛智慧)와 여래지혜(如來智慧)와 자연지혜(自然智慧)를 능히 주는, 일체 중생의 큰 시주(施主)이기 때문이니라. 너희는 이러한 여래의 법을 본받아 인색한 마음을 일으키지 않도록 하라.

저 미래세에 여래의 지혜를 잘 믿는 선남자 선여인이 있으면 마땅히 법화경을 설하여 들을 수 있게 해야 하나니, 그 사람으로 하여금 부처님의 지혜를 얻게 하기 위함이니라.

만일 어떤 중생이 믿지 않고 받아 지니지 않더라도 마땅히 여래의 깊고도 묘한 법을 보여 주고 가르쳐 이로움과 기쁨을 주어야 하나니, 너희가 이와 같이 행하면 부처님들의 은혜를 능히 갚을 수 있느니라."

부처님께서 이와 같이 설하시는 것을 듣고 온몸에 대환희심이 가득해진 보살마하살들은 부처님을 더욱 공경하면서 머리 숙여 합장하고 한 목소리로 아뢰었다.

"세존께서 분부하신 바를 반드시 다 받들어 행하겠나이다. 세존이시여, 부디 심려하지 마옵소서."

"세존께서 분부하신 바를 반드시 다 받들어 행하겠나이다. 세존이시여, 부디 심려하지 마옵소서."

"세존께서 분부하신 바를 반드시 다 받들어 행하겠나이다. 세존이시여, 부디 심려하지 마옵소서."

보살마하살들은 함께 소리 내어 세 번을 거듭 맹세하였다.

그때 석가모니불은 시방에서 온 모든 분신불들을 본국으로 돌아가게 하고자 이렇게 이르셨다.

"부처님들께서는 각기 본래 처소로 편안히 돌아가시고 다보여래의 보배탑도 본래의 자리로 돌아가소서."

석가모니불께서 이와 같이 말씀하시자, 보배나무 아래의 사자좌에 앉아 계시던 시방의 모든 분신불들과 다보여래, 상행보살 등의 수없이 많은 보살 대중들, 사리불 등의 성문과 사부대중, 일체 세간의 천인들과 인간들과 아수라들 모두가 크게 기뻐하였다.

〈제22 촉루품 끝〉

제23 약왕보살본사품
第二十三 藥王菩薩本事品

그때 수왕화보살(宿王華菩薩)이 부처님께 아뢰었다.

"세존이시여, 약왕보살은 왜 이 사바세계의 모든 곳을 두루 다니나이까? 세존이시여, 이 약왕보살은 몇 백천만억 나유타나 되는 어려운 수행과 고행을 하였나이까?

거룩하신 세존이시여, 이에 대해 조금만이라도 이야기해 주신다면 천 · 용 · 야차 · 건달바 · 아수라 · 가루라 · 긴나라 · 마후라가 · 인비인(人非人)들과 다른 국토에서 온 보살들과 이곳에 있는 성문 대중들이 듣고서 모두 기뻐할 것이옵니다."

부처님께서 수왕화보살에게 이르셨다.

"아주 먼 옛날, 무량 항하사겁 전에 한 부처님이 계셨으니, 이름은 일월정명덕(日月淨明德)여래·응공·정변지·명행족·선서·세간해·무상사·조어장부·천인사·불세존이요, 그 부처님 밑에는 80억의 대보살마하살들과 72항하사만큼 많은 대성문(大聲聞)들이 있었느니라.

그 부처님의 수명은 4만 2천겁이었고, 보살들의 수명도 그와 같았으며, 그 나라에는 여인과 지옥·아귀·축생·아수라가 없었고 갖가지 재난이 없었느니라.

또 손바닥과 같이 평평하고 유리로 이루어진 땅에는 보배나무가 즐비하였는데, 그 나무를 보배그물로 감싸고 보배꽃을 수놓은 깃발을 드리웠으며, 보배로 된 항아리와 향로가 나라 안에 가득하였느니라. 또 칠보로 집을 만들되 나무 하나에 집이 하나씩 있었으며 그 보배나무들 아래에는 보살과 성문들이 앉아 있었고, 보배집 위쪽에는 백억이나 되는 천인들이 하늘의 음악을 연주하여 부처님을 찬탄하고 공양하였느니라.

그때 부처님께서는 일체중생희견보살(一切衆生喜見菩薩)을 비롯한 수많은 보살들과 성문들을 위해 법화경을 설했느니라. 고행을 즐겨 닦았던 일체중생희견보살은 일월정명덕불의 가르침을 닦고 익히며 일심으로 부처되기를 구한지 1만 2천년만에 마침내 현일체색신삼매(現一切色身三昧)를 얻었는데, 이 삼매를 얻은 보살은 크게 환희하며 생각했느니라.

'내가 온갖 몸을 마음대로 나타낼 수 있는 현일체색신삼매를 얻은 것은 법화경을 들었기 때문이다. 내 마땅히 일월정명덕불과 법화경에 공양하리라.'

그리고는 곧 삼매에 들어, 만다라꽃과 마하만다라꽃과 가는 전단향가루를 비 내리듯이 하니 허공에 가득차서 구름처럼 내려왔고, 또 적은 양의 가치가 사바세계 전체의 값어치와

같은 해차안(海此岸)전단향을 비 내리듯이 내려 부처님께 공양하였으며, 공양을 마친 다음에는 삼매에서 일어나 생각했느니라.

'내 비록 신통력으로 일월정명덕불께 공양하였으나, 몸을 공양함만은 못하다.'

그리고는 곧 전단향·훈육향(薰陸香)·도루바향(兜樓婆香)·필력가향(畢力迦香)·침수향(沈水香)·교향(膠香) 등의 좋은 향을 먹고, 또 첨복화 등의 갖가지 꽃에서 짠 향유를 1천 2백 년 동안 마신 다음, 몸에 향유를 바르고 일월정명덕불께 나아갔느니라.

그 앞에서 하늘의 보배 옷으로 몸을 감고 갖가지 향유를 몸에 부은 다음 신통력으로 자기의 몸을 스스로 태우니, 그 밝은 광명이 80억 항하사만큼 많은 세계들을 두루 비추었느니라. 그러자 그 세계에 계신 부처님들께서 동시에 찬탄했느니라.

'훌륭하구나, 선남자야. 이야말로 참된 정진이요 여래에 대한 참다운 법공양(法供養)이니, 꽃·향·

영락, 사르는 향과 가루 향과 바르는 향, 천상의 비단 깃발과 천개, 해차안전단향 등의 여러 가지 물건으로 공양을 할지라도 이에는 미치지 못하며, 설혹 나라와 아내와 자식 등을 보시할지라도 이에는 미치지 못하느니라.

선남자야, 이를 이름하여 제일의 보시라 하나니, 모든 보시 중에서 가장 존귀한 최상의 보시이니라. 왜냐하면 부처님께 법공양(法供養)을 하였기 때문이니라.'

부처님들은 이렇게 말씀하시고 모두들 침묵하셨으며, 일체중생희견보살의 몸은 1천 2백 년 동안 타오른 뒤에야 소멸되었느니라.

일체중생희견보살은 이와 같이 법공양을 마치고 죽은 다음에, 다시 일월정명덕불 나라의 정덕왕(淨德王) 가문에 어머니의 태를 거치지 않고 결가부좌를 한 채 홀연히 화생(化生)하여, 자신의 아버지에게 게송으로 말했느니라.

대왕이신 아버지여 마땅히잘 아옵소서
저는지난 세상에서 정성다해 수행하여
일체색신 나타내는 깊은삼매 얻었으며
더욱힘써 정진하여 조그마한 미련없이
아끼는몸 모두태워 부처님께 공양함은
가장높은 무상지혜 구하고자 합입니다

그리고는 다시 아버지에게 말했느니라.

'일월정명덕불께서는 지금도 계시나이다. 저는 앞서 이 부처님께 공양한 다음에 모든 중생들의 말을 다 이해하는 다라니를 얻게 되었습니다. 또 법화경 8백천만억 나유타에 이르는 게송을 듣게 되었습니다. 부왕이시여, 저는 지금 이 부처님께 다시 공양을 하려 하옵니다.'

이렇게 말하고는 칠보로 된 좌대에 앉은 채 7다라수(多羅樹)(175m) 높이의 허공으로 올라갔고, 그대로 부처님 계신 곳으로 나아가 머리를 발에 대어 예배하고 게송으로 부처님을 찬탄하였느니라.

모습심히 진귀하고 미묘하온 세존께서
시방세계 가득하게 밝은광명 발하오니
일찍부터 부처님께 많은공양 올렸던저
이제다시 돌아와서 부처님을 뵙나이다

일체중생희견보살은 게송을 마친 다음 일월정명덕불께 여쭈었느니라.

'세존이시여, 세존께서는 언제까지 세상에 계시나이까?'

'선남자야, 내 이제 열반할 때가 되었고 내 몸이 사라질 때가 되었도다. 나에게 편안한 자리를 마련해다오. 오늘 밤에 열반에 들 것이다.'

그리고는 일체중생희견보살에게 또 분부하셨느니라.

'선남자야, 이 불법을 그대에게 부촉하노라. 모든 보살들과 큰 제자들, 그리고 아뇩다라삼먁삼보리에 대한 가르침, 삼천대천의 칠보세계와 모든 보배나무와 보배집과 시중드는 천인 등을 너에게 모두 부촉하노라. 또 내가 멸도한 뒤에 나의 사리도 너에게 부촉하나니, 너는 이를 널리 유포시키고 널리 공양할 수 있게 1천개의 탑을 세울지니라.'

일월정명덕불은 이와 같이 분부하시고 한밤중에 열반에 드셨느니라.

부처님께서 멸도하시는 것을 본 일체중생희견보살은 몹시 슬퍼하고 괴로워하고 더욱 그리워하면서, 해차안전단향을 쌓고, 그 위에 부처님의 몸을 모신 다음 불태웠느니라. 불이 꺼지자 사리를 거두어 8만4천 개의 보배사리병에 넣어서, 표찰(表刹)과 각종 깃발과 천개(天蓋)와 보배방울로 장식한 8만4천 개의 탑을 세웠느니라. 이때 일체중생희견보살은 다시 생각했느니라.

'내 비록 이렇게 공양하였지만 마음이 흡족하지 않다. 다시 공양을 하리라.'

그리고는 보살 및 큰 제자들과 천·용·야차 등의 일체대중에게 말했느니라.

'그대들은 꼭 일심으로 생각하십시오. 내 이제 일월정명덕불의 사리에 공양하겠습니다.'

이렇게 말하고 곧 8만4천 탑 앞에서 백 가지 복덕을 지닌 팔을 7만2천 년 동안 태우면서 공양하여, 무수한 성문들과 한량없는 아승지 수의 사람들로 하여금 아뇩다라삼먁삼보리심을 내게 하였으며, 현일체색신삼매에 머물게 하였느니라.

그때 모든 보살들과 천인·인간·아수라 등은 그 보살에게 팔이 없는 것을 보고는 근심하고 슬퍼했느니라.

'아, 일체중생희견보살은 우리의 스승으로, 우리를 교화하기 위해 팔을 태워 불구가 되었구나.'

그러자 일체중생희견보살이 대중들 앞에서 서원을 하였느니라.

'내 두 팔을 바쳤으니, 반드시 부처님의 금빛 몸을 얻게 되어지이다. 그리고 이 말이 진실이라면 나의 두 팔도 다시 예전과 같이 되어지이다.'

이렇게 서원하자 두 팔이 저절로 예전과 같이 되었으니, 이는 이 보살의 복덕과 지혜가 두터웠던 까닭이니라. 그리고 그의 서원대로 되었을 때, 삼천대천세계가 여섯 가지로 진동하였고, 하늘에서는 보배의 꽃비를 내렸으며, 이를 본 모든 천인과 사람들은 일찍이 경험하지 못했던 일이라고 경탄하였느니라."

부처님께서 수왕화보살에게 이르셨다.

"네 생각에는 일체중생희견보살이 누구일 것 같으냐? 지금의 약왕보살이 바로 그이니라. 그는 이와 같이 몸을 버려 보시하기를 무량 백천만억 나유타수만큼 행하였느니라.

수왕화야, 만일 아뇩다라삼먁삼보리를 얻고자 하는 마음을 일으킨 이가 손가락이나 발가락 하나를 태워서 부처님의 탑에 공양하면, 이는 나라와 아내와 자식, 삼천대천국토의 산과 숲과 강과 못과 갖가지 진귀한 보물을 공양하는 것보다 더 훌륭하니라.

또 어떤 이가 칠보를 삼천대천세계에 가득 채워 부처님과 대보살과 벽지불과 아라한에게 공양할지라도, 그가 얻는 공덕은 이 법화경의 네 구절 한 게송을 받아 지닐 때 얻는 복보다 못하니라.

수왕화야, 마치 냇물·강물 등의 모든 물 가운데에서 바다가 으뜸이듯이, 법화경은 여래가 설한 여러 경전 가운데 가장 크고 깊으니라.

토산(土山)·흑산(黑山)·소철위산(小鐵圍山)·대철위산(大鐵圍山)·십보산(十寶山) 등의 여러 산들 가운데 수미산이 으뜸이듯이,

법화경은 여러 경전 가운데 가장 높으니라.

모든 별들 가운데 달이 으뜸이듯이, 법화경은 천만억종의 경전 가운데 가장 밝게 빛나느니라.

저 태양이 모든 어둠을 없애 버리듯이 법화경은 온갖 불선(不善)의 어둠을 능히 없애느니라.

모든 왕들 가운데 전륜성왕이 으뜸이듯이, 법화경은 여러 경전 가운데 가장 존귀하니라.

제석천이 삼십삼천의 왕인 것처럼, 법화경은 모든 경전의 왕이니라.

대범천왕이 일체 중생의 아버지인 것처럼, 법화경은 일체 현성(賢聖)과 유학(有學)·무학(無學)과 보살의 마음을 발한 이의 아버지가 되느니라.

모든 범부들 가운데 수다원(須陀洹)·사다함(斯陀含)·아나함(阿那含)·아라한(阿羅漢)과 벽지불(辟支佛)이 으뜸이듯이, 법화경은 여래가 설하고 보살이 설하고 성문이 설한 여러 경법(經法) 가운데 가장 으뜸이니라. 그리고 법화경을 받아 지니는 이 또한 일체 중생 가운데 으뜸이 되느니라.

일체 성문·벽지불 등의 수행자 가운데 보살이 으뜸이듯이, 법화경은 모든 경법 가운데 으뜸이 되며, 부처가 모든 법의 왕이듯이, 법화경은 여러 경전 가운데 왕이 되느니라.

수왕화야, 법화경은 일체 중생을 구하고, 법화경은 일체 중생으로 하여금 온갖 고뇌에서 벗어나게 하며, 법화경은 일체 중생을 크게 이롭게 하고 원하는 바를 만족시켜 주느니라.

목마른 이가 만족스럽게 갈증을 풀 수 있는 시원한 연못을 만나듯이, 추운 이가 불을 만나듯이, 헐벗은 이가 옷을 얻듯이, 상인이 물주(物主)를 만나듯이, 아이가 어머니를 만나듯이, 물을 건너는 이가 배를 만나듯이, 병든 이가 의사를 만나듯이, 어둠속에서 등불을 만나듯이, 가난한 이가 보물을 얻듯이, 백성이 현명한 왕을 만나듯이, 무역하는 이가 바다를 만나듯이, 횃불이 어둠을 몰아내듯이, 법화경도 능히 중생들의 온갖 괴로움과 온갖 병통(病痛)을 떠나게 하고, 능히 생사의 속박에서 벗어나게 해주느니라.

만일 어떤 이가 이 법화경을 듣고 스스로 사경하거나 남에게 사경토록 하면, 그가 얻는 공덕은 부처님의 지혜로 헤아릴지라도 그 끝을 알 수가 없느니라. 또 법화경을 사경하여 거기에 꽃·향·영락, 사르는 향과 가루 향과 바르는 향, 깃발·천개·의복과 우유등·기름등·향유등·첨복기름등·수만나기름등·바라라기름등·바리사가기름등·유등·나바마리기름등 등의 갖가지 등불을 공양하면, 그가 얻는 공덕 또한 한량이 없느니라.

수왕화야, 만일 어떤 이가 이 약왕보살본사품(藥王菩薩本事品)을 들으면 그 또한 한량없고 끝없는 공덕을 얻게 되며, 만일 어떤 여인이 약왕보살본사품을 듣고 능히 받아 지니면, 지금의 여자 몸을 마친 뒤에는 다시 여인의 몸을 받지 않게 되느니라.

또 여래가 멸도한 다음 5백 년 뒤에 어떤 여인이 법화경을 듣고 그대로 수행하면, 목숨을 마친 뒤에 대보살들이 아미타불(阿彌陀佛)을 둘러싸고 설법을 듣는 극락세계의 연화보좌(蓮華寶座) 위에 태어나서, 다시는 탐욕으로 인한 괴로움을 받지 않고, 성냄이나 어리석음으로 인한 괴로움을 받지 않으며, 교만·질투 등의 갖가지 번뇌로 인한 괴로움을 받지 않게 되느니라.

또 보살의 신통력을 얻고 무생법인(無生法忍)을 얻은 다음, 청정해진 눈으로 7백만 2천억 나유타 항하사만큼 많은 부처님들을 뵙게 되며, 그때 모든 부처님들이 멀리서 함께 찬탄을 하시느니라.

'착하고 훌륭하도다. 선남자야, 네가 능히 석가모니불의 법 가운데에서 법화경을 수지독송하고 사유하고 남을 위해 설하였구나. 네가 얻는 복덕은 한량없고 끝이 없어서 불로도 태울 수 없고 물로도 떠내려 보낼 수 없으며, 너의 공덕은 1천 명의 부처님이 함께 설하신다 해도 다 설하지 못하느니라. 너는 이제 모든 마군(魔軍)을 쳐부쉈고 생사(生死)라는 적군을 무너뜨렸으며, 원수와 적들을 모두 없애버렸도다.

선남자야, 수백 수천의 부처님들이 신통력으로 너를 수호하나니, 일체 세간의 천인과 인간들 가운데 여래를 제하고는 너와 같은 이가 없으며, 모든 성문·벽지불·보살들의 지혜와 선정도 너와 같은 이가 없느니라.'

수왕화야, 이 보살은 이러한 공덕과 지혜의 힘을 성취하게 되느니라.

만일 어떤 이가 이 약왕보살본사품을 듣고 정말 기뻐하고 찬탄을 하면, 그 사람의 입에서는 늘 푸른 연꽃 향기가 나고, 몸의 털구멍에서는 늘 우두전단 향기가 나며, 얻게 되는 공덕은 앞에서 설한 바와 같으니라.

수왕화야, 이 약왕보살본사품을 너에게 부

촉하노니, 내가 멸도하고 5백년이 지난 뒤에 이 사바세계에 널리 유포시켜 끊어지지 않도록 하여라. 또 악마와 악마의 권속들, 천·용·야차·구반다 등이 이 경을 멋대로 이용하지 못하게 하여라.

수왕화야, 너는 신통력으로 반드시 이 경을 수호해야 한다. 왜냐하면 이 경이 사바세계 사람들의 병을 고쳐주는 좋은 약이기 때문이니라. 만일 병 있는 이가 이 경을 들으면 모든 병이 곧 사라지고 늙지 않으며, 뜻하지 않은 죽음이 찾아오지 않느니라.

수왕화야, 만일 법화경을 받아 지니는 이를 보거든 푸른 연꽃과 가루향 한아름을 그에게 뿌려 공양하고, 이렇게 생각하여라.

'이 사람은 오래지 않아 도량에 풀을 깔고 앉아 모든 마구니를 물리칠 것이요, 법소라를 불고 큰 법고를 쳐서 일체 중생을 생로병사의 바다에서 건져내어 해탈하게 할 것이다.'

불도를 구하다가 법화경을 수지하는 이를 보게 되면, 반드시 이와 같은 공경심을 내어야 하느니라."

부처님께서 이 약왕보살본사품을 설하시자, 8만4천 보살들이 모든 중생들의 말을 이해하는 다라니를 얻었으며, 보탑 속의 다보여래께서는 수왕화보살을 찬탄하셨다.

"착하고 훌륭하도다. 수왕화야, 그대는 불가사의한 공덕을 성취하였기에, 능히 석가모니불께 이와 같은 일을 여쭈어 한량없는 중생들을 이롭게 하였구나."

〈제23 약왕보살본사품 끝〉

묘법연화경 제7권

제24 묘음보살품
第二十四妙音菩薩品

그때 석가모니불께서 32대인상(大人相)에 속하는 육계(肉髻)와 미간의 백호(白毫)에서 광명을 발하여, 8백만억 나유타 항하사만큼 많은 동쪽의 부처님세계를 모두 비추었다.

그 많은 세계를 지나면 다시 한 세계가 있으니, 세계의 이름은 정광장엄(淨光莊嚴)이요, 한 분의 부처님이 계시니 이름이 정화수왕지(淨華宿王智)여래 · 응공 · 정변지 · 명행족 · 선서 · 세간해 · 무상사 · 조어장부 · 천인사 · 불세존이었다.

이 부처님께서 당신을 공경하여 둘러싸고 있는 무량무변 보살 대중들에게 설법을 하고 계실 때, 석가모니불의 백호에서 나온 광명이 그 나라를 두루 비추었다.

이 정광장엄세계에는 묘음(妙音)이라는 보살이 있는데, 그는 오랫동안 갖가지 선근을 심었고, 한량없는 백천만억 부처님을 공양하고 가까이 하여 매우 깊은 지혜를 성취하였으며, 묘당상삼매(妙幢相三昧)·법화삼매(法華三昧)·정덕삼매(淨德三昧)·수왕희삼매(宿王戱三昧)·무연삼매(無緣三昧)·지인삼매(智印三昧)·해일체중생어언삼매(解一切衆生語言三昧)·집일체공덕삼매(集一切功德三昧)·청정삼매(淸淨三昧)·신통유희삼매(神通遊戱三昧)·혜거삼매(慧炬三昧)·장엄왕삼매(莊嚴王三昧)·정광명삼매(淨光明三昧)·정장삼매(淨藏三昧)·불공삼매(不共三昧)·일선삼매(日旋三昧) 등 백천만억 항하사만큼 많은 큰 삼매들을 모두 얻었다.

묘음보살은 석가모니불의 광명이 자기의 몸에 비치자 정화수왕지불께 아뢰었다.

"세존이시여, 사바세계에 가서 석가모니불께 예배드리고 가까이에서 공양하고자 하옵니다. 또 문수사리법왕자보살과 약왕보살·용시(勇施)보살·수왕화보살·상행의(上行意)보살·장엄왕(莊嚴王)보살·약상(藥上)보살 등도 만나 보고자 하옵니다."

정화수왕지불께서 묘음보살에게 이르셨다.

"너는 저 사바세계를 업신여기거나 하찮다고 생각하지 말라. 저 사바세계의 땅은 높고 낮은 곳이 있어 평탄하지 않고 흙과 돌로 된 산들과 더러운 것들이 많으며, 그곳에 있는 부처님과 보살들의 몸은 매우 작으니라. 그런데 너의 몸은 크기가 4만 2천 유순이나 되고 나의 몸은 6백 8십만 유순이나 된다. 또 너의 몸은 아주 단정할 뿐 아니라 백천만 가지 복과 훌륭하고 묘한 빛을 띠고 있다. 그렇다고 하여 저 사바세계를 업신여기거나 그곳의 불보살과 국토를 하찮게 생각하여서는 안 되느니라."

묘음보살이 아뢰었다.

"부처님이시여, 제가 지금 사바세계로 갈 수 있는 것은 다 여래의 힘이요 여래의 자유자재한 신통력과 여래께서 지혜로 장엄한 공덕에 의해 가능한 것이옵니다."

그리고는 자리에서 일어나거나 몸을 움직이

지도 않고 삼매에 들었으며, 그 삼매의 힘으로 기사굴산에 있는 석가모니불의 법좌에서 멀지 않은 곳에 8만4천이나 되는 보배 연꽃을 만들어내었다. 그 연꽃들의 줄기는 염부단금으로 되어 있고, 잎사귀는 백은으로, 꽃술은 금강(金剛)으로, 꽃받침은 붉은 빛을 띤 견숙가보(甄叔迦寶)로 이루어져 있었다.

이때 문수사리법왕자가 이 연꽃들을 보고 부처님께 여쭈었다.

"세존이시여, 무슨 인연으로 이와 같은 상서(祥瑞)가 나타났나이까? 이 수많은 연꽃들의 줄기는 모두 염부단금으로 되어 있고 잎사귀는 백은으로, 꽃술은 금강으로, 꽃받침은 견숙가보로 되어 있나이다."

부처님께서 문수사리에게 이르셨다.

"이는 8만4천 보살들에게 둘러싸인 묘음보살마하살이 저 정화수왕지불의 국토에서 이 사바세계로 와서 나에게 공양하고 친근(親近)하고 예배를 하려 함이요, 또한 법화경에 공양하고 설법을 들으려 함이니라."

문수사리보살이 부처님께 여쭈었다.

"세존이시여, 이 보살은 어떠한 선근을 심고 어떠한 공덕을 닦았기에 이토록 큰 신통력을 지니게 되었나이까? 또 어떤 삼매를 익혔나이까? 원하옵건대 저희에게 그 삼매의 이름을 설하여 주옵소서. 저희 또한 그 삼매를 부지런히 익히고자 하옵니다. 그리고 이 보살의 모습이 큰지 작은지, 몸가짐이 어떠한지, 어떻게 나아가고 머무르는지를 보고 싶습니다. 원하옵건대 세존이시여, 신통력으로 저 보살을 오게 하시어 저희가 볼 수 있게 하옵소서."

석가모니불이 문수사리에게 이르셨다.

"오래전에 멸도하신 다보여래께서 너희를 위해 그의 모습을 반드시 나타내게 하시리라."

이때 다보불께서 묘음보살에게 이르셨다.

"선남자야, 오너라. 문수사리 법왕자가 너를

만나고 싶어 한다.”

이에 묘음보살이 그 나라를 떠나 8만4천 보살들과 함께 오니, 그들이 지나는 국토마다 땅이 여섯 가지로 진동했고 칠보로 된 연꽃들이 비 오듯이 내렸으며 백천가지 하늘의 음악과 북이 저절로 울려 퍼졌다.

묘음보살의 눈은 마치 넓고 큰 푸른 연꽃잎과 같았고, 얼굴은 백천만개의 달을 합해 놓은 것보다 더 단정하였으며, 황금빛 몸은 한량없는 공덕으로 빛나고 있었고, 그 위엄과 덕은 타오르는 듯 빛을 발하고 있었다. 또 몸매는 마치 나라연금강(那羅延金剛)과 같이 견고하였다.

묘음보살은 칠보로 된 누각에 올라 7다라수 높이만큼 허공에 뜬 채, 여러 보살들의 공경을 받으며 이 사바세계의 기사굴산에 이르렀다. 그는 칠보 누각에서 내려와 백천이나 되는 영락을 가지고 석가모니불이 계신 곳으로 다가가서, 그 발에 머리를 숙여 예배하고 영락을 바친 다음 아뢰었다.

"세존이시여, 정화수왕지불께서 안부를 여쭈었나이다.

'건강하고 근심 없고 기거하기에 불편 없으시며, 안락하게 생활하시는지요? 몸은 편안하고 세상 일이 참을 만하신지요? 중생들을 제도하기는 쉬우신지요? 중생들이 혹 탐욕과 성냄과 어리석음과 질투와 인색함과 교만이 많지는 않은지요? 또 부모에게 불효하거나 승려를 공경하지 않으며, 삿된 생각과 악한 마음과 오정(五情)(기쁨·노여움·슬픔·욕심·증오)을 억제하지 못하는 중생들은 아닌지요? 중생들이 능히 마(魔)를 잘 굴복시키고 있는지요? 또 오래전에 멸도하신 다보여래께서도 오시어 칠보탑 안에서 설법을 듣고 계신지요?'

그리고 다보불께도 '안온하고 근심 없으시며 사바세계에 오래 머무실 만하신지요?'라는 안부를 여쭈었나이다.

세존이시여, 저는 다보불의 몸을 뵙고 싶나이다. 부디 뵐 수 있게 해주시옵소서."

이에 석가모니불이 다보불께 말씀드렸다.

"이 묘음보살이 뵙고 싶어합니다."

다보불께서 묘음보살에게 이르셨다.

"착하고 훌륭하도다. 석가모니불을 공양하고 법화경을 듣기 위해, 그리고 문수사리보살 등을 만나기 위해 여기까지 왔구나."

그때 화덕(華德)보살이 부처님께 여쭈었다.

"세존이시여, 이 묘음보살은 어떤 선근을 심었고, 어떤 공덕을 닦았기에 이러한 신통력을 지니게 되었나이까?"

부처님께서 화덕보살에게 이르셨다.

"과거 세상에 부처님이 계셨으니, 이름은 운뢰음왕(雲雷音王)여래·응공·정변지요, 나라 이름은 현일체세간(現一切世間)이며, 겁 이름은 희견(喜見)이었느니라. 그때 묘음보살은 1만 2천 년 동안 10만 가지 음악을 운뢰음왕불께 공양하였고, 또 칠보로 된

발우 8만4천 개를 공양하였느니라. 이 인연의 과보로 지금 정화수왕지불의 국토에 태어났고, 이러한 신통력을 지니게 되었느니라.

화덕아, 그때 운뢰음왕불 밑에서 음악을 공양하고 보배그릇을 바친 이가 묘음보살과 다른 이라고 느껴지느냐? 아니다. 그가 바로 지금의 이 묘음보살이니라.

화덕아, 이 묘음보살은 일찍이 한량없는 부처님들을 만나 뵙고 공양하고 오래도록 선근을 심었으며, 또 항하사만큼 많은 백천만억 나유타 부처님들을 만나 뵈었느니라.

화덕아, 너는 묘음보살의 몸이 여기에만 있다고 여기겠지만, 묘음보살은 여러 가지 몸을 여러 곳에 나타내어 중생들을 위해 법화경을 설하고 있나니, 때로는 범천왕의 몸을 나타내기도 하고, 때로는 제석천 · 자재천 · 대자재천의 몸을 나타내기도 하고, 때로는 천상대장군과 비사문천왕(毘沙門天王)의 몸을 나타내어 법화경을 설하느니라.

또 전륜성왕의 몸을 비롯하여 작은 나라 왕들의 몸이나 장자(長者)·거사·재상·관리·바라문의 몸을 나타내기도 하고, 비구·비구니·우바새·우바이의 몸을 나타내기도 하고, 장자·거사 부인의 몸이나 재상·관리·바라문 부인의 몸을 나타내어 법화경을 설하느니라.

또 동남·동녀의 몸을 나타내기도 하고, 때로는 천·용·야차·건달바·아수라·가루라·긴나라·마후라가·인비인 등의 몸을 나타내어 법화경을 설하느니라.

그리고 지옥·아귀·축생의 세계와 불도를 닦기 어려운 곳에 모습을 나타내어 그곳에 있는 이들을 구제하며, 심지어 왕의 후궁(後宮)에 여인의 몸을 나타내어 법화경을 설하느니라.

화덕아, 묘음보살은 사바세계의 중생들을 구호(救護)하는 보살로, 사바세계에 있으면서 갖가지 몸을 나타내어 중생들을 위해 법화경을 설하지만, 신통력이나 지혜는 조금도 손상되지 않느니라.

이 보살은 사바세계를 큰 지혜로 밝게 비추어 중생들이 각기 알아야 할 바를 알게 할 뿐 아니라, 시방의 항하사만큼 많은 세계에서도 이와 같이 하느니라.

만일 성문의 모습으로 제도할 이에게는 성문의 모습을 나타내어 법을 설하고, 벽지불의 모습으로 제도할 이에게는 벽지불의 모습을 나타내어 법을 설하고, 보살의 모습으로 제도할 이에게는 보살의 모습을 나타내어 법을 설하고, 부처의 모습으로 제도할 이에게는 부처의 모습을 나타내어 법을 설하며, 심지어 멸도하는 모습을 보여야만 제도할 수 있는 이에게는 멸도하는 모습을 나타내는 등, 그 제도할 바를 따라 여러 가지 모습을 나타내느니라.

화덕아, 묘음보살마하살이 성취한 대신통과 대지혜의 힘은 이와 같으니라."

화덕보살이 부처님께 여쭈었다.

"세존이시여, 과연 묘음보살은 깊은 선근을 심은 분이옵니다. 세존이시여, 이 보살은 어떤 삼매에 머물기에 이처럼 여러 곳에다 갖가지 모습을 나타내어 중생들을 제도할 수 있나이까?"

부처님께서 화덕보살에게 이르셨다.

"선남자야, 그 삼매의 이름은 현일체색신삼매(現一切色身三昧)이니라. 묘음보살은 이 삼매에 머물고 있기 때문에 한량없는 중생을 능히 이롭게 할 수 있느니라."

부처님께서 이 묘음보살품(妙音菩薩品)을 설하시자, 묘음보살과 함께 온 8만4천 보살 모두는 현일체색신삼매를 얻었으며, 이 사바세계의 한량없는 보살들도 이 삼매와 다라니를 얻었다.

그때 묘음보살마하살은 석가모니불과 다보불의 탑에 공양을 올린 다음 본국으로 돌아갔으니, 그들이 지나가는 나라마다 땅이 여섯 가지로 진동했고 보배연꽃이 비처럼 내렸으며 백천만억의 음악이 저절로 울려 퍼졌다. 그리고 본국에 당도한 묘음보살은 8만4천 보살들에게 둘러싸인 채 정화수왕지불이 계신 곳으로 나아가 아뢰었다.

“세존이시여, 사바세계에 가서 중생들을 이롭게 하고 돌아왔나이다. 또 석가모니불과 다보불의 탑을 친견하고 예배드리고 공양하였으며, 문수사리법왕자보살과 약왕보살·득근정진력(得勤精進力)보살·용시보살 등도 만나 보았나이다. 그리고 저와 함께 간 8만4천 보살들은 현일체색신삼매를 얻게 되었나이다.”

이 묘음보살품을 설하는 동안, 4만2천에 이르는 천인들이 무생법인을 얻었으며, 화덕보살은 법화삼매를 얻었다.

〈제24 묘음보살품 끝〉

제25 관세음보살보문품
第二十五 觀世音菩薩普門品

그때 무진의보살(無盡意菩薩)이 자리에서 일어나 오른쪽 어깨를 드러낸 다음, 부처님을 향해 합장을 하고 여쭈었다.

"세존이시여, 관세음보살은 어떠한 인연으로 이름을 관세음(觀世音)이라 하게 되었나이까?"

부처님께서 무진의보살에게 이르셨다.

"선남자여, 만약 백천만억의 한량없는 중생이 여러 가지 괴로움을 받게 되었을 때 관세음보살의 이름을 듣고 일심으로 그 명호를 부르면, 관세음보살은 즉시 그 음성(音聲)을 관(觀)하여 모두에게 해탈을 얻을 수 있게 하느니라.

만일 이 관세음보살의 명호를 지니고 외우

면 큰불〔大火〕 속에 들어가게 될지라도 불이 그를 태우지 못하나니, 이는 관세음보살의 위신력(威神力)때문이니라.

또 큰물〔大水〕에 빠져 표류할지라도 관세음보살의 명호를 부르면 곧 얕은 곳에 이르게 되느니라.

만일 백천만억의 중생이 금·은·유리·자거·마노·산호·호박·진주 등의 보배를 구하기 위해 큰 바다로 나아갔다가 모진 바람〔黑風〕을 만나 배가 나찰귀(羅刹鬼)의 나라에 이르게 되었을지라도, 그 가운데 한 사람만이라도 관세음보살의 명호를 부르는 이가 있으면 모든 사람들이 나찰의 환란에서 해탈하게 되나니, 이러한 인연으로 인해 이름을 관세음이라 하게 되었느니라.

또 어떤 사람이 몸에 피해를 입게 되었을 때 관세음보살의 명호를 부르면, 해치고자 했던 이의 손에 들린 칼이나 몽둥이〔刀杖〕가 조각조각 부서져 해탈을 얻게 되느니라.

만일 삼천대천국토에 가득한 야차와 나찰들이 와서 괴롭히고자 하여도, 관세음보살의 명호를 부르는 소리를 듣게 되면 이 모든 악귀(惡鬼)들이 악한 눈으로 그 사람을 볼 수조차 없게 되거늘, 어떻게 해를 입힐 수가 있겠느냐.

또 어떤 사람이 죄가 있거나 죄가 없거나 수갑과 쇠고랑과 형틀 등에 그 몸을 결박당하게 되었을 때, 관세음보살의 명호를 부르면 모두 끊어지고 부수어져 곧 해탈을 얻게 되느니라.

만일 삼천대천국토 속의 도적떼가 가득한 험한 길을 한 상주(商主)가 여러 상인들을 거느리고 값진 보배를 휴대하여 지나갈 때 그들 중 한 사람이 말하기를, '선남자들이여, 두려워하지 말고 일심으로 관세음보살의 명호를 부르십시오. 관세음보살님은 중생들을 두려움에서 건져주시는 분입니다. 그대들이 그 명호를 부르면 틀림없이 도적떼의 피해를 벗어날 수 있습

니다.'

상인들이 이 말을 듣고 함께 '나무관세음보살'을 부르면, 그 명호를 부르는 공덕으로 곧 해탈을 얻게 되느니라.

무진의야, 관세음보살마하살 위신력의 높고 큼은 이와 같으니라.

만일 어떤 중생이 음욕심(婬欲心)이 많을지라도 항상 관세음보살을 생각하고 공경하면 문득 음욕을 여의게 되고,

성을 잘 낼지라도 항상 관세음보살을 생각하고 공경하면 문득 성냄을 여의게 되며,

어리석음이 많을지라도 항상 관세음보살을 생각하고 공경하면 문득 어리석음을 여의게 되느니라.

무진의야, 관세음보살에게는 이와 같은 대(大)위신력(威神力)이 있어 넉넉하고 풍족한 이익을 베풀어 주나니, 그러므로 중생들은 늘 마음으로 그를 생각해야 하느니라.

또 어떠한 여인이 아들을 얻고자 하여 관세음보살에게 예배하고 공양하면 복덕과 지혜를 갖춘 아들을 낳고, 딸을 얻고자 하면 문득 인물이 단정하고 아름다운 딸을 낳으리니, 그 자녀들은 숙세에 덕(德)의 근본을 심었기 때문에 많은 사람들의 사랑과 존경을 받게 되느니라. 무진의야, 관세음보살은 이와 같은 힘이 있느니라.

만일 어떠한 중생이라도 관세음보살을 공경하고 예배하면 그 복이 결코 헛되지 않나니, 이와 같은 까닭으로 중생들은 마땅히 관세음보살의 명호를 수지(受持)해야 하느니라.

무진의야, 만일 어떤 사람이 62억 항하사만큼 많은 보살의 이름을 수지하고, 다시 그의 목숨이 다할 때까지 음식과 의복과 침구와 의약으로 공양을 한다면, 네 생각은 어떠하냐? 이 선남자 선여인의 공덕이 많겠느냐 적겠느냐?"

무진의보살이 아뢰었다.

"매우 많겠나이다, 세존이시여."

부처님께서 이르셨다.

"만일 또 다른 어떤 사람이 있어 관세음보살의 명호를 수지하고 한 때라도 예배공양을 하면 이 두 사람의 복이 꼭 같아 다름이 없으며, 백천만억겁이 지날지라도 그 복은 다함이 없느니라. 무진의야, 관세음보살의 이름을 수지하면 이와 같이 한량 없고 끝이 없는 복덕과 이익을 얻게 되느니라."

무진의보살이 부처님께 아뢰었다.

"세존이시여, 관세음보살은 어떠한 모습으로 이 사바세계(娑婆世界)에서 노니시고, 어떠한 방법으로 중생을 위해 법을 설하시며, 그 방편의 힘은 어떠하옵니까?"

부처님께서 무진의보살에게 이르셨다.

"선남자야, 관세음보살은 모든 국토의 중생들 중에서, 부처의 모습으로 응하여 제도해야 할 이에게는 부처의 모습을 나타내어 법을 설하고, 벽지불의 모습으로 제도해야 할 이에게는 벽지불의 모습을 나타내어 법을 설하며, 성문(聲聞)의 모습으로 제도해야 할 이에게는 성문의 모습을 나타내어 법을 설하느니라.

범천왕(梵天王)의 모습으로 제도해야 할 이에게는 범천왕의 모습을 나타내어 법을 설하고, 제석천(帝釋天)의 모습으로 제도해야 할 이에게는 제석천의 모습을 나타내어 법을 설하며, 자재천(自在天)의 모습으로 제도해야 할 이에게는 자재천의 모습을 나타내어 법을 설하며, 대자재천(大自在天)의 모습으로 제도해야 할 이에게는 대자재천의 모습을 나타내어 법을 설하며, 천대장군(天大將軍)의 모습으로 제도해야 할 이에게는 천대장군의 모습을 나타내어 법을 설하며, 비사문천왕(毘沙門天王)의 모습으로 제도를 해야 할 이에게는 비사문천왕의 모습을 나타내어 법을 설하느니라.

인간세계 왕(王)의 모습으로 제도해야 할 이에

게는 인간세계 왕의 모습을 나타내어 법을 설하고, 장자(長者)의 모습으로 제도해야 할 이에게는 장자의 모습을 나타내어 법을 설하며, 거사(居士)의 모습으로 제도해야 할 이에게는 거사의 모습을 나타내어 법을 설하며, 재상(宰相)과 같은 관리(官吏)의 모습으로 제도해야 할 이에게는 재관(宰官)의 모습을 나타내어 법을 설하며, 바라문(波羅門)의 모습으로 제도해야 할 이에게는 바라문의 모습을 나타내어 법을 설하며, 비구(比丘)·비구니(比丘尼)·우바새(優婆塞)·우바이(優婆夷)의 모습으로 제도해야 할 이에게는 비구·비구니·우바새·우바이의 모습을 나타내어 법을 설하며, 장자·거사·재관·바라문의 부인(婦人) 모습으로 제도해야할 이에게는 그 부인들의 모습을 나타내어 법을 설하며, 동남(童男)·동녀(童女)의 모습으로 제도해야 할 이에게는 동남·동녀의 모습을 나타내어 법을 설하느니라.

또 천·용·야차·건달바·아수라·가루라·긴나라·마후라가·인비인(人非人) 등의 모습으로 제도해야 할 이에게는 천·용 등의 모습을 나타내어 법을 설하고, 집금강신(執金剛神)의 모습으로 제도해야 할 이에게는 집금강신의 모습을 나타내어 법을 설하느니라.

무진의야, 공덕을 성취한 관세음보살은 이와 같은 다양한 모습으로 모든 국토를 다니면서 중생을 제도하고 해탈케 하느니라. 그러므로 너희는 마땅히 일심으로 관세음보살을 공양해야 하느니라.

이 관세음보살마하살은 두렵고 급한 환란에 처했을 때 능히 두려움을 없애주나니, 그래서 사바세계에서는 그를 일러 '두려움을 없게 하여주는 이〔施無畏者(시무외자)〕'라고 하느니라."

무진의보살이 부처님께 아뢰었다.

"세존이시여, 저는 지금 관세음보살께 공양을 올리고자 하옵니다."

그리고는 곧바로 수많은 보석으로 이루어진 백천냥금의 가치를 지닌 목걸이를 풀어 바치면서 말하였다.

"어진이시여, 이 법시(法施)의 진귀한 보배 목걸이를 받아주소서."

관세음보살이 받으려 하지 않자, 무진의보살이 다시 말하였다.

"어진이시여, 저희들을 불쌍히 여겨 이 목걸이를 받아주소서."

부처님께서 관세음보살에게 이르셨다.

"마땅히 무진의보살을 비롯한 사부대중과 천·용·야차·건달바·아수라·가루라·긴나라·마후라가·인비인 등을 불쌍히 여겨 목걸이를 받도록 하라."

그러자 관세음보살은 사부대중과 천·용·인비인 등을 불쌍히 여겨 목걸이를 받은 다음에 둘로 나누어, 한 몫은 석가모니불께 바치고 한 몫은 다보여래(多寶如來)의 탑에 바쳤다.

"무진의여, 관세음보살에게는 이와 같은 자재한 신통력이 있어 사바세계를 자유로이 노니느니라."

그때 무진의보살이 게송으로 여쭈었다.

묘한상호 남김없이 구족하신 세존이여
제가다시 여쭈오니 그어떠한 인연으로
저불자는 관세음(觀世音)의 이름얻게 되었나요

묘한 상호 구족하신 세존께서 게송으로 무진의보살에게 답하셨다.

어디에나 응현(應現)하는 관세음의 자비행을
내가다시 설하리니 마음모아 잘들어라
관세음의 큰서원이 바다같이 깊은것은
부사의한 오랜세월 천만억불 모시고서
맑고밝은 대원(大願)들을 발하였기 때문이다
내가다시 너를위해 간략하게 설하리니
관세음의 이름듣고 그의모습 바라보며
마음모아 지극하고 간절하게 생각하면

능히모든 괴로움을 남김없이 멸하리라
가령어떤 사람있어 해치려는 생각품고
타오르는 불속으로 힘껏밀어 넣더라도
일심으로 저관음을 생각하는 힘에의해
불구덩이 문득변해 연못으로 바뀌노라
만일넓은 바다에서 정처없이 헤매면서
용과귀신 물고기의 재난속에 처하여도
일심으로 저관음을 생각하는 힘에의해
성난파도 속에서도 죽지않고 무사하며
수미산과 같이높은 봉우리에 서있을때
갑작스레 어떤이가 밀어추락 하더라도
일심으로 저관음을 생각하는 힘에의해
해와같이 허공중에 머무르게 되느니라
흉악스런 사람들이 뒤쫓아와 피하다가
금강산과 같은데서 굴러떨어 질지라도
일심으로 저관음을 생각하는 힘에의해
몸은물론 털끝하나 상하지가 않게되며
원수들과 도둑들이 주위에서 에워싸고

칼을들고 죽이거나 해치고자 할지라도
일심으로 저관음을 생각하는 힘에의해
그들모두 마음돌려 자비심을 일으킨다
나라법에 잘못걸려 벌을받는 고난만나
형을받고 죽을때가 임박했다 할지라도
일심으로 저관음을 생각하는 힘에의해
칼날등의 흉기들이 조각조각 부서지고
불행하게 옥에갇혀 큰칼쓰고 앉았거나
손과발이 쇠고랑에 묶여있다 할지라도
일심으로 저관음을 생각하는 힘에의해
시원스레 풀어져서 벗어나게 될것이며
주술들과 저주들과 여러가지 독약으로
해치고자 하는사람 생겨났다 할지라도
일심으로 저관음을 생각하는 힘에의해
해치려던 그사람이 해를입게 되느니라
흉악하기 그지없는 나찰들을 만나거나
독룡이나 여러악귀 부딪히게 될지라도
일심으로 저관음을 생각하는 힘에의해

그무엇도 그를감히 해칠수가 없게되고
포악스런 짐승들이 사방에서 에워싸고
날카로운 이빨들과 발톱으로 위협해도
일심으로 저관음을 생각하는 힘에의해
아득하니 먼곳으로 흩어져서 달아나며
살모사등 독사들과 전갈등의 독충들이
타는불의 연기처럼 독의기운 뿜어내도
일심으로 저관음을 생각하는 힘에의해
문득독기 뿜어냄을 멈추고서 돌아가며
먹구름이 덮히면서 천둥번개 마구치고
우박들과 소나기가 쏟아지듯 퍼부어도
일심으로 저관음을 생각하는 힘에의해
삽시간에 먹구름이 걷히면서 흩어진다
중생들이 여러가지 곤란액난 당하거나
한량없는 고통들이 몸을핍박 하게될때
저관음은 묘하고도 지혜로운 능력으로
세간속의 고통에서 능히구해 주느니라
신통력과 지혜방편 널리닦아 갖췄기에

시방모든 국토에다 몸을두루 나타내어
지옥아귀 축생계와 나쁜세계 중생들의
나고늙고 병들어서 죽게되는 고통들을
관세음은 차츰차츰 모두없애 주느니라
참된진관(眞觀) 청정관(清淨觀)과 광대지혜(廣大知慧) 관(觀)과함께
비관(悲觀)으로 슬피보고 자관(慈觀)으로 사랑하니
어디서나 늘원하고 늘우러러 볼지니라
맑고밝고 티가없는 청정광명 뿜어내니
해와같은 그지혜로 모든어둠 몰아내고
풍재(風災)화재(火災) 온갖재앙 풍파들을 물리쳐서
이세간을 두루두루 밝게비춰 주느니라
슬퍼하는 그마음은 천둥되어 진동하고
자애로운 그마음은 크고묘한 구름되어
감로수와 같은법비 고루고루 내려주어
중생들의 번뇌불길 모두없애 주느니라
나쁜일로 소송당해 관청으로 나가거나
두렵기가 그지없는 전쟁터에 있더라도
일심으로 저관음을 생각하는 힘에의해

모든원결 다풀리고 적군들이 물려간다
관세음(觀世音)은 묘음(妙音)이요 범음(梵音)이요 해조음(海潮音)에
이세간을 뛰어넘은 승피세간(勝彼世間) 음(音)이니라
어느때나 모름지기 관세음을 생각하되
잠시잠깐 한생각도 의심하지 말지어다
청정하고 거룩하기 그지없는 관세음은
고통번뇌 죽음질병 불행한일 당했을때
굳게믿고 의지하면 능히감싸 주느니라
관세음은 일체공덕 두루모두 갖춘이요
자비로운 그눈으로 중생들을 보살피고
한량없는 복덕들이 모여드는 바다이니
응당모두 머리숙여 예배해야 하느니라

그때 지지보살(持地菩薩)이 자리에서 일어나 부처님 앞으로 나아가 아뢰었다.

"세존이시여, 중생들 중에 이 관세음보살보문품(觀世音菩薩普門品)의 자유자재한 업(業)과 보문(普門)을 나타내는 신통력에 대해 듣는 이가 있으면, 이 사람의 공

덕이 결코 적지 않다는 것을 능히 알겠나이다."

부처님께서 이 보문품을 설하실 때, 대중 가운데 8만4천 중생이 무엇과도 비교할 수 없는 아뇩다라삼먁삼보리심을 발하였다.

〈제25 관세음보살보문품 끝〉

제26 다라니품
第二十六 陀羅尼品

그때 약왕보살이 자리에서 일어나 오른쪽 어깨를 드러낸 다음, 부처님을 향해 합장을 하고 여쭈었다.

"세존이시여, 선남자 선여인이 법화경을 수지하고 독송하여 그 내용을 통달하고 사경을 하면 얼마나 많은 복을 얻게 되나이까?"

부처님께서 약왕보살에게 이르셨다.

"만일 어떤 선남자 선여인이 8백만억 나유타 항하사만큼 많은 부처님들께 공양하였다면, 너는 어떻게 생각하느냐? 그가 얻는 복이 많겠느냐?"

"매우 많겠나이다, 세존이시여."

"만일 선남자 선여인이 법화경의 네 구절로 된 게송 하나만이라도 수지독송하여 그 뜻을 이해하고 설한대로 수행하면, 앞의 공덕보다 이 공덕이 더 많으니라."

그러자 약왕보살이 부처님께 아뢰었다.

"세존이시여, 제가 이제 이 법화경을 설하는 이들에게 그들을 수호해 줄 다라니주(陀羅尼呪)를 주겠나이다."

아니 마니 마네 마마네 지례 자리제 샤마 가리디위 선제 목제 목다리 사리 아위사리 상리 사리 사예 아사예 아기니 선제 사리 다라니 아로가바사 프라타베로사니 니디루 아반타라니비스테 아반타리바리슛다 구구레 모구레 아라레 바라레 수가차 아사마사메 붓다비기리키제 달마바리차제 상가니르고사제 바사바사수지 만다라 만다라샤야다 우루다

우루다교사라 악샤라 악사야다야 아바로 아마야나다야

"세존이시여, 이 다라니신주(神呪)는 62억 항하사만큼 많은 부처님들께서 설하신 것으로, 만일 법사를 방해하거나 헐뜯으면, 이는 곧 부처님들을 방해하고 헐뜯는 것이 되옵니다."

부처님께서 약왕보살을 칭찬하며 이르셨다.

"착하고 훌륭하구나, 약왕아. 법화경을 설하는 법사를 어여삐 여겨 지켜 주고자 이 다라니를 설하였구나. 많은 중생들이 큰 이익을 얻게 될 것이다."

그때 용시보살(勇施菩薩)이 부처님께 아뢰었다.

"세존이시여, 저도 법화경을 수지독송하는 이들을 지켜주기 위해 다라니를 설하겠나이다. 만일 법사가 이 다라니를 지니면 야차·나찰, 열병귀신인 부단나(富單那), 악귀인 길자(吉蔗)·구반다·아귀 등이 그의 약점을 아무리 찾으려 해도 찾지 못하게 되옵니다."

자례 마하자례 우지 모지 아례 아라바제 열례제 열례다바제 이지니 위지니 지지니 열례지니 열례버바지

"세존이시여, 이 다라니 신주는 항하사만큼 많은 부처님들께서 설하시고 기뻐하신 것이옵니다. 그러므로 이 법사를 방해하거나 헐뜯으면, 그것은 곧 부처님들을 방해하고 헐뜯는 것이 되옵니다."

그때 세상을 수호하는 비사문천왕(毗沙門天王)이 부처님께 아뢰었다.

"세존이시여, 저 또한 중생들을 어여삐 여기고 법화경을 설하는 법사를 지켜 주기 위해 다라니를 설하겠나이다."

아리 나리 노나리 아나로 나리 구나리

"세존이시여, 이 신주로 법사를 지키고, 저 또한 법화경을 지니는 이들을 옹호하여 1백 유순 안에서는 어떠한 재앙도 없도록 하겠나이다."

그때 대중 속에 있던 지국천왕(持國天王)이 천만억 나유타 수의 건달바들에게 둘러싸여 공경을 받으며 부처님 앞으로 나아가 합장하고 아뢰었다.

"저 또한 다라니 신주로 법화경을 지니는 이를 지키겠습니다."

아가네 가네 구리 건다리 전다리 마등기
상구리 부루사니 알지

"세존이시여, 이 다라니 신주는 42억 부처님들께서 설하신 것입니다. 그러므로 이 법사를 방해하거나 헐뜯으면, 곧 부처님들을 헐뜯는 것이 되옵니다."

그때 남바(藍婆)라는 이름을 가진 나찰녀(羅刹女)를 비롯하여 비람바(毘藍婆)·곡치(曲齒)·화치(華齒)·흑치(黑齒)·다발(多髮)·무염족(無厭足)·지영락(持瓔珞)·고제(皐帝)·탈일체중생정기(奪一切衆生精氣) 등 10명의 나찰녀는 귀자모(鬼子母)와 그녀의 아들, 그리고 권속들과 함께 부처님께로 나아가 함께 아뢰었다.

"세존이시여, 저희 또한 법화경을 받아 수지독송하는 이를 옹호하여 모든 재앙을 없애 주고자 하옵니다. 그리고 만일 어떤 이가 법사의 단점을 찾아내려고 하면 끝내 단점을 찾지 못하도록 하겠나이다."

이제리 이제미 이제리 아제리 이제리 니리 니리 니리 니리 니리 루헤 루헤 루헤 루헤 다헤 다헤 다헤 도헤 로헤

"차라리 나의 머리 위에 오를지언정 법사를 괴롭히지 말라. 나찰이든 아귀든 부단나든 길자든 비다라(毗陀羅)든 건타(犍馱)든 오마륵가(烏摩勒伽)든 아발마라(阿跋摩羅)

든 야차길자(夜叉吉蔗)든 인길자(人吉蔗)(마술사)든, 하루·이틀·사흘·나흘·이레 또는 항상 열병을 앓게 하는 그 어떤 귀신이라도 법사를 괴롭히지 말며, 남자모습·여자모습·동남·동녀 모습으로 나타나 꿈속에서라도 법사를 괴롭히지 말라."

그리고는 부처님께 게송으로 아뢰었다.

저의주문 순종않고 이법사를 괴롭히면
아리수의 가지처럼 머리일곱 조각내고
부모죽인 죄인처럼 기름짜듯 주리틀고
무게부피 속인이와 승단화합 깨뜨렸던
제바달다 경우처럼 큰고통을 받으리다

나찰녀들이 다시 부처님께 아뢰었다.

"세존이시여, 저희는 법화경을 수지독송하고 가르침대로 수행하는 이를 옹호하여, 안온함을 얻게 하고 재앙들을 여의게 하며 모든 독약을 없애겠나이다."

세존께서 나찰녀들에게 이르셨다.

"착하고 훌륭하구나. 너희가 단지 법화경의 이름만을 수지하는 이만 수호한다고 해도 그 복이 무량한데, 하물며 법화경을 수지하여 꽃과 향과 영락, 가루 향과 바르는 향과 사르는 향, 깃발 · 천개 · 기악(伎樂)과 우유등 · 기름등 · 향유등 · 수만화기름등 · 첨복화기름등 · 바사가화기름등 · 우발라화기름등 등의 백천가지 공양물로 공양하는 법사를 수호하는 복이야 어떠하겠느냐?

고제 등의 나찰녀들아, 너희는 권속들과 함께 이와 같은 법사들을 잘 옹호해야 하느니라."

부처님께서 이 다라니품을 설하여 마치자, 6만8천 인이 무생법인(無生法忍)을 얻었다.

〈제26 다라니품 끝〉

제27 묘장엄왕본사품
第二十七妙莊嚴王本事品

그때 부처님께서 대중들에게 이르셨다.

"옛날 한량없고 끝이 없는 불가사의 아승지겁 전에 부처님이 한 분 계셨으니, 이름은 운뢰음수왕화지(雲雷音宿王華智)여래·응공·정변지요, 그 나라 이름은 광명장엄(光明莊嚴)이며, 겁의 이름은 희견(喜見)이었느니라. 그 부처님 계실 때 한 왕이 있었으니 이름이 묘장엄(妙莊嚴)이요, 부인의 이름은 정덕(淨德)이며, 아들 둘의 이름은 각각 정장(淨藏)과 정안(淨眼)이었느니라.

이 두 아들은 큰 신통력과 복덕과 지혜를 겸비하고 있었으니, 오래도록 보살이 행하는 도인 보시바라밀·지계바라밀·인욕바라밀·정진바라밀·선정바라밀·반야바라밀·방편바라밀과 자비희사·삼십칠품조도법(三十七品助道法) 등을 닦아 명료하게 통달하였느니라. 또 보살의 정삼매(淨三昧)와 일성수삼매(日星宿三昧)·정광삼매(淨光三昧)·정색삼매(淨色三昧)·정조명삼매(淨照明三昧)·장장엄삼매(長莊嚴三昧)·대위덕장삼매(大威德藏三昧) 등을 얻었고, 이러한 삼매들을 막힘없이 명료하게 통달하였느니라.

운뢰음수왕화지불은 묘장엄왕을 인도함과 동시에 중생들을 불쌍히 여겨 법화경을 설하셨고, 그때 정장과 정안은 어머니에게로 가서 합장하고 청했느니라.

'어머니시여, 운뢰음수왕화지불이 계신 곳에 가십시오. 저희들도 어머니와 함께 가서 친히 뵙고 공양예배코자 하옵니다. 왜냐하면 이 부처님께서 모든 천인과 인간들을 위해 지금 법화경을 설하고 계시기 때문입니다. 반드시 가셔서 듣고 믿으심이 좋을 듯합니다.'

이에 어머니는 아들들에게 말했느니라.

'외도(外道)를 믿는 너희 아버지는 지금 바라문의

가르침에 깊이 매료되어 계신다. 우선 아버님께 가서 말씀드리고 모시고 가는 것이 좋을 것 같구나.'

정장과 정안은 합장하고 어머니에게 물었느니라.

'저희는 법왕의 아들인데, 어찌하여 삿된 가르침을 믿는 집안에 태어났습니까?'

'그러니 너희는 아버님을 생각해서라도 반드시 신통 변화를 나타내어야 한다. 만일 네 아버지가 보시면 반드시 마음이 청정해져서, 우리가 부처님 계신 곳으로 가는 것을 허락하실 것이다.'

이리하여 두 아들은 아버지를 위해 7다라수 높이의 허공으로 솟아올라 여러 가지 신통 변화를 나타내되, 허공에서 걷거나 머물거나 앉거나 눕는 등의 갖가지 모습을 보였느니라.

또한 몸 위쪽으로 물을 뿜어내고 몸 아래로 불을 뿜어내는가 하면, 허공에 꽉 찰 정도의 큰 몸으로 변하였다가 작은 몸으로 변화하고, 작은 몸에서 다시 큰 몸으로 변화시키기도 하였느니라.

그리고 허공에서 갑자기 사라져 땅 속을 물속 드나들 듯이 자유로이 하였고, 물 위를 땅 위 걷듯이 하는 등, 갖가지 신통 변화를 나타내어 부왕의 마음을 청정하게 만들었고 믿음이 생겨나도록 하였느니라.

이때 아버지는 일찍이 보지 못하였던 아들들의 신통력을 보고 크게 기뻐하면서 아들을 향해 합장을 하고 물었느니라.

'너희들의 스승은 누구냐? 너희는 누구의 제자냐?'

'대왕이시여, 지금 칠보로 된 보리수 아래의 법좌에 앉아 천인과 인간들을 위해 법화경을 널리 설하고 계시는 운뢰음수왕화지불이 저희의 스승이시며, 저희는 그분의 제자입니다.'

'내 지금 너희들의 스승을 뵙고 싶구나. 함

께 가도록 하자.'

이에 두 아들은 허공에서 내려와 어머니 계신 곳으로 가서 합장하고 말했느니라.

'이제 부왕께서 부처님을 믿게 되었고, 아뇩다라삼먁삼보리심을 일으킬 만하게 되셨습니다. 저희가 아버지를 교화하였으니, 저 부처님 밑으로 출가하여 수행할 수 있게 허락하여 주옵소서.'

두 아들은 게송으로 뜻을 거듭 밝혔느니라.

원하건대 어머니는 저희들이 출가하여
부처님의 제자됨을 허락하여 주옵소서
부처님을 만나뵙기 그지없이 어려우니
부처님을 찾아가서 배우고자 하옵니다
오랜겁에 한번피는 우담바라 꽃보다도
부처님의 세상출현 보기가더 어려우며
고난들이 많고많아 해탈하기 쉽잖으니
저희들의 출가함을 부디허락 하옵소서

어머니는 곧 말했느니라.

'부처님을 만나기란 매우 어려운 일이다. 너희들의 출가를 허락하노라.'

이에 두 아들이 부모님께 아뢰었느니라.

'훌륭하신 부모님이시여, 이제 운뢰음수왕화지불 계신 곳으로 나아가 친견하고 공양하소서. 왜냐하면 부처님 만나 뵙기가 우담바라꽃이 피는 것과 같이 매우 어려운 일이기 때문입니다. 또 애꾸눈인 거북이가 바다에 떠다니는 나무에 뚫린 구멍 사이로 머리를 밀어 넣는 것만큼이나 매우 어려운 일이기 때문입니다.

저희는 과거세의 두터운 복으로 인해 이 세상에 태어나 부처님 법을 만났으니, 부모님께서는 저희의 출가를 허락하여 주옵소서. 왜냐하면 부처님을 만나 뵙기 어렵고 부처님을 만날 수 있는 시기에 태어나는 것 또한 어렵기 때문입니다.'

그때 묘장엄왕의 후궁 8만4천 명은 모두 이

법화경을 수지하였느니라.

또 둘째 왕자인 정안보살은 이미 오래전부터 법화삼매를 닦아 통달하였고, 첫째 왕자인 정장보살은 일체 중생을 모든 악취(惡趣)(악도)에서 벗어나게 하고자 했던 까닭에 이미 한량없는 백천만억 겁동안 이제악취삼매(離諸惡趣三昧)를 닦아 통달하였으며, 왕의 부인은 제불집삼매(諸佛集三昧)를 얻어 모든 부처님의 비밀스러운 가르침을 다 알고 있었느니라.

또 두 아들이 방편의 힘으로 잘 교화한 아버지 묘장엄왕은 불법을 믿고 이해하고 좋아하게 되었느니라.

이에 묘장엄왕은 여러 신하와 권속들을 데리고, 정덕부인은 후궁들과 궁녀들과 권속들을 데리고, 또 두 아들은 4만2천명을 데리고 운뢰음수왕화지불이 계신 곳으로 나아가, 그 발에 머리를 대어 예배하고 부처님의 주위를 세 번 돈 다음 한쪽으로 물러나 앉았느니라.

그러자 운뢰음수왕화지불께서 왕을 위해 법을 설하여 알게 하고 이익 되게 하고 기쁘게 하자, 왕은 크게 환희하고 법열을 느꼈느니라.

묘장엄왕과 정덕부인이 백천냥의 값어치를 지닌 진주 영락을 목에서 풀어 부처님 위에 뿌리자, 그 영락들은 허공에서 네 기둥을 지닌 보배누각으로 변하였고, 그 보배누각 안에 백천만 가지 하늘 옷이 깔린 큰 보배 평상이 생겨나자, 부처님께서는 그 위에 결가부좌를 하고 앉아 큰 광명을 발하셨느니라.

이를 보고 묘장엄왕은 생각하였노라.

'부처님은 가장 단정하고 엄숙하고 미묘한 몸을 성취하셨구나.'

그때 운뢰음수왕화지불이 사부대중에게 이르셨느니라.

'너희는 묘장엄왕이 내 앞에서 합장하고 서 있는 모습을 보고 있느냐? 이 왕은 나의 법 속에서 비구가 되어, 부처되는 수행법을 부지런히 닦아 익힌 뒤에 성불하리니, 그 부처님의 이름은 사라수왕(娑羅樹王)이요, 나라 이름은 대광(大光)이며, 겁의 이름은 대고왕(大高王)이니라. 사라수왕불 밑에는 한량없는 보살들과 성문들이 있으며, 국토는 평평하고 반듯하리니, 그 부처님의 공덕은 이와 같노라.'

부처님의 말씀을 들은 왕은 곧 나라를 아우에게 넘겨주고, 부인과 두 아들과 모든 권속들과 함께 출가하여 수행하였느니라.

왕은 출가한 이래 8만4천 년 동안 늘 부지런히 정진하고 묘법연화경을 닦고 익혀 일체정공덕장엄삼매(一切淨功德莊嚴三昧)를 얻은 다음, 7다라수 높이의 허공에 올라 부처님께 아뢰었느니라.

'세존이시여, 저의 두 아들이 신통 변화로써 저를 교화하여, 저로 하여금 삿된 마음을 돌이켜 불법에 머물게 하였고 부처님을 만나 뵐 수 있게 하였으니, 이 두 아들이야말로 저의 선지식(善知識)이옵니다. 저에게 지난 과거세의 선근을

다시 생각나게 하고 이롭게 하고자 저희 가문에 태어난 것이옵니다.'

이에 운뢰음수왕화지불이 묘장엄왕에게 이르셨느니라.

'그러하다. 네가 말한대로이니라. 선근을 심은 선남자 선여인은 세세생생 선지식을 만나게 되며, 그 선지식은 그들에게 능히 법을 보여주고 가르치고 이익되게 하고 함께 기뻐하면서, 그들로 하여금 아뇩다라삼먁삼보리에 들게 하느니라.

대왕아, 마땅히 알아라. 선지식은 대인연(大因緣)이니, 중생을 교화하고 인도하여 부처님을 뵙게 하며, 아뇩다라삼먁삼보리를 얻고자 하는 마음을 일으키게 하느니라.

대왕아, 너는 이 두 아들이 보이느냐? 이 두 아들은 일찍이 65백천만억 나유타 항하사만큼 많은 부처님을 친견하고 공경하고 공양하였느니라. 또 그 부처님들 밑에서 법화경을 수지하

고, 삿된 견해에 빠진 중생들을 불쌍히 여겨 정견(正見)에 머물도록 교화하였느니라.'

그러자 묘장엄왕이 허공에서 내려와 찬탄을 했느니라.

'세존이시여, 여래는 참으로 드문 분이옵니다. 공덕과 지혜를 지니신 까닭에 정수리의 육계에서 광명을 발하여 일체를 환히 비추십니다. 눈은 길고 넓은데다 감청색으로 빛나며, 미간의 백호상은 마치 달처럼 희며, 치아는 희고 고르고 항상 맑은 빛이 나며, 입술의 빛깔은 붉고 아름답기가 마치 빈바(頻婆)의 열매와 같나이다.'

묘장엄왕은 운뢰음수왕화지불이 갖추고 계신 한량없는 백천만억가지 공덕을 찬탄한 다음, 그 부처님 앞에서 일심으로 합장하고 다시 아뢰었느니라.

'세존이시여, 여래의 법은 불가사의하고 미묘한 공덕을 다 갖추었기에, 그 가르침대로 행하면 편안하고 상쾌하고 즐겁나니, 이는 일찍이 없었던 일이옵니다. 저는 오늘부터 다시는 멋대로 행동하지 않고, 삿된 견해와 교만과 화를 내는 등의 나쁜 마음을 품지 않겠나이다.'

이렇게 말을 마친 왕은 부처님께 예배를 드리고 물러갔느니라."

부처님께서 대중들에게 이르셨다.

"너희의 생각에는 묘장엄왕이 지금의 누구일 것 같으냐? 화덕(華德)보살이 바로 그이니라. 또 정덕부인은 지금 내 앞에 있는 광조장엄상(光照莊嚴相)보살이니, 그는 묘장엄왕과 그 모든 권속들을 불쌍히 여긴 까닭에 그들과 함께 하였으며, 그의 두 아들은 지금의 약왕보살과 약상보살이니라.

이 약왕보살과 약상보살은 한량없는 큰 공덕을 성취하였나니, 일찍이 백천만억 부처님 밑에서 갖가지 선근을 심어 불가사의하고도 훌륭한 공덕들을 갖추게 되었느니라. 그러므로 어떤 이가 이 두 보살의 이름을 알고 있으면, 일체 세간의 천인과 인간들은 마땅히 그에게 예배를 해야 하느니라.”

부처님께서 이 묘장엄왕본사품(妙莊嚴王本事品)을 설하여 마치자, 8만4천이나 되는 이들이 번뇌와 더러움에서 벗어나 깨끗한 법안(法眼)을 얻게 되었다.

〈제27 묘장엄왕본사품 끝〉

제28 보현보살권발품
第二十八普賢菩薩勸發品

그때 자재한 신통력과 위엄과 덕망으로 널리 알려진 보현보살(普賢菩薩)이 한량없고 가이없고 헤아릴 수 없이 많은 대보살들과 함께 동쪽으로부터 왔으니, 그들이 지나는 국토들은 모두 크게 진동하였고 보배연꽃이 비 오듯이 내렸으며 한량없는 백천만억 가지 음악이 울려 퍼졌다.

또한 보현보살과 수많은 보살들은 무수한 천·용·야차·건달바·아수라·가루라·긴나라·마후라가·인비인들에게 둘러싸인 채, 각기 그 위엄과 덕망과 신통력을 나타내며 사바세계의 기사굴산에 이르러, 머리를 석가모니불의 발에 대어 예배하고 오른쪽으로 일곱 번을 돈 다음 부처님께 아뢰었다.

"세존이시여, 저는 보위덕상왕불(寶威德上王佛)의 국토에 있다가, 이 사바세계에서 법화경을 설하신다는 소식을 듣고 무량무변 백천만억 보살들과 함께 그 설법을 듣고자 왔나이다. 원하옵나니 세존이시여, 법화경을 설하여 주옵소서. 또한 여래께서 멸도하신 뒤에는 어떻게 하여야 선남자 선여인이 이 법화경을 만날 수 있나이까?"

부처님께서 보현보살에게 이르셨다.

"선남자 선여인이 네 가지 법을 성취하면, 여래가 멸도한 뒤에도 이 법화경을 만날 수 있느니라.

첫째 부처님이 보호하여 살펴주시고,

둘째 갖가지 선근을 심고,

셋째 성불이 보장되는 정정취(正定聚)에 들고,

넷째 일체 중생을 구하겠다는 마음을 일으키는 것이다.

선남자 선여인이 이 네 가지 법을 성취하면 여래가 멸도한 뒤에라도 반드시 법화경을 만날 수 있게 되느니라."

그때 보현보살이 부처님께 아뢰었다.

"세존이시여, 후오백세(後五百歲)의 탁하고 악한 세상에서 이 법화경을 받아 지니는 이가 있으면, 제가 마땅히 수호하여 재앙을 없애주고 안온함을 얻게 하겠나이다. 또 그 누구든 그의 단점을 엿보지 못하게 하고, 마왕(魔王)과 마왕의 아들딸과 마왕의 권속과 마가 붙은 자, 그리고 야차·나찰·구반다·비사사·길자·부단나·위타자 등의 무리가 괴롭히려 할 때 조그마한 틈조차 얻지 못하게 하겠나이다.

또한 이 사람이 거닐거나 서서 이 경을 독송하면, 저는 여섯 개의 상아를 지닌 백상왕(白象王)을 타고 대보살의 무리와 함께 그곳으로 가서, 저의 몸을 나타내어 공양하고 수호하고 그의 마음을 위로하리니, 이 또한 법화경을 공양하기 위함입니다.

만일 이 사람이 앉아서 법화경을 사유하면, 그때도 저는 백상왕을 타고 그 사람 앞에 제 모습을 나타내되, 그가 경의 한 구절 한 게송이라도 잊어버리면 제가 가르쳐주고 함께 독송하여 환하게 알도록 하겠나이다.

이때 법화경을 수지독송하는 그 사람은 저의 몸을 보고 크게 기뻐하면서 더욱 열심히 정진할 것입니다. 또 저를 본 인연으로 삼매와 다라니들을 얻게 되오니, 곧 선다라니(旋陀羅尼)와 백천만억선다라니(百千萬億旋陀羅尼)와 법음방편다라니(法音方便陀羅尼) 등을 얻게 되나이다.

세존이시여, 만일 다가오는 후오백세의 탁하고 악한 세상에서 비구·비구니·우바새·우바이 중에 이 법화경을 구하거나 수지독송하거나 사경을 하면서 법화경 수행을 하고자 하면, 21일 동안을 일심으로 정진해야 하나이다.

만약 그가 21일을 다 채우면 제가 한량없는

보살들에게 둘러싸인 채 여섯 개의 상아를 지닌 백상왕을 타고 그에게로 가서, 일체 중생이 보기 좋아하는 몸을 그 사람 앞에 나타내어 법을 설해주고 이익과 기쁨을 주고 다라니주(陀羅尼呪)도 주겠나이다.

그가 다라니를 얻으면 그 어떠한 것도 그를 해치지 못하고, 여인의 유혹에도 혼란스러워하지 않게 되며, 저 또한 항상 보호할 것이옵니다. 세존이시여, 바라옵건대 다라니주를 설할 수 있도록 허락하여 주옵소서."

그리고는 곧 부처님 앞에서 다라니주를 설하였다.

아단지 단다바지 단다바제 단다구사례 단다수다례 수다례 수다라바지 붓다파선녜 살바다라니아바다니 살바바사아바다니 수아바다니 싱가바리사니 싱가니르가다니 아승기 싱가바가지 제례아타

싱가도랴아라제바라제 살바싱가지삼마지가란지 살바달마수파리찰제 살바살타루다교사랴아로가지 신아비기리지제

"세존이시여, 만일 보살이 이 다라니주를 듣게 되면, 그것은 보현의 신통력 때문인줄을 알아야 하옵니다. 또 이 염부제(閻浮提)에 법화경이 유포될 때 이 경을 수지하는 이가 있다면, 이 또한 모두 보현의 불가사의한 위신력 탓인 줄 알아야 하옵니다.

만일 어떤 이가 법화경을 수지독송하고 바르게 기억하고 깊은 뜻을 깨닫고 설한 그대로 수행을 하면, 그는 곧 보현행(普賢行)을 실천하여 한량없고 가이없는 부처님 밑에서 선근을 깊이 심는 이요, 부처님들께서 손으로 머리를 어루만져 주는 이라는 것을 마땅히 알아야 하옵니다.

만일 법화경을 사경만 하여도 그 사람은 목

숨을 마친 다음 도리천에 태어나게 되고, 이때 8만4천의 천녀들이 갖가지 음악을 연주하며 다가와서 맞이해주며, 그 사람은 곧 칠보로 된 관(冠)을 쓰고 천녀들 가운데서 즐겁게 놀고 기쁘게 지내게 되나이다. 하물며 이 경을 수지독송하고 바르게 기억하고 깊은 뜻을 깨닫고 설한 그대로 수행하는 사람이야 말할 것이 있겠나이까?

만일 어떤 사람이 법화경을 수지독송하고 그 뜻을 잘 이해하면, 그가 목숨을 마칠 때 1천 부처님들이 그 손을 내밀어 두렵지 않게 해주시고, 나쁜 세상에 떨어지지 않게 해주심은 물론이요, 곧바로 미륵보살이 계시는 도솔천에 왕생하게 해주십니다. 미륵보살의 주위에는 삼십이상을 갖춘 대보살들이 둘러싸고 있으며, 백천만억의 천녀와 권속들이 가득하옵니다.

이와 같은 많은 공덕과 이익이 있으니, 지혜

로운 이라면 마땅히 일심으로 이 법화경을 사경하고 남에게 사경토록 할 것이며, 수지독송하고 바르게 기억하고 설한 그대로 수행해야 하오리다.

세존이시여, 제가 이제 신통력으로 법화경을 수호하여, 여래께서 멸도하신 뒤에도 이 염부제에 널리 유포하여 단절됨이 없도록 하겠나이다."

이에 석가모니불께서 찬탄하셨다.

"착하고 훌륭하구나, 보현아. 네가 법화경을 지키고 보호하여 많은 중생들에게 안락과 이익을 주려고 하는구나. 너는 이미 불가사의한 공덕과 깊고 큰 자비를 성취하였고, 먼 옛날부터 아뇩다라삼먁삼보리를 얻고자 하는 마음을 내었으며, 위대한 서원을 세워 법화경을 수호해 왔나니, 나 또한 신통력으로 보현보살의 이름을 수지하는 이가 있으면 반드시 수호할 것이니라.

보현아, 만일 어떤 이가 법화경을 수지독송하고 바르게 기억하고 닦아 익히고 사경을 하면, 마땅히 알아라. 이 사람은 곧 석가모니불을 만나 부처님의 입으로 설한 법화경을 직접 들은 이와 같으니라.

마땅히 알아라. 이 사람은 석가모니불을 공양하는 이요, 부처님들이 훌륭하다고 칭찬하는 이이니라. 또 마땅히 알아라. 이 사람은 석가모니불이 머리를 쓰다듬어 주는 이요, 석가모니불이 옷으로 몸을 덮어 주는 이이니라.

이러한 사람은 다시는 세상의 쾌락을 탐하거나 집착하지 않으며, 외도의 경(經)이나 글을 좋아하지 아니하고, 외도의 사람을 가까이 하지 않으며, 백정이나 돼지·양·닭·개 등을 기르는 이나 사냥꾼, 여색을 파는 자 등 모든 나쁜 사람들과 가까이하기를 좋아하지 않느니라.

또 이러한 사람은 마음과 뜻이 곧고 성실하며, 바르게 기억하고 사유하는 힘과 복덕이 있어, 탐욕과 성냄과 어리석음으로 인한 괴로움을 받지 않으며, 질투와 아만과 사만(邪慢)과 증상만으로 인한 괴로움을 받지 않으며, 욕심이 적고 만족할 줄 알기 때문에 능히 보현보살의 행(行)을 닦느니라.

보현아, 여래가 멸도한 뒤의 후오백세에 법화경을 받아 지니고 읽고 외우는 이를 보거든 이렇게 생각하여라.

'이 사람은 오래지 않아 깨달음의 도량으로 나아가 모든 마의 무리를 쳐부수고 아뇩다라삼먁삼보리를 얻을 것이다. 그리하여 법륜을 굴리고 법고를 치고 법나팔을 불고 법비를 내릴 것이요, 인천(人天) 대중들 가운데의 사자좌 위에 앉게 될 것이다.'

보현아, 만일 후세에 법화경을 받아 지니고 읽고 외우는 이가 있으면, 그는 의복이나 침구·음식·생활용품 등을 탐내거나 집착하지 않아도 바라는 바가 그대로 다 이루어지며,

또한 현세에서 좋은 과보를 받게 되느니라.

만일 어떤 사람이 법화행자를 업신여기면서, '너는 미친 사람이다. 부질없는 공부를 한다. 결코 아무런 소득도 없을 것이다'라는 등의 비방을 하면, 그는 이런 말을 한 죄의 과보로 세세생생 장님이 되느니라. 그러나 법화경을 지니고 행하는 이를 공양하고 찬탄하면 금생에 좋은 과보를 얻게 되느니라.

또 법화경을 받아 지니는 이를 보고 그 허물을 들추어내면 그것이 사실이든 사실이 아니든 그 사람은 현세에 문둥병을 얻게 될 것이요, 법화경을 받아 지니는 이를 비웃으면 그는 세세생생 성글고 이지러진 이빨과 추한 입술과 납작한 코, 뒤틀린 손발, 사팔뜨기에 냄새나는 몸을 받게 되며, 피와 고름이 흐르는 악성 종기와 복수 차는 병, 숨 가쁜 병 등 온갖 중병을 앓게 되느니라.

그러므로 보현아, 만일 법화경을 받아 지니

는 이를 보거든, 일어나서 멀리까지 나가 영접하되 마치 부처님을 공경하듯 해야 하느니라."

세존께서 이렇게 보현보살권발품(普賢菩薩勸發品)을 설하시자, 항하사만큼 많은 보살들이 백천만억선다(百千萬億旋陀)라니(羅尼)를 얻었으며, 삼천대천세계의 티끌 수만큼 많은 보살들이 보현의 도(道)를 갖추게 되었다.

부처님께서 이렇게 법화경을 설하여 마치자 보현 등의 보살들과 사리불 등의 성문들과 천·용 및 인비인 등의 일체 대중이 모두 크게 기뻐하면서 부처님의 말씀을 수지한 다음 예배를 하고 물러갔다.

〈제28 보현보살권발품 끝〉

이상으로 가장 높고 지극히 성스러운 법화경의 독송을 마치옵니다.
나무 일불승최상법문 묘법연화경

용어풀이(가나다 순)

가루라(迦樓羅) 팔부신의 하나. 금시조金翅鳥라고도 하며, 뱀 또는 용을 잡아먹는 큰 새.
가릉빈가(迦陵頻伽) 불경에 나오는 상상의 새로 극락에 있다하여 극락조라 함.
가섭(迦葉) 석가모니 십대제자 중 한 사람. 소욕지족小欲知足의 청빈한 생활로 일관하였으므로, 두타제일頭陀第一이라 함.
가전연(迦旃延) 석가모니 제자 중 토론을 가장 잘 하여 논의제일論議第一이라 함.
감로문(甘露門) 열반에 이르게 하는 감로와 같은 법문. 곧 부처의 교법을 가리킴.
건달바(乾達婆) 팔부신의 하나. 긴나라와 함께 제석천을 섬기는 음악의 신.
겁(劫) 아주 긴 무한한 시간. 1겁은 56억 7천만년이라 함.
겁화(劫火) 우주가 멸할 때 일어나는 큰 화재.
경행(經行) 수행의 피로나 졸음을 쫓기 위해 걸어다님.
공명조(共命鳥) 한 몸에 머리가 둘 달린 새. 새의 몸에 사람의 얼굴을 하고 있음. 하나가 죽으면 다른 하나도 죽는 공동체의 생명이므로 공명이라 함.
공법(空法) 공의 이법理法. 공의 가르침.
광음천(光音天) 색계色界 제이선천第二禪天의 제3위位에 있는 하늘. 그곳 신들은 입에서 광명이 나오는데, 그 광명이 말이 된다고 함. 무량광천無量光天이라고도 함.
교담미(喬答彌) 석가모니의 이모이자 양모養母인 마하파사파제.
교진여(憍陳如) 석가모니 최초의 제자. 석가모니가 출가했을 때 함께 고행을 했고, 녹야원에서 석가모니로부터 최초의 설법을 들은 다섯 비구 중의 한 사람.
구경(究竟) 궁극에 도달함. 최고의 경지.
구경법(究竟法) 궁극적인 최고의 가르침.
구부경(九部經) 경전을 내용과 형식에 따라 9종류로 나눈 것.
근기(根機) 중생衆生이 교법敎法을 듣고 이를 얻는 능력能力.
기사굴산(耆闍崛山) 법화경을 설한 장소. 인도 마가다국의 왕사성 근처에 있는 산으로, 영취산靈鷲山이라 번역함.
긴나라(緊那羅) 팔부신의 하나. 아름다운 음성을 가진 춤과 음악의 신.
나유타(那由他) 대단히 큰 수의 단위. 1나유타는 1백만에 해당함.
다라니(陀羅尼) '총지總持·능지能持' 등으로 번역됨. 원래는 법을 이해하고 기억하는 능력으로 사용된 단어이나, 나중에는 법의 정수를 담고 있는 요문要門이나 신비스런 능력을 가지고 있는 주문을 가리키는 단어로 사용됨.
다라수(多羅樹) 높이 25m까지 자라는 나무. 이 나무를 높이의 단위로 쓴 것임.
당(幢) 간주竿柱(장대) 끝에 용머리 모양을 만들고 깃발을 달아 불보살의 위신력과 공덕을 표시한 장엄구莊嚴具.
대성주(大聖主) 부처님에 대한 존칭. 모든 성인들 가운데 가장 큰 어른이라는 뜻.

대신력(大信力) 큰 믿음으로 얻게 되는 힘.

대인상(大人相) 부처님과 전륜성왕만이 지닌 뛰어난 신체적 특징인 삼십이상三十二相.

도리천(忉利天) 욕계의 여섯 하늘 중 밑에서 두 번째 하늘. 수미산 꼭대기에 있으며, 삼십삼천三十三天이라고도 함.

독각(獨覺) 스승으로부터 가르침을 받지 않고 혼자서 깨달은 사람을 가리킴. '벽지불辟支佛'이라고도 하며, 인연법을 관찰하여 깨달음을 얻으므로 '연각緣覺'이라 함.

두타행(頭陀行) 고행을 하면서 의식주에 대한 욕망을 끊고 청정함을 유지하여 번뇌의 때를 벗는 수행법.

라후라(羅睺羅) 석가모니의 친아들로 십대제자 중 한 사람. 엄밀하게 자비행을 실천한다고 하여 밀행제일密行第一이라 불렀음. 불교 교단 최초의 사미.

마후라가(摩睺羅伽) 팔부신의 하나. 이무기·큰 뱀·사신蛇神이라고도 함.

만다라화(曼茶羅華) 천계의 꽃으로 매우 향기롭고 아름다운 꽃.

만주사화(曼珠沙華) 천계의 꽃. 여의화如意花라 하며, 이 꽃을 보면 악업을 여윔.

멸도(滅度) 열반. 모든 괴로움과 번뇌를 넘어서서 나고 죽음을 완전히 멸한 경지.

목건련(目犍連) 목련目連이라고도 함. 석가모니 십대제자 중 한 사람. 신통력이 매우 뛰어났으므로 신통제일神通第一이라 함.

무견(無見) 곧 단견斷見. 죽으면 몸과 마음이 없어져서 무無로 돌아간다는 견해.

무구세계(無垢世界) 더러움을 떠난 청정세계.

무량의경(無量義經) 법화삼부경의 하나. 부처님께서 묘법연화경을 설하기 앞서 설하는 경전.

무량의처삼매(無量義處三昧) 무량한 법문의 실상을 체험하는 삼매.

무루(無漏) 번뇌가 없는 청정한 상태.

무루법(無漏法) 새어나가는 것이 없는 법. 곧 번뇌煩惱를 벗어난 깨끗한 법.

무사지(無師智) 스승 없이 혼자서 깨달은 지혜. 곧 부처님의 지혜.

무상대과(無上大果) 청정하고 위없는 큰 과보.

무상법륜(無上法輪) 위없는 가르침의 수레바퀴. 곧 부처님의 일승법문.

무상중생(無想衆生) 의식이 없는 중생으로, 멸진정滅盡定에 든 이나 무상천無想天의 중생을 말함.

무생법인(無生法忍) 남이 없는 법의 이치를 증득하는 것. 곧 공이요 불생불멸임을 철저히 깨달아 마음의 평화로움을 얻는 경지.

무여열반(無餘涅槃) 살아서 이룬 열반은 아직 몸이 남아있으므로 유여열반有餘涅槃이라 하고, 죽음으로 몸마저 사라졌을 때를 남음이 없는 무여열반이라고 함.

무위(無爲) 인연 또는 인과관계를 떠난 함이 없는 경지. 곧 열반을 말함.

무학(無學) 번뇌를 다 끊어 더 이상 배워야 할 것이 없는 이. 아라한의 경지에 도달한 이를 가리킴.

무형중생(無形衆生) 육체가 없는 존재. 무색계無色界의 중생.

문지다라니문(聞持陀羅尼門) 가르침을 듣고 명심하여 잊지 않는 지혜. 법다라니法陀羅尼라고도 함.

미루산(彌樓山) 수미산 주위의 칠금산七金山 중에 있는 산.

바라나(波羅捺) 석가모니 최초 설법지인 녹야원이 있는 곳. 지금의 바라나시.

바라밀행(波羅蜜行) 부처가 되기 위해 보살이 닦는 수행의 총칭. 육바라밀·십바라밀이 등이 있음.

반열반(般涅槃) 일체의 번뇌를 끊고, 다시 태어나는 일이 없는 완전 원만한 멸滅에 드는 것. 곧 무여열반無餘涅槃.

방일(放逸) 함부로 생각하고 말하고 행동하는 것.

방편바라밀(方便波羅蜜) 십바라밀 중 제7번째 바라밀. 보시·지계·인욕의 완성을 도움.

백복장엄(百福莊嚴) 백 가지 복에 의해 장식되어졌다는 뜻으로, 부처님의 삼십이상 하나하나에는 백가지 복덕이 갖추어져 있음을 나타낸 말.

백상왕(白象王) 보현보살이 법화행자를 수호할 때 타고 다니는 흰 코끼리 왕.

번뇌마(煩惱魔) 몸과 마음을 어지럽게 하여 깨달음을 얻지 못하도록 하는 번뇌.

범음(梵音) '천상의 소리'라는 뜻이나, 여기에서는 불보살의 음성을 나타냄.

법기(法器) 부처님의 가르침을 믿고 이해하고 실천할 수 있는 능력을 지닌 사람.

법라(法螺) 법회法會나 수행의식 때 쓰는 악기樂器. 부처님 설법의 당당하고 번성한 모습을 소라[螺]를 부는 것에 비유하여 '법라'라 하였음.

법보장(法寶藏) 불법佛法의 보배 창고.

법성신(法性身) 보살의 최고 단계에 이른 사람이 얻는 몸. 곧 법신法身.

법시(法施) 법(가르침)을 베푸는 것. 법을 위해 베푸는 물질은 법시와 통함.

법음방편다라니(法音方便陀羅尼) 마음에 법을 새겨서 결코 잊지 않는 능력. 중도中道에 들어 자재롭게 설법하는 방편을 얻는 지혜라고도 함.

법화삼매(法華三昧) 법화경을 꾸준히 읽어서 그 묘한 이치를 깨닫고 진리를 깨달아 들어가는 수행법.

법희식(法喜食) 법을 듣고 생기는 기쁨을 맛있는 음식을 먹는 것에 비유한 것.

벽지불(辟支佛) →독각

변정천(遍淨天) 색계의 제삼선천第三禪天. 한없이 깨끗하고 즐거움이 가득한 하늘.

보살(菩薩) 보디삿트바(bodhisattva)의 음사인 '보리살타菩提薩埵'의 약칭. 위로는 위없는 깨달음을 얻고 아래로는 중생을 교화하는 구도자. 대승불교를 닦는 인물로, 소승불교 수행자인 성문이나 독각과 대립되는 개념으로 쓰임.

보현행(普賢行) 보현보살의 실천. 보현행은 헤아릴 수 없이 많지만, 다음의 십대원十大願으로 모아짐. ①부처님들께 예경하고 ②부처님들을 찬탄하고 ③널리 부처님들을 공양하고 ④업장을 참회하고 ⑤공덕을 기뻐하고 ⑥부처님들께 법륜을 굴려주실 것을 간청하고 ⑦부처님들께서 열반하시지 않고 이 세상에 계실 것을 간청하고 ⑧언제나 부처님을 따라 배우고 ⑨언제나 대비의 마음으로 중생을 만나고 ⑩얻은 모든 복덕을 중생을 위해 회향함.

부루나(富樓那) 석가모니 십대제자 중 설법제일說法第一의 존자.

부사의(不思議) 불가사의不可思議와 같음. 불보살의 해탈·지혜·신통력이 중생의 생각으로 헤아릴 수 없다는 것.

부촉(付囑) 불법을 전하는 일을 부탁함.
불도성(佛道聲) 불도의 소리.
불선근(不善根) 악한 과보를 받을 악행 또는 나쁜 과보를 받을 원인. 탐욕·성냄·어리석음을 삼불선근三不善根이라 함.
불승(佛乘) 모든 중생이 부처님 되는 것을 목표로 삼는 가르침.
불안(佛眼) 모든 법의 참모습을 꿰뚫어 아는 부처님의 눈.
불퇴전(不退轉) 퇴보함 없이 위없는 법. 또는 물러남이 없는 경지.
불퇴지혜(不退智慧) 물러남이 없는 지혜. 다시는 미혹함이 없는 지혜.
비유상비무상중생(非有想非無想衆生) 생각이 있는 것도 없는 것도 아닌 삼매 속의 중생.
사갈라용궁(娑竭羅龍宮) 사갈라는 큰 바다라 하는 뜻. 8대 용왕 중 한 분인 사갈라용왕娑竭羅龍王이 사는 궁전.
사다함도(斯陀含道) 성문사과聲聞四果의 두 번째 단계. 인간 세상과 천상을 한번 왕래한 뒤 열반을 얻을 수 있는 경지. 그래서 일래과一來果라고도 함.
사리불(舍利弗) 석가모니 십대제자 중 한 사람. 가장 뛰어난 제자로, 특히 지혜가 밝았으므로 지혜제일智慧第一이라 함.
사마(死魔) 목숨을 빼앗기게 되면 아무런 일도 할 수 없게 되므로 죽음을 마로 본 것.
사만(邪慢) 삿된 교만. 스스로 덕이 있다고 생각하여 잘난 체 우쭐대는 것.
사무량심(四無量心) 중생을 교화하는 4가지 무량한 마음. ①한량없이 자애로운 자무량심慈無量心 ②중생의 괴로움을 없애주려는 비무량심悲無量心 ③불도를 닦는 중생을 보면서 칭찬하고 기뻐하는 희무량심喜無量心 ④분별심을 버리고 평등하게 대하는 사무량심捨無量心.
사무소외(四無所畏) 부처님만의 네 가지 특징. ①바른 깨달음을 얻었음 ②모든 번뇌를 남김없이 다 끊었음 ③누구보다도 바르게 제자들에게 도道를 설하고 있음 ④괴로움의 세계로부터 벗어나는 길을 있는 그대로 설하고 있음.
사무애변(四無礙辨) 4가지 막힘없는 이해와 표현 능력. ①모든 법을 남김없이 환하게 아는 법무애변法無礙辯 ②모든 법의 뜻을 막힘없이 환하게 아는 의무애변義無礙辯 ③여러 가지 말들을 구사하여 막힘없이 설법하는 사무애변辭無礙辯 ④상대가 잘 이해할 수 있도록 즐겁고 걸림없이 설법하는 요설무애변樂說無礙辯.
사무애지(四無礙智) →사무애변
사미(沙彌) 10가지 계[十戒]를 받아 수행하는 7세 이상 20세 미만의 출가한 남자.
사바세계(娑婆世界) 정토의 반대인 인간이 사는 세계. 참지 않고서는 살 수 없다고 하여 감인세계堪忍世界라고 번역함.
사부대중(四部大衆) 불교교단을 구성하는 출가승려인 비구·비구니와 재가불자인 우바새優婆塞(남자신도)·우바이優婆夷(여자신도)의 넷을 합한 것.
사생(四生) 태생胎生 · 난생卵生 · 습생濕生 · 화생化生. ①태생胎生은 포유류처럼 태胎에서 태어나는 중생 ②난생卵生은 새나 물고기처럼 알에서 태어나는 중생 ③습생濕生은 벌레처럼 습기 있는 곳에서 태어나는 중생 ④화생化生은 천天이나 지옥중생처럼 과거에 지은 업에 의해 태에 의탁함이 없이 홀연히 태어나는 중생.

사유(四維) 동북쪽·동남쪽·서북쪽·서남쪽.

사제(四諦) 사성제四聖諦라고도 함. 네 가지 성스러운 불교의 근본 가르침. ①인생이 고苦라는 진리를 비롯해서, ②고의 원인[集] ③고의 멸滅 ④고를 멸로 이끄는 길[道]의 네 가지 진리를 말함.

사천하(四天下) 수미산 사방에 있다는 네 대륙. 동승신주東勝身洲·서우화주西牛貨洲·남섬부주南贍部洲·북구로주北俱盧洲.

삼계(三界) 윤회의 세계인 욕계·색계·무색계의 3세계. 욕계欲界는 욕망이 강한 세계. 색계色界는 청정하지만 아직 미묘한 물질로 이루어진 세계. 무색계無色界는 순수한 정신세계.

삼계도사(三界導師) 욕계欲界·색계色界·무색계無色界 삼계의 중생을 해탈의 세계로 인도하는 위대한 스승. 곧 부처님.

삼매(三昧) 마음을 한 곳에 집중하여 정신을 통일하는 것 또는 통일된 상태.

삼명(三明) 육신통 가운데 전생을 아는 숙명통, 먼 곳의 일도 능히 아는 천안통, 번뇌를 다한 누진통의 셋을 '세 가지 밝은 지혜'라 하여 삼명이라고 함. →육신통

삼승법(三乘法) 삼승은 성문승聲聞乘·연각승緣覺乘·보살승菩薩乘으로, 중생의 능력에 따라 깨달음에 이르게 하는 3가지 수행의 길.

삼십이상(三十二相) 부처님이나 전륜성왕 등 위대한 인물에게만 갖추어져 있는 32가지의 뛰어난 신체적 특징.

삼십칠품조도법(三十七品助道法) 사념처四念處·사정근四正勤·사여의족四如意足·오근五根·오력五力·칠각지七覺支·팔정도八正道를 합친 37항목. 이는 깨달음을 얻기 위한 실천을 37가지로 정리한 것임.

삼악도(三惡道) 악행을 지은 이가 가게 되는 세 가지 악하고 고통스러운 세계. 지옥·아귀·축생의 세계.

삼천대천세계(三千大天世界) 수미산須彌山을 중심으로 한 네 대륙과 욕계 · 색계 · 무색계의 천상, 그리고 해와 달을 포함한 세계를 일세계一世界라고 함. 이 일세계를 천 개 합한 세계가 소천세계小千世界. 소천세계를 천 개 합한 세계가 중천세계中千世界. 중천세계를 천 개 합한 세계가 대천세계大千世界. 삼천은 1천이 세 번 중첩되었다는 뜻임. 삼천대천세계는 태양계 10억개를 합한 넓이라고 함.

상법(像法) 상법시像法時라고 함. 정법正法 다음의 시기로, 불자들이 부처님의 가르침을 실천하지만 깨달음을 얻는 이는 적은 때를 말함.

석제환인(釋提桓因) 수미산 정상에 있는 도리천忉利天의 우두머리. 제석천帝釋天이라고도 하며, 불법과 불법에 귀의한 이들을 보호함.

선근력(善根力) 선한 행위를 하는 데서 오는 힘.

선다라니(旋陀羅尼) 온갖 모습에 대한 집착에서 벗어나 공空의 도리를 아는 지혜.

선서(善逝) 여래 10호號의 하나. '잘 가신 분'이라는 뜻으로 부처님에 대한 존칭.

선열식(禪悅食) 선정에 들었을 때의 쾌적함과 즐거움을 맛있는 음식을 먹는 것에 비유한 것.

선정락(禪定樂) 정신을 집중하여 깊은 선정에 잠길 때 생겨나는 즐거움.

선지식(善知識) 부처님이 설한 법을 올바로 알고 수행할 뿐 아니라, 다른 이를 바

르게 이끌어 수행에 도움을 주는 스승이나 벗.

성문(聲聞) '부처님의 가르침을 듣는 이'라는 뜻으로, 출가한 승려를 가리킴. 대승불교에서는 독각(연각)과 함께 소승의 수행자로 삼음.

세간안(世間眼) 불보살에 대한 존칭. 세간의 눈. 불보살은 세상 사람의 눈이 되어 바른 길을 가르쳐 주기 때문에 붙여진 이름.

세존(世尊) '지복을 지닌 이' 또는 '세간에서 가장 존귀한 이'라는 뜻. 석가모니를 비롯한 모든 부처님에 대한 존칭.

소천세계(小千世界) →삼천대천세계

수기(授記) 부처님이 제자들에게 장차 성불하게 됨을 예언하는 것.

수다라(修多羅) 가르침을 설한 법문. 곧 불교경전.

수다원도(須陀洹道) 성문사과聲聞四果의 첫 단계. 삼악도는 영원히 떠났으나 인간 세상과 천상을 7번 왕래한 뒤에 열반을 얻을 수 있는 경지.

수미산(須彌山) 산스크리트로는 수메루(Sumeru). 신화와 상상의 산으로 세계의 중앙에 우뚝 솟아 있고, 높이가 8만 유순으로 해와 달과 모든 별들이 이 산 주위를 돌고 있으며, 그 정상에 제석천왕의 궁전인 도리천이 있다고 함.

수보리(須菩提) 석가모니 십대제자 중 한 사람. 공空을 잘 통달하였으므로 해공제일解空第一이라 함.

수지(受持) 계율 또는 부처님의 가르침을 받들고 지킴.

수희(隨喜) 진심으로 따라서 기뻐함. 불보살과 다른 사람이 행하는 좋은 일이나 법을 자신의 일처럼 함께 기뻐하는 것.

숙세(宿世) 과거세. 지난 세상.

승피세간음(勝彼世間音) 세간의 어떠한 소리보다 아름다운 음성. 중생에게 큰 기쁨을 안겨주는 음성.

시주(施主) 남에게 재물이나 가르침 등을 베푸는 사람.

신발의(新發意) 처음으로 아뇩다라삼먁삼보리를 얻고자 하는 마음과 중생 교화에 뜻을 일으킨 보살.

실상법인(實相法印) 모든 법의 참모습.

심자재(心自在) 모든 선정의 장애를 벗어나 자유자재한 마음을 얻는 것.

십력(十力) 부처님만이 지니고 있는 10가지 지혜의 힘.

십보산(十寶山) ①온갖 약초가 모여 있는 설산雪山 ②온갖 향기가 가득한 향산香山 ③온갖 꽃이 피는 가리라산軻梨羅山 ④오신통五神通을 얻은 선인들이 사는 선성산仙聖山 ⑤야차가 사는 유건다라산由乾陀羅山 ⑥온갖 과일이 충성한 마이산馬耳山 ⑦용들이 사는 니진다라산尼盡陀羅山 ⑧자재자自在者가 사는 작가라산斫迦羅山 ⑨아수라가 사는 숙혜산宿慧山 ⑩온갖 천자가 모여 사는 수미산須彌山.

십여시(十如是) 모든 법의 참모습[諸法實相]을 알고자 하면 이를 상相·성性·체體·역力·작作·인因·연緣·과果·보報·본말구경등本末究竟等의 10가지 방식으로 존재하고 있다는 것을 모두 알아야 한다는 가르침.

①상相 : 일체 사물과 존재들의 겉모습

②성性 : 사물과 존재들이 가지고 있는 내적인 성질

③체體 : 겉모습과 내적인 성질을 합한 몸
④역力 : 그 몸에 갖추어져 있는 잠재적인 능력
⑤작作 : 그 몸이 나타내 보이는 작용
⑥인因 : 모든 것을 일어나게 하는 직접적인 원인
⑦연緣 : 인을 도와 결과를 만들어내는 간접적인 환경
⑧과果 : 인과 연에 의해 생겨난 결과
⑨보報 : 결과가 사실이 되어 외부로 표출된 모습
⑩본말구경등本末究竟等 : 모든 존재방식인 상相에서부터 보報까지의 하나하나에 모든 법의 참모습이 간직되어 있다는 것.

십이부경(十二部經) 부처님이 설하신 말씀을 내용과 형식에 따라 열두 가지로 나눈 것.

십이인연법(十二因緣法) 괴로움과 해탈의 연유를 밝히는 12가지 과정. ①무명無明→②행行→③식識→④명색名色→⑤육입六入→⑥촉觸→⑦수受→⑧애愛→⑨취取→⑩유有→⑪생生→⑫노사老死. ①번의 생성에서 ⑫번의 생성으로 관조해 가는 과정은 괴로움을 받게 되는 흐름을 밝힌 것이고, ①번의 소멸에서 ⑫번의 소멸로 관조해 가는 과정은 해탈의 연유를 밝히는 과정임.

십팔불공법(十八不共法) 부처님만이 지닌 18가지 능력. ①몸으로 짓는 업에 허물이 없음 ②입으로 짓는 업에 허물이 없음 ③뜻으로 짓는 업에 허물이 없음 ④모든 중생을 평등하게 대하는 마음을 지님 ⑤깊은 선정을 닦아 마음이 고요하고 편안함 ⑥일체를 포용함 ⑦일체 중생을 제도하려는 의욕이 그치지 않음 ⑧일체 중생을 제도하고자 하는 노력을 그치지 않음 ⑨일체 지혜를 구족하여 모든 중생을 제도하되 만족함이 없음 ⑩지혜가 한량없음 ⑪일체 해탈을 다 이룸 ⑫해탈지견에서 물러나지 않음 ⑬몸으로 하는 모든 행위를 지혜에 따라 함 ⑭입으로 하는 모든 말을 지혜에 따라 함 ⑮뜻으로 짓는 모든 생각을 지혜에 따라 함 ⑯과거의 모든 일을 막힘없이 앎 ⑰현재의 모든 일을 막힘없이 앎 ⑱미래의 모든 일을 막힘없이 앎.

아가니타천(阿迦膩吒天) 색구경천色究竟天으로, 색계 18천 중 가장 높은 하늘.

아견(我見) 자아에 집착하는 견해. 영원한 자아나 영혼이 있다고 생각하는 것.

아나함도(阿那含道) 성문사과聲聞四果의 세 번째 단계. 색계에 태어난 다음에 열반에 드는 경지. 인간 세상에는 다시 오지 않는다고 하여 불래과不來果라고도 함.

아난(阿難) 석가모니의 사촌이며, 출가하여 오랫동안 부처님을 시봉하면서 가장 많은 법문을 들은 다문제일多聞第一의 제자. 1차 경전 결집 때 주역이 되었음.

아뇩다라삼먁삼보리(阿耨多羅三藐三菩提) 위없는 바른 깨달음. 가장 완전한 부처님의 깨달음. 무상정등각無上正等覺·무상정변지無上正遍知라고 번역함.

아라한(阿羅漢) 공양을 받을 만한 사람이라는 뜻으로 응공應供이라고도 하며, 줄여서 '나한'이라고도 함. 소승불교 최고의 깨달음에 이른 성자를 가리킴.

아라한도(阿羅漢道) 성문사과聲聞四果의 마지막 단계. 모든 번뇌를 다 끊어 열반의 경지를 이룬 소승불교 최고의 단계.

아비발치(阿鞞跋致) 보살의 성불이 결정되어 물러남이 없는 지위. 불퇴전不退轉.

아비지옥(阿鼻地獄) 괴로움이 끊임없이 이어지는 가장 괴로운 지옥. 고통이 잠시도 멈추지 않는다고 하여 무간지옥無間地獄이라고 번역함.

아수라(阿修羅) 육도중생 중 하나로 싸움을 매우 좋아함. 여기서는 불교를 수호하는 팔부신의 하나로 등장함.

아승지겁(阿僧祇劫) 숫자로 헤아릴 수 없는 무한한 시간.

악세(惡世) 혼탁하고 악한 세계.

야쇼다라(耶輸陀羅) 석가모니의 태자시절 비妃. 뒤에 출가하여 비구니가 됨.

여래(如來) '한결같이 오신 분' 또는 '한결같이 가신 분[如去]'라는 뜻으로 부처님에 대한 존칭. 석가모니는 제자들에게 "앞으로 나를 여래로 부르라"고 가르쳤다.

연각(緣覺) →독각

연등불(燃燈佛) 석가모니불이 과거세에 보살로 있을 때, 다음 세상에 성불하리라는 수기를 주신 부처님.

연화화생(蓮華化生) 연꽃 속에서 태어나는 것.

열반(涅槃) 번뇌가 모두 사라진 이의 죽음. 아직 육체가 남아있는 열반을 유여열반有餘涅槃, 육체마저 사라진 열반을 무여열반無餘涅槃이라고 함.

열반락(涅槃樂) 열반의 경지에 들어 누리는 즐거움.

염부단금(閻浮檀金) 자줏빛을 띠고 있는 가장 귀한 금.

염부제(閻浮提) 수미산 남쪽의 대륙. 원래는 인도를 가리켰으나, 이 사바세계를 뜻하는 말로 쓰이게 됨. 섬부주贍部洲라고도 함.

영축산(靈鷲山) 부처님이『법화경』을 설법하신 곳. 기사굴산.

오근(五根) 깨달음을 얻기 위한 다섯 가지 기본적인 능력. 믿음[信]·정진[精進]·집중[念]·선정[定]·지혜[慧].

오력(五力) 오근을 통하여 생겨난 다섯가지 힘. 오근과 같이 믿음[信]·정진[精進]·집중[念]·선정[定]·지혜[慧]이며, 오근보다는 진전된 수행의 단계임.

오신통(五神通) →육신통

오욕(五欲) 인간의 다섯 가지 근본 욕심인 재물욕·색욕·식욕·명예욕·수면욕.

오음(五陰) 오온五蘊이라고도 함. ①색色은 물질 또는 육체 ②수受는 감수작용 ③상想은 표상작용 ④행行은 의지 혹은 충동적 욕구 ⑤식識은 인식작용. 이 중 색은 육체, 나머지는 정신작용.

오음마(五陰魔) 색色·수受·상想·행行·식識의 오음이 주는 장애들을 마로 본 것.

오정(五情) 사람의 다섯 가지 감정. 기쁨·노여움·슬픔·욕심·증오.

오종불남(五種不男) 다섯 가지 성불구자. ①나면서부터 남근이 발육되지 못한 생불남生不男 ②칼로 남근을 잘라 버린 건불남腱不男 ③다른 이가 음행하는 것을 보아야 욕정을 일으키는 투불남妬不男 ④음행을 하다가 남근을 상실하여 불구가 된 변불남變不男 ⑤보름 동안은 남근을 사용할 수 있고 나머지 보름에는 사용하지 못하는 반불남半不男.

왕사성(王舍城) 마가다국의 수도. 법화경을 설한 기사굴산이 가까이에 있음.

외도(外道) 부처님의 가르침을 제외한 다른 가르침을 총칭한 말.

우담바라(優曇婆羅) 무화과의 일종으로, 전륜왕이나 부처님께서 출현하실 때 또는 삼천 년에 한 번 꽃이 핀다고 함.

위신력(威神力) 불가사의한 위력.

유견(有見) 곧 상견常見. 세계나 모든 존재는 영원히 변하지 않는 실재이며, 사람은 죽어도 자아는 영원히 존재한다고 보는 견해.

유순(由旬) 거리의 단위. 1유순은 36㎞로, 소 달구지로 하루 동안 가는 거리.

유정천(有頂天) 색계 18천 중 가장 위쪽에 있는 하늘. 아가니타천 또는 색구경천色究竟天이라고도 함.

유학(有學) 미혹을 완전히 끊지 못하여 아직 배울 것이 있고 학습의 필요가 있는 이. 아라한의 경지에 도달하지 못한 성문을 가리킴.

유형중생(有形衆生) 육체를 지닌 욕계欲界와 색계色界의 중생.

유화인욕(柔和忍辱) 부드럽고 온화하고 노함이 없이 참는 것.

육계(肉髻) 32상相 가운데 하나. 부처님의 정수리에 상투 모양으로 돋아나 있는 부분.

육근(六根) 6가지 감각 기관인 눈[眼]·귀[耳]·코[鼻]·혀[舌]·몸[身]·뜻[意].

육도(六道) 중생이 윤회하는 6가지 세계. 지옥·아귀·축생·아수라·인간·천상. 이 6가지 세계를 왔다갔다하며 윤회하는 것을 일러 육도윤회六道輪廻라고 함.

육신통(六神通) ①보통 사람이 보지 못하는 것을 꿰뚫어 보는 천안통天眼通 ②보통 사람이 못 듣는 것을 듣는 천이통天耳通 ③남의 마음을 꿰뚫어 아는 타심통他心通 ④전생의 일을 꿰뚫어 아는 숙명통宿命通 ⑤걸림없이 어디든지 오갈 수 있는 신족통神足通 등의 5가지 신통력에 ⑥번뇌가 완전히 사라진 누진통漏盡通을 더한 것. 다섯 가지 신통은 불교 이외의 선인이나 범부도 얻을 수 있으나, 누진통은 불교의 성자만이 얻을 수 있다고 함.

육십이견(六十二見) 부처님 생존 당시 인도에 있었던 62외도外道들의 주장.

육종진동(六種震動) 땅이 여섯 가지로 진동하는 것. 이는 대신변大神變의 일종으로 위대한 설법 등에 앞서 보이는 상서로운 조짐의 하나임.

육취(六趣) 죽은 다음에 가는 세계인 지옥·아귀·축생·아수라·인간·천상의 여섯 세계. 곧 육도六道.

응현(應現) 불보살이 중생들의 근기에 따라 교화하기에 알맞은 몸을 나타내는 것.

인비인(人非人) 천·용 등의 팔부신중이 거느리고 있는 종속자들의 총칭.

일대사인연(一大事因緣) 부처님이 이 세상에 출현한 가장 큰 인연. 목적.

일상(一相) 차별을 초월한 절대 평등한 한 가지 모습.

일생보처(一生補處) 보살의 최고의 경지로, 다음 생에는 반드시 부처님이 되는 이.

일세계(一世界) →삼천대천세계

일승법(一乘法) 일불승一佛乘과 같은 말. 부처님이 되는 최상의 가르침이자 최후의 가르침.

일체종지(一切種智) 일체 만법을 낱낱이 정밀하게 아는 부처님의 지혜.

일체지(一切智) 우주의 원리를 일체 다 아는 부처님의 지혜.

자연지(自然智) 인위적인 노력에 의한 것이 아니라 저절로 생기는 부처님의 지혜.

자재신통력(自在神通力) 자유자재롭게 발휘하는 신통력.

적멸(寂滅) 모든 번뇌가 사라진 열반을 뜻으로 번역한 말.

적멸법(寂滅法) 윤회를 벗어나 안온한 열반에 이르는 가르침.

적멸상(寂滅相) 대립과 차별을 모두 떠난 있는 그대로의 평온한 모습.

전도(顚倒) 뒤바뀐 상태. 미망에 사로잡혀 진실이나 바른 이치를 잘못 보는 것.

전법륜(轉法輪) 법을 설하는 것을 수레의 바퀴를 회전시키는 것에 비유한 말.

전전(展轉) '순차적으로, 점차로 연속하여'라는 뜻.

정견(正見) 팔정도의 첫 번째 덕목. 탐욕과 분노와 어리석음을 떠나서 있는 그대로를 보는 것.

정등각(正等覺) 평등하고 바른 깨달음. 평등한 진리를 깨달았다는 뜻. 부처님의 깨달음으로, 정각正覺·등정각等正覺·정진각正盡覺이라고도 함.

정법(正法) 정법시正法時라고도 함. 부처님이 열반에 든 뒤, 불자들이 부처님의 가르침대로 실천하고 바른 깨달음을 많이 이루는 시기를 말함.

정사(精舍) 수행자를 위한 집. 움막이나 독방·암자에서부터 조직적인 승원과 사찰까지 모두 포함됨.

정정취(正定聚) 반드시 부처가 되도록 결정되어 있는 성자.

제바달다(提婆達多) 석가모니의 사촌. 언제나 석가모니를 질투하였고, 교단의 반역자나 악인으로 묘사되고 있음. 엄격한 금욕주의자로 불교교단을 차지하려 하였으나 뜻을 이루지 못하였음.

제법실상(諸法實相) 모든 법의 진실한 모습. 곧 있는 그대로의 모습.

제석천(帝釋天) 인도의 인드라 신. 석제환인釋提桓因이라고도 함. 수미산 꼭대기의 33천을 주재하는 신들의 왕이자 인간 세상 등을 관장하는 신. 여러 불경 속에 부처님과 불법을 호위하는 신으로 자주 등장함.

제일법(第一法) 최고의 법. 최상의 법.

제일의(第一義) 가장 뛰어나고 참된 도리.

조복(調伏) 조절하여 평안하게 함. 안으로는 자신의 몸과 마음을 다스려 악을 버리고 밖으로는 장애가 되는 것을 항복시키는 것.

중겁(中劫) 20소겁小劫을 1중겁이라 함.

중천세계(中千世界) →삼천대천세계

증상만(增上慢) 깨달음을 얻지 못했으면서 얻었다고 자랑하고 잘난 체하는 오만. 여러 가지 교만 중에서 가장 큰 죄가 된다고 함.

지견(知見) 슬기와 식견. 바른 지혜로서 모든 것을 바르게 알고 보는 것.

지견바라밀(知見波羅蜜) 보시·지계·인욕·정진·선정·지혜·방편·원願·역力·지智의 십바라밀 중 10번째의 지바라밀을 달리 지칭하여 이르는 말.

지원력(志願力) 뜻과 서원을 굳게 세워서 얻는 힘.

천안(天眼) 육신통六神通의 하나로 남들이 볼 수 없는 것들을 볼 수 있는 능력.

천이(天耳) 육신통六神通의 하나로 모든 소리를 다 들을 수 있는 신통력.

철위산(鐵圍山) 수미산을 둘러싸고 있는 아홉 개의 산 가운데 가장 바깥쪽에 있는 산. 이를 다시 소철위산과 대철위산으로 나눔.

초발의(初發意) 대승에 뜻을 두고 나와 남의 성불을 위해 정진할 것을 처음으로 맹세한 보살.

초전법륜(初轉法輪) 부처님께서 녹야원鹿野苑에서 다섯 비구에게 설한 최초의 법문. 중도·사제·팔정도 등의 법을 설한 것.

촉루(囑累) 부촉付囑이라고도 함. 부처님은 설법한 뒤에 청중 가운데서 어떤 이에게 그 법의 유통流通을 부탁하는 것.

칠각지(七覺支) 일곱 가지 깨달음을 돕는 법. ①명료하게 기억하는 염念 ②지혜로 법의 진위를 골라내는 택법擇法 ③바른 법에 따라 노력하는 정진精進 ④바른 법을 행하고 기뻐하는 희喜 ⑤심신을 가볍고 편안하게 하는 경안輕安 ⑥마음이 흐트러지지 않는 정定 ⑦마음이 집착에서 벗어나 치우치지 않는 사捨.

칠보(七寶) 전륜성왕이 지니는 7가지 보배. 금륜金輪·코끼리·말·여의주如意珠·여인[玉女]·장군·대신.

칠보(七寶) 일곱 가지 보물. 일반적으로 금·은·유리·수정·진주·마노·호박.

토산(土山) 흙더미로 이루어진 산.

파순(波旬) 마왕魔王의 이름이며, 욕계 제6천인 타화자재천의 왕.

팔부신(八部神) 불법을 수호하는 여덟 종류의 신장. 천·용·야차·건달바·아수라·가루라·긴나라·마후라가.

팔세계(八世界) 일세계를 8개 합친 세계. →삼천대천세계

팔십종호(八十種好) 부처님 신체에 갖추어진 80가지 특유한 모습. 32상과 함께 깨달은 이가 갖추고 있는 좋은 모습들이라고 함.

팔해탈(八解脫) 모든 번뇌를 끊고 아라한과를 얻기까지 8단계의 해탈 과정(내용이 너무 복잡하고 큰 도움이 되지 않으므로 8단계는 생략함).

항하사(恒河沙) 갠지스 강의 모래라는 뜻. 무수히 많은 수를 나타냄.

현겁(賢劫) 현재 우리가 살고 있는 겁. 이 기간에 1천 불이 나타난다고 하는데, 이미 출세하셨던 구류손불·구나함모니불·가섭불·석가모니불 외에 996불이 더 나타난다고 함.

현성(賢聖) 성문사과聲聞四果를 얻은 이와 벽지불과 보살을 총칭한 말.

현일체색신삼매(現一切色身三昧) 모든 모습을 마음대로 나타내어 중생들을 교화하는 삼매. 보현색신삼매普現色身三昧라고도 함.

화생(化生) 어머니의 태胎를 거치지 않고 생겨남. 여기서는 법에서 태어난다는 뜻.

화성(化城) 신통력으로 만든 성. 번뇌를 막아주는 방편으로 이 성을 만듦.

후오백세(後五百歲) 불멸 후 다섯 번째 5백년을 가리킴. 불법을 위하기보다는 서로 싸우고 이익을 취하기에 바쁜 시기라고 함. 곧 말법시대.

흑산(黑山) 대철위산과 소철위산 사이의 아주 어두운 곳.

희론(戲論) 무의미한 논의.

편역자 김현준 金鉉埈

동국대학교 대학원에서 불교학을 전공하고, 한국학중앙연구원에서 한국불교를 연구하였으며, 우리문화연구원 원장과 성보문화재연구원 원장을 역임하였다. 현재 불교신행연구원 원장, 월간 「법공양」 발행인 겸 편집인, 효림출판사와 새벽숲출판사의 주필 및 고문으로 활동하고 있다.

저서로는 『사찰, 그 속에 깃든 의미』·『생활 속의 반야심경』·『생활 속의 천수경』·『생활 속의 보왕삼매론』·『예불문, 그 속에 깃든 의미』·『육바라밀』·『사성제와 팔정도』·『삼법인·중도』·『인연법』·『사섭법』·『광명진언 기도법』·『신묘장구대다라니 기도법』·『참회·참회기도법』·『불교의 자녀사랑 기도법』·『기도성취 백팔문답』·『참회와 사랑의 기도법』·『미타신앙·미타기도법』·『관음신앙·관음기도법』·『지장신앙·지장기도법』·『석가 우리들의 부처님』·『참 생명을 찾는 경봉스님 가르침』·『선수행의 길잡이』·『아! 일타큰스님』·『바보가 되거라』 등이 있다.

『자비도량참법』·『약사경』·『지장경』·『육조단경』·『보현행원품』·『부모은중경』을 한글로 번역하였으며, 〈원효의 참회사상〉 등 다수의 논문이 있다.

법화경 (양장본)

초　판 1쇄 펴낸날　2015년　6월　17일 (초판 3쇄 발행)
개정판 1쇄 펴낸날　2022년　4월　15일
　　　 3쇄 펴낸날　2024년 12월　15일

역　자 김현준
펴낸이 김연지
펴낸곳 효림출판사

등　록 1992년 1월 13일 (제 2-1305호)
주　소 서울특별시 서초구 반포대로14길 30, 907호 (서초동, 센츄리I)
전　화 02-582-6612, 587-6612
팩　스 02-586-9078
이메일 hyorim@nate.com

값 25,000원

ISBN 978-89-85295-96-3 03220

표지 사진 : 성보문화재연구원 제공